Hayatım
ve İmanım II

"Kalk, parla; Çünkü Işığın geliyor,
RAB'bin yüceliği üzerine doğuyor."
(Yeşaya 60:1)

Hayatım
ve İmanım II

Dr. Jaerock Lee

URIM BOOKS

Hayatım ve İmanım II
Yazar: Dr. Jaerock Lee
Urim Kitapları tarafından yayınlanmıştır (Temsilci: Kyungtae Noh)
73, Yeouidaebang Ro 22 Gil, Dongjak-Gu, Seul-Kore
www.urimbooks.com

İlk kez Seul, Kore'de Urim Kitapları tarafından Kore dilinde basılmıştır 2006.

İlk baskı Temmuz 2013

Editör: Eunmi Lee
Tasarım: Urim Kitapları Editoryal Büro
Seul, Kore'de Yewon Basımevi tarafından basılmıştır.
Daha çok bilgi için urimbook@hotmail.com

Kutsal Ruh'un Gücü
ve Varlığının Kanıtı

Zaman hiç kimseyi beklemez. Ancak Tanrı sabırlıdır ve insan ırkının tövbe edip kurtuluşa sahip olması için sonuna kadar bekler. Bu gün bu modern dünyanın insanları, Tanrı'nın bu derin sevgisini gerçekten bilmezler. Hatta ve hatta Hrıstiyanlarla pederler bile bu dünyaya eğilim gösterir, Tanrı'nın sevgisi ve isteğini unuturlar. Neden Tanrı'ya yakınlaşamaz ve kiliseden kendilerini uzaklaştırarak dolanırlar? Bunun cevabını modern bilimde bulabiliriz.

İnsanlar hayatlarında ki sorunları bilimle çözümleye çalışırlar. Bilimin verdiği sonuçlara, imanın gücüne inanmaktan çok daha sadakatle inanırlar. Bu, Hrıstiyanlar arasında da meydana gelmektedir. İman etmek ve imanla inanmak yerine, pederler bile kendi gözleriyle gördüklerine, mantıklarına uygun gelenleri kabul etmeye ve gerek düşünceleri gerekse fikirleriyle anladıklarına eğilim gösterirler. Ve ayrıca inananlara bilimsel yollar vasıtasıyla inanmayı empoze ederler. Mezhebi öğretilere göre insanlara iman tohumunu ekmeye teşebbüs ederler.

Bu günün modern dünyasının Hristiyanları, Tanrı'yı bu çeşit bir imanla anlamaya ve O'nun gücünü yine bu tip imanla deneyim etmeye çabalarlar. Ancak imanda kazanılmış bu yanlış öğreti ve inanç, Kutsal Ruh'un gücünü gizemcilik olarak yorumlamaya sevk eder. Diğer bir deyişle, dünyaya kilise değil ama dünya kiliseye öncülük eder.

Kutsal Ruh'un pek çok işinin gizemcilik olduğu düşünülür. Eğer Tanrı'nın gücü gizemli bir şekilde ortaya konmuyorsa, onun değeri nedir ki? Tanrı'nın tüm işleri mükemmel olarak gizemlidir ve böyle de olmak zorundadır. Ancak o zaman Tanrı gerçekten her şeye gücü yeten ve insan ırkını kurtarandır.

Peder Jaerock Lee, bir anlamda laik iman diyebileceğimiz bu tür bir imana yakın durmaz, ama aksine Kutsal Ruh'a, Oğul İsa'ya ve Baba Tanrı'ya yakın kalır. Bizlere her zaman dua ve Kutsal Ruh aracılığıyla Tanrı'nın işlerini gösterir.

Hayatım ve İmanım I & II adlı biyografisi, bizlere gerçek imanı ve gerçek imanla yaşanan bir hayatı gösteren etkili bir hikâyedir. Bu kitap, Kutsal Ruh'un var olduğunun kanıtına ve modern dünyada yaşayan insanların O'nun var olduğunu unutuşuna güzelce işaret eder.

Aslına bakarsanız, iman ve bilim birbirlerinden ayrı değildir. Tanrı evrende ki her şeyi yaratmıştır ve bizlere ifşa ettiği her şey bilimdir. Bu sebeple Peder Jaerock Lee hastaları iyileştirdiğinde, sorunlarını çözdüğünde ve dualarla insanların Kutsal Ruh ile dolmasını sağladığında, bu bilimdir çünkü güç Tanrı'dan gelir. Aynı zamanda bu, imandır.

Bu anılar, her hafta *Hrıstiyan Basımevi* tarafından yayınlanmış ve pek çok inanan ve pederin yüreklerine tesir etmiştir. Şimdi ise, yaşayan imanın ve yaşayan Kutsal Ruh'un işlerinin kanıtlarını ortaya koyan bir kitap içinde toplanmıştır. Bu kitap, onun insani duyularımıza hitap eden, dürüst hayat hikâyesidir. Bunların yanı sıra, içinde Manmin Merkez Kilisesinin kuruluş ve büyümesini anlatan hizmetlerinin de bir hikâyesidir. Dolayısıyla, bilgi sahibi olmayan inananlar ve pederlere gerçek hizmetin ne olduğunu gösteren rehber bir kitap görevini de görür.

Bu biyografinin sayısız peder ve inananı etkilediğini duydum. Pederler, kiliselerinin büyümesi ve Kutsal Ruh'un gücüyle çok ilgiliydiler. Fazla bilgi sahibi olmayan inananlar, Kutsal Ruh'un işlerini gösteren ve onun şifa veren hizmetlerinden etkilendiler. Bunun nedeni bu günün Kore kiliselerinin Kutsal Ruh'un gücünü kaybetmiş olmalarıdır. Pek çok kilise gerçek anlamda yaşayan kiliseler değildir çünkü Kutsal Ruh'un gücünü, gizemcilik olarak düşünerek yanlış muamele etmişlerdir. Kutsal Ruh, 'gizemcilik' değildir. Kutsal Ruh, gerçek ve hakikattir.

Peder Jaerock Lee'nin Kore'de ki en gerçek pederlerden biri olduğunu kesinlikle söyleyebilirim. Pek çokları, sayısız insanın Rab İsa'yı çok daha büyük bir tutkuyla sevmeye başladıkları ve *Hayatım ve İmanım I & II* adlı biyografiyle zayıf imanlarının güçlendiği konusunda hem fikirdiler. Pek çok peder, gerçek bir kilisenin nasıl olacağı ve nasıl bir kilise de Kutsal Ruh'un iş başında olacağını anlayabileceklerdir.

Bunlara ek olarak, MBC yayıncılıkta meydana gelen olayla ilgili gerçeğin ve bu olayın gerçek hikâyesinin bu kitapta ortaya konduğunu söylemek istiyorum. Bizlere net bir şekilde Peder Jaerock Lee'nin Kore kiliselerinden neden böylesine zulüm gördüğünü anlatır. Bu Kore Kiliseleri artık ona karşı yürüttükleri eleştiri ve zulümlere bir son vermelidir. Dahası MBC'in Manmin Merkez Kilisesine bir özür borçlu olduğunu söylüyorum.

Peder Jaerock Lee'nin biyografisini okuduktan sonra bu benim en içten ümidimdir. Umut ediyorum ki tüm peder ve inananlar bu kitabı okusun ve onların gözleri Kutsal Ruh'a açılsın.

Pastor Jongman Lee
(Metodistkirken;
Permanent Præsident for Verdensforeningen for Kristen vækkelsesmission)

İçindekiler

Tavsiye
Kutsal Ruh'un Gücü ve Varlığının Kanıtı

1. Bölüm
Tıpkı Yağmurdan Sonra Toprağın Sertleşmesi Gibi

1. İmanın Tohumlarını Ektikten Sonra 2
2. Gebelikle Kutsanmanın Yoluyla Japonya'da Kilisenin Kurulması 5
3. Uluslararası Misyonerlik Faaliyetlerinin Genişlenmesi 9
4. Çaresizlikten Umuda Dönüşen Hayatlar 17
5. IMF'in Huzurunda Sıkı Bütçe Vaazı 25
6. Kilisenin 15. Yıldönümü 27
7. Tanrı Buğdayı İster 32

2. Bölüm
Kimi Dinlemeliyiz?

1. Tanrı Gelecek İşleri Gösterdi 36
2. Ruhani Dünya Açıldı 41
3. İhanet Eden ve Zarar Verenler için Gözyaşlarıyla Dua Etme 54
4. İlk Testin Başlangıcı 57
5. Şifa Veren Diriliş Toplantılarının Takdiri İlahisi 62
6. Tanrı, Kaftanlarını Yıkamaları İçin Üyeleri Eğitti 66

3. Bölüm
Golgata'ya Çarmıhla Tırmanan İsa'nın Aklından Neler Geçiyordu?

1. Üçüncü Testin Başlangıcı 70
2. Yasayı Tutmanın Önemini Vurgulama 74
3. Dürüst Bir Vatandaşın İşini Kaybetmesi 77
4. Tanrı'nın İşleri Değişmeden Gerçekleşir 79
5. Las Vegas ile İlgili Hikâye 85
6. 'Çoban' İncil'e Ait Bir İfadedir 88
7. Kutsal Ruh'la Bir Olmakla İlgili Yanlış Anlamalar 90
8. Kutsal Kitap Mükemmel Bir Şekilde Gizemli Şeylerle Doludur 95
9. Gizli Kameralarla Yasadışı Video 99
10. İtiraz Raporu Başvurusu 101

4. Bölüm
Sadece Tanrı'nın İsteğini Gerçekleştirebilirsem

1. Bir Keresinde Lütuf Almıştım 108
2. Güç Üzerine Güç 110
3. Işık Olan Tanrı'nın Gücünün Dört Seviyesi 113
4. Pakistan'da ki Cynthia Adında ki Bir Kızın Hikâyesi 118
5. Yaratılışın En Yüksek Gücü 120
6. Yeni Bin Yıl Büyük Bir Belirtiyle Başladı 122
7. Dağda ki Dualar ve Hayatımı Riske Atma 133
8. Kuzey Kore ile İlgili Kehanet 138

İçindekiler

5. Bölüm
Suyun Denizi Kaplaması Gibi

1. Tam Anlamıyla Uluslararası Misyonerlik Faaliyetlerinin Başlangıcı 144
2. Nagoya Seferinde On Sağır ve Dilsizin Şifa Bulması 152
3. Bir Şehidin Ruhuyla Pakistan'dan Ayrıldım 154
4. Tanrı'nın Ölüyü Dirilten Gücü 161
5. Kutsal Kitap'ın Yaratılış Bölümü ve Harikalar Üzerine Konuşmalar 165
6. Endonezya'da Peşkir Duası Seferi 168
7. Uhuru Park'ını Sarsan Kutsal Ruh'un İşleri 171
8. Saçın Ölü Köklerinin Dirilmesi 176
9. Yaratılışın En Yüksek Gücünün Başlangıcı 178
10. Dünya Meseleleri Üzerine Kehanetler 183

6. Bölüm
Sadece İsa Mesih'in Adıyla

1. Yıpranmış Ellerle Bile 192
2. Amaca Doğru 194
3. İmanla El Sıkışarak Burun Kanserinin İyileşmesi 197
4. Peşkir Duasıyla Kanserin İyileşmesi 200
5. İçten Yakarış 202
6. Kutsal Ruh'un Hızlı ve Güçlü Hortumu 204
7. Gücün Yeni Boyutu 212
8. Tomas'ın Şehitlik Kanının Meyvesi 216

7. Bölüm
Uluslar, Işığına ve Krallar, Doğuşunun Parlaklığına Gelecek

1. Dubai'de Ne Oldu? 230
2. Rusya Seferi, St. Petersburg'un 300.
   Yıldönümünün Resmi Etkinliği 234
3. Ruhani Çalışmaların Başlangıcı 237
4. Tanrı'nın Takdiri İlahisinde İzin Verilen Üç Sınamayla Kutsamalar 242
5. Hac 247
6. Kutsal Ruh'un Almanya'da ki Ateşi 253
7. Bir Zamanların İnka İmparatorluğunun Peru'sunda 257
8. Kongo Demokratik Cumhuriyetinde Sefalet
   ve Hastalığa Karşı Zorla Verilen Savaş 267
9. İlk Halka Açık Yayında Haçın Görünmesi 275
10. WCDN, Dünya Hrıstiyan Doktorları Ağı 280
11. Amerika Birleşik Devletlerinin Yüreğinde Kutsal Ruh'un Ateşi 285
12. İsrail'de ki Misyonun Başlangıcı 289
13. Üçüncü Dünya Savaşı 294
14. Büyük Tapınak, İnsanın Yetiştirilmesinde ki Zaferin Sembolü 300

Sonsöz 306

Kişisel ve Kilise Geçmişi 309

1. Bölüm

Tıpkı Yağmurdan Sonra Toprağın Sertleşmesi Gibi

İmanın Tohumlarını Ektikten Sonra

Guro Dong tapınağına taşındıktan kısa bir süre sonra tapınak tekrar dolmuştu. Arabalara yer bulamıyorduk ve insanlar akın ediyordu.

Hızla tapınağı genişletmemiz gerekiyordu ve yerimizin yakınlarında satışa çıkarılmış bir arsa vardı. Büyüklüğü 14.000 metrekare civarındaydı. Ancak kullandığımız bina üzerinde ipotek olduğundan bu arsayı alabilmemiz çok zordu.

Bununla ilgili dua ettiğimde Tanrı bu arsayı alacağımızı söyledi. Onu alabilmemiz için 20 milyar won, yani takribi 20 milyon dolara ihtiyacımız vardı. Mülkü almamız için imzalamamız gereken kontratta istenilen 1 milyar wonu bile bulmamız zordu. Ama ne zaman en imkânsız koşullarda Tanrı'ya itaat ettiysek, O'nun işlerine şahit olmuştuk. O zamanda ihtiyacımız olan imandı.

İmanın bir tohumu olarak kontratta istenilen 1 milyar wonun

100 milyonunu vermeyi aklıma koydum. Sözleşme öncesi 100 milyon won vermemiz gerekiyordu. Tanrı her zaman beni bolca kutsamıştı, ama ben bağışlar, misyonerlik faaliyetleri ve hayırseverlik işlerinde oldukça çok para harcadığımdan elimde fazla nakit yoktu. Ama eğer Tanrı bizimleyse, ne imkânsız olabilir?

100 milyon wonun hazırlanması için dua ettiğimde, Tanrı'nın işleri hiç umulmayan yerlerde kendini göstermeye başladı. Dualarımla şifa bulanlar ve önceden yardım ettiğim insanlar şimdi oradan buradan geliyor ve bana şükranlarını sunuyorlardı.

1995 yılının ağustos ayında 100 milyon wonu bir araya getirebilmiş ve ön sözleşmeyi imzalayabilmiştik. Örneğini verdiğim gibi, yaşlısından çocuğuna tüm üyeler katılmaya başladılar. İnşaat bağışları için duyuru yapamamıştık ama Tanrı her bireyin yüreklerine tesir etti. Kilise üyeleri gönüllü olarak ve sevinç içinde katkıda bulunmak için ortak oldular.

Bağışlar sadece ülke içinden değil ama diğer ülkelerden de geliyordu. Kısa bir zaman içinde kontratı imzalayabildik. Kontratı imzaladıktan bir hafta sonra Tanrı'nın sözüne itaat etmemizle bağışlar üçe katlandı.

Yürekte Birlik

1996 yılının Mayıs ayında, çelik yapı ortaya çıkmıştı ve inşaat aktif olarak devam ediyordu. 10 Hazirandan başlamak üzere de iki haftalık Özel Diriliş Toplantımız vardı. Daha fazla insanı kabul etmek için bu toplantıyı yeni yerimizde yapmayı düşünüyorduk, ama her şeyin bitmesi için birkaç aya daha ihtiyaç vardı. Bu durumu gayet iyi bilerek, üyeler inşaata yardım etmek için gönüllü oldular.

Bazı üyeler işlerinden izin aldı ve bazıları ise işyerlerinden çıktıktan sonra katıldı. Çimento ve kum taşıdılar, tuğla ve kiremidi yerleştirdiler ve duvarları boyadılar. Yüzlerce üye birlikte çalıştı ve diriliş toplantısına yakın kilise yükseldi.

Tavanlar her ne kadar bitmemiş olsa da yeni kilisemizde dördüncüsünü düzenlediğimiz iki haftalık diriliş toplantısını yapabildik. Bu, imanla tek bir adım yürümenin sonucuydu. Diriliş toplantısının ilk günü çok dokunaklıydı. Yuhanna 3:6 ayetinden çıkışla Tanrı bize 15 mesaj iletti. Seri, "Benlik ve Ruh" olarak adlandırıldı. Tanrı bize bu yaşam sözünü verdi ki, üyeler benlik ile ruhu ayırt edebilsinler. Benliği söküp atarak ruhun insanlarına dönüşebilsinler. Tanrı'yı yüceltmek için pek çok şifa veren işler ortaya kondu.

Gebelikle Kutsanmanın Yoluyla Japonya'da Kilisenin Kurulması

Hasta insanları gördüğümde sıklıkla onlar için, "Tanrım! İzin ver de, inananın acısını alıp onu iyileştireyim." diye dua ederim.

Kendim oldukça acı verici hastalıklardan çekmiş olduğumdan, hasta insanların acılarını yüreğimin derinliklerinde hissederim. Mümkünse onların yerine ben hasta olmayı isterim. Bazı inananlar günah işlediklerinde de hislerim aynıdır. Tanrı'nın onlara tövbe ruhunu vereceğini ve kurtuluşa sahip olacaklarını bilsem gerçekten gönüllü olarak hayatımı vermeye hazırım.

"Tanrım! Hayatımı aldığın takdirde günah işlemeye son vereceklerse, o zaman lütfen şimdi al. Hepsinin kurtuluşu almalarına izin ver."

Musa, adının yaşam kitabından silinmesi ve cehenneme düşmesi noktasında İsrail halkının kurtuluşu almalarını istedi (Mısır'dan Çıkış 32:32).

Elçi Pavlus, kendisinin lanetlenmesine ve Mesih'ten ayrılmasına neden olsa bile insanların kurtulmasını istediğini söyleyerek sevgisini itiraf etti. Bende böyle bir ruhani sevgiye sahip olmak istedim. Eğer kilise üyeleri benim kendimi kurban vermemle yaşam elde edeceklerse, kendimi feda etmeye hazırdım.

Yeni kilisenin inşaatının hemen ertesinde yaptığımız diriliş toplantısında, bin kişiden fazla hasta insan kayıt yaptırdı. Hasta insanlar için her gün özel toplantılar vardı ve onların her biri için dua ettim. İki saat kadar tüm gücümle onlar için dua ettiğimden neredeyse akşam seansları haline geldiler.

Tanrı'nın dualarımda ki içten yakarışlara yanıt verdiğine inanıyordum ve her gün Kutsal Ruh'un ateşli işleri ortaya konuyordu.

İki haftalık zor bir süreçti, ama şifa bulmaları için dua ettiğim, üzerlerine Tanrı'nın merhametinin düşmesini istediğim her bir hastanın çaresi olmayan hastalıkları şifa buldu. Kanser hücreleri yanıyor, akciğer, rahim ve gırtlak kanserleri iyileşiyordu. Serebral palsi yüzünden sertleşen bedenler gevşiyordu.

Bu toplantıda, Japonya'da ki Koreliler Federasyonu Genel sekreteri Jekyoo Ju ve eşi de vardı. Tıpkı bir sene öncesinde olduğu gibi bu toplantıda Tanrı'nın mucizelerine şahit oldular. Hatta çift buraya gelmeden önce anlatacakları bir hikâyeleri de vardı.

1995 yılının Mayıs ayında diyakoz Ju'nun eşinin bir gece yarısı yüksek ateşi çıktı ve ciddi baş ağrıları çekmeye başladı. Ertesi gün Diyakoz Ju'nun Kore'ye bir iş için uçması gerekiyordu. Ju, eşini de beraberinde getirdi ve Seul'da teşhisi konuldu. Hastalığı 'kolesteatom timpanit' ti. Doktor hemen ameliyat olmasını önerdi.

Ju'lar

İşitme duyusunu tamamen kaybedebilir ve menenjite dönüşebilirdi. İlkokulda bir öğrenci olmasından beri timpanitten çekiyordu. Kulağından akıntı geliyor ve her zaman ilaç kullanması gerekiyordu.

Annesinin ısrarıyla kilisemizin Pazar sabahı ayinlerine katılmaya başladı ve duamı aldı. Duayı aldığında tüm bedeninin nane gibi serinlediğini ve acının gittiğini itiraf etti. O zamandan beri kulağından hiçbir akıntı gelmedi. Ayrıca baş ağrısı ve diğer komplikasyonlar da kendisini terk etti.

O günün ertesinde kendisi ve eşi diriliş toplantısına katıldı. Gözyaşlarıyla günahlarından tövbe ettiler. Ayrıca yeni dillerle konuşma ruhani armağanını da aldılar. 1995 yılının haziran ayında Japonya'ya döndüklerinde Tanrı'nın lütfuyla kolesteatom timpanit hastalığından tamamen iyileşmişti. Kutsal Ruh ile dopdolu, Tanrı'nın lütuflarına şükranlarını sunuyorlardı.

Geri gittiğinde, bedeninde garip bir şey hissetti. Üç hafta sonra kontrol için hastaneye gittiğinde, hamile olduğunu öğrendi. 1991 yılında evlendikten sonra kalp ameliyatı geçirmiş ve doktor kendisine hamile kalmasının zor ve tehlikeli olacağını söylemişti.

Evliliklerinin beşinci yılı ve kalp ameliyatından sadece 8 ay sonrasıydı. Bunun çaresiz hastalığına şifa veren Tanrı'nın bir kutsaması olduğundan emindiler. 1996 yılının mart ayında ilk oğulları Shiyoung doğdu. Ancak sevinçleri çok kısa sürdü çünkü oğullarında kretenizm olduğunu öğrendiler.

Hormonların oluşumunu önlediğinden sakat bırakan bir hastalıktı. Dolayısıyla ancak hormon ilaçlarıyla büyüyebilirdi. Hormon ilaçlarını almadığı takdirde bedeninin alt kısmı gelişmeyecek ve başı bu sebeple büyük kalacaktı. Hastalık yaşamını bile alabilirdi.

1996 yılının Mayıs ayında bu çift, oğulları Shinyoung'un iyileşmesi için adak duası sundular. Ertesi sene diriliş toplantısına katılmak için yine Kore'ye geldiler. Verilen mesajlar yüreklerine dokunmuş ve elbette ki oğulları da şifa bulmuştu. Oğullarına ilaç vermeyi kestiler ve her şeyi Tanrı'nın ellerine teslim ettiler. Japonya'ya geri döndüklerinde Shiyoung gayet sağlıklı ve normal büyüyordu. Birkaç ay sonra, hastanede geçtiği kontrolde hormon seviyeleri normal çıktı.

Çift, Tanrı'nın lütfuyla dopdoluydu. Müjdeyi duyurmaktan ve dua etmekten asla vazgeçmediler. 1997 yılının temmuz ayında evlerinde altı kişi toplandı ve ilk hizmete başladılar. Ondan sonra ise insanların sayısı arttı ve oraya bir misyonerlik hizmetinin gönderilmesini istediler. Böylece 1999 yılında kilisemizden peder Kangsup Jang'u atadık. Şu anda Yamagata'da büyük bir kiliseleri ve harika bir hizmetleri var. Ju'nun bir oğlu ve bir kızı daha oldu. Sağlıklı ve mutlu bir aileleri var.

Uluslararası Misyonerlik Faaliyetlerinin Genişlenmesi

Adım Washinton D.C çevresinde bilinmeye başlandı ve her yıl Amerika'ya davet edildim. 1996 yılının şubat ayında, Hawaii Kore Hrıstiyan Kiliseleri Cemiyeti tarafından düzenlenen Birleşmiş Kore Sefer ve Pederleri konferansında vaaz verdim. Toplantı, 'Yenile Bizi' başlığı altında Honolulu Kore Baptist kilisesi tarafından düzenlenmişti.

İlk Kore Cumhurbaşkanı Syngman Rhee, Hawaii'de ki bu kiliseyi kurduğundan, oradakilerin adanmış iman sahibi olduklarını düşünmüştüm. Ama oraya gittiğimde, çok kilise olmadığını ve pek çok sorun olduğunu keşfettim. Pederlere göre çok kilise olmamasının sebebi, pederlerle kilise üyeleri arasında olan atışmalardı.

Hawaii Kore Hrıstiyan Kiliseleri Cemiyetinin Başkanı, Anglikan Kilisenin başpapazı John Park'tı. Kendisi bir şairdi ve aynı zaman da sessiz bir insana benziyordu. İlk toplantıdan itibaren fazlasıyla lütuf aldı.

Anlaşmazlık içinde ki Kilise Değişti

Üç gün boyunca, 'Niçin İsa Kurtarıcımızdır?', 'Benliğin İmanı ve Ruhani İman' ve 'İnsanoğlunun Etini Yiyerek ve Kanını İçerek Elde Edilen Sonsuz Yaşam' başlıklarında vaazlar verdim.

Önceleri kilise üyelerinin bu toplantı için kendi kiliselerinin kullanılmasına karşı çıktıklarını duydum. Ama toplantının ilk oturumu sona erdiğinde, inananların pek çoğu etkilenmiş ve genel davranışları değişmişti. Bizlere yiyecek ve diğer değerli şeyleri ikram ediyorlardı.

Tüm toplantı sona erdiğinde, kilisenin pederlerinden biri

Birleşmiş Havai Seferi

gözyaşları içinde, "Bu kilisenin sorunlarının olması benim kibrim yüzündendi. Hepsi benim hatamdı" diyerek içini döktü. Peder tüm suçunu üstlenip değişince, kilise üyeleri de değişti. Tanrı'nın, kilisenin tüm sorunlarını çözeceğine inanıyordum ve O'na şükranlarımı sundum.

O sırada iki pederin konferansları vardı. Yapabilecekleri hususunda onların yüreklerine güven duygusunu ekmeye çalıştım. Konferanstan sonra yaşlıca bir peder gözyaşları içinde, "Cemaatim bir yanlış yapmadı. Benim hatamdı çünkü kötüydüm" diyerek itirafta bulundu.

Bir peder şöyle dedi: "Gideceğim hiçbir yer yoktu ve sadece öleceğimi düşünüyordum. Ama lütuf ve güç aldım. Şimdi

Washington Büyük Evangelizasyon Seferberliği

kendime güvenim var. Şimdi yapabilirim." Diğer bir peder şöyle dedi: "Ruhani bir hoca olarak kendime güvenim vardı, ama şimdi sil baştan yeniden öğreneceğim." Tevazu içinde gelen dokunaklı bir itiraftı.

Tüm toplantılar sona erdiğinde onlara hoşça kalın dedim. Başpapaz John Park, "Elçilerin 2000 yıl önce olduğunu duyardım, ama şimdi senin sayende karşımda bir tane daha görüyorum" dedi. Pek çok peder de benimle birlikte havalimanına gelerek benim gidişimden duydukları üzüntüyü dile getirdiler. Ben de yürekten duygulanmıştım.

Rüyasında şifa bulan biri

1997 yılının 26 ve 28 Eylül günleri arasında, 'Rab, Washington ve Baltimore'u Yenile' başlığı altında, Virginia eyaletinde ki bir kilisede, Washington Hrıstiyan Radyosu tarafından 'Büyük Evangelizm Kampanyası' düzenlendi.

Amerika Birleşik Devletlerinde yaşayan pek çok Koreli, Washington D.C, Maryland, Virginia, Manhattan ve hatta Kanada, Toronto'dan bile toplantıya katılmak üzere geldiler. 'Niçin İsa Kurtarıcımızdır?', 'Benliğin İmanı ve Ruhani İman' ve 'İnsanoğlunun Etini Yiyerek ve Kanını İçerek Elde Edilen Sonsuz Yaşam' başlıklarında ki vaazları verdim.

Diriliş toplantısı esnasında gerçekleştirilen pederler konferansında, 'Kilise Büyümesinin Sırrı' aldı bir vaaz verdim. Farklı mezheplerden pek çok peder geldi.

Bir sonra ki gün olan 29 Eylül'de, Baltimore Kore Birleşmiş Presbiteryen Kilisesinde, Maryland Kore Kiliseleri Cemiyeti tarafından düzenlenen Kore-Amerika İttifak Seferi gerçekleştirildi. Bu diriliş toplantısına sadece Koreliler değil, ama diğer etniklerden takribi 1500 insan daha katıldı ve farklı insanların birleşmesini simgeleyen bir festivale dönüştürdüler.

Ama düşman şeytanın bu toplantıda konuşmamı engellemek adına rahatsız edici işleri de iş başındaydı. Toplantı bir pederin kilisesinde gerçekleştirilecekti. Benimle ilgili duyduğu bazı yalanlar yüzünden yanlış bir anlama meydana geldi. Bunun neticesinde de konuşma yapmamı istemedi. Ayrıca kilisesinin toplantı için kullanılmasına da izin vermek istemedi.

Ancak Tanrı pederin gördüğü bir rüyayla şeytanın verdiği rahatsızlıkları uzaklaştırdı. Omurgasında ki kronik bir rahatsızlıktan çekiyordu ve tam 10 metal iğneyi vücudunda taşıyordu. Sırt acısı da öylesine büyüktü.

Ama toplantıdan önce ben rüyasında görünerek kendisine aspirin veriyordum. Uyandığında ise acısı gitmişti. Mucizevî bir şekilde şifa bulmuştu ve şaşkınlık içindeydi. Daha sonra ise şöyle dedi: "Bu toplantının gerçekleşmesi Tanrı'nın isteğidir. Peder Jaerock Lee, sıradan bir insan değildir. Tanrı'nın üzerinde çalıştığı bir hizmetlisidir."

Diğer pederleri de ikna etti ve diriliş toplantısı başarıyla gerçekleşti.

Diriliş toplantısı, pederin sedir ağacından yapılmış güzel kilisesinde yapıldı. Beni gördüğünde oldukça şaşırmıştı çünkü rüyasında gördüğü kişiyle tıpa tıp aynıydım. Bizleri içtenlikle karşıladı.

O gün 'Rab ile Bir Olalım' başlıklı vaazı verdim. Koreliler ile Afrikalı Amerikalılar arasında süregelen anlaşmazlıklar ancak Rab'te birlikle çözümlenebilirdi. Dolayısıyla Rab'bin sevgisiyle ırk bariyerlerinin üstesinden gelmeleri için onlara nasihat ettim.

Yerel gelişime ve ırklar arasında ki tansiyonun düşürülmesine olan bu katkım Maryland eyaleti Valisi tarafından kabul gördü ve bana takdir plaketi verdi. Bunun yanı sıra Baltimore Belediye Başkanı tarafından onursal vatandaş sertifikası da aldım. Tüm bunlar Tanrı'nın bir lütufuydu.

Ruhani Açıdan Aç Arjantinli Pederler

1996 yılının 21 ve 23 Temmuz günleri arasında gerek pederler konferansında ve gerekse Buenos Aires'de ki Koreliler için düzenlenen diriliş toplantısında 'Kilise Büyümesinin Sırrı' adlı vaazı verdim. Arjantin'de ki diğer Hristiyan organizasyonlarından da destek gördü.

Binden fazla peder bu konferansa katıldı ve aynı konferans istek üzerine bir sonra ki yıl yeniden tekrarlandı.

Buenos Aires Matansa Ulusal Üniversitesinde ikinci bir pederler konferansı ve diriliş toplantısı, 15 ile 16 Ekim arasında gerçekleştirildi. Organizatörler, 300 pederin katılımını bekliyorlardı, ama binden fazla peder gelmişti ve çok daha büyük bir kiliseye toplantımızı taşımak zorunda kaldık.

Pederlerin çektikleri hasret ve ruhani açlık öylesine büyüktü ki, öğle yemeğini de atlayıp saat 15:00'e kadar konferansı sürdürdük. Pederler vaazı o kadar çok dinlemek istiyorlardı ki, ancak bir başka konferans daha yapacağıma söz vererek oturumu sona erdirebildim. İkinci pederler konferansı ve diriliş toplantısına 8000'den fazla kişi katıldı.

Arjantin'de ki Kore Büyükelçisi de toplantıya katılarak şöyle dedi: "Müjdenin duyurulmasında Kore kiliselerinin kendini adamış imanını Arjantin'e getiren Peder Jaerock Lee'ye teşekkürlerimi sunuyorum." Bu toplantıyı, sivil sektörden gelen diplomatik bir katkı olarak oldukça methetti.

Ayrıca bu diriliş toplantısında pek çok insan Kutsal Ruh'un

Arjantin Pederler Konferansı (1996)

Belediye Başkanı Barella ile Kilise Takdisi

Arjantin Seferi

ateşli işleri sayesinde şifa buldu. Özellikle Arjantin Hrıstiyan kiliseleri Cemiyetinin başkanı peder Eduador Lecio için bu çok doğrudur. Kendisi hem deri kanserinden, hem de kronik mide sorunlarından iyileşmiş ve Tanrı'yı yüceltmiştir.

Çaresizlikten Umuda Dönüşen Hayatlar

Her insanın hayatında inişler ve çıkışlar olur. Ama çaresi olmayan hastalıkları varsa ya da ilaçla hastalıklarının iyileşmesi için çok geç kalındıysa, çaresizliğe düşerler. Ama Tanrı'nın sevgisi, ezilmiş kamışı kırmaz ve tüten fitili söndürmez. Ve sevgisiyle, imanla ilerleyenlere her zaman mucizelerini gösterir.

Üç Kiloluk Bezenin Kayboluşu

Diyakoz Bayan Soonshim Kang, Yeosu Manmin kilisesine gitmeye başladı. Haziran 1997 yılında, yumurta büyüklüğünde ki bir bezeyi hissedebiliyordu. Sabahları kalktığında, vücudu şişiyordu. Karnının biraz aşağısında ağırlık hissediyordu. Bunun yanı sıra yürümekte zorluk çekiyor ve kolayca nefes nefese kalıyordu.

14 Haziran tarihinde, Jeonnam hastanesinde kendisine teşhis

konuldu. Üç kilo kadar ağırlığında bir bezesi vardı ve bu, rahim miyomu adı verilen bir tür tümördü. Rahim kanserinin en son safhasına gelmişti. Doktorlar, bezenin alınması durumunda, çevresinde ondan fazla kökü kalacağını ve dolayısıyla çaresi olmayan ölümcül bir durum olduğunu söylediler.

Ancak bir kendisine yardım ettiği takdirde yürüyebiliyordu. Uzandığında midesi içeri çökmüyor, ama aksine beze yüzünden daha da dışarı çıkıyordu. Ümitsiz ameliyatı olmak yerine, Tanrı'dan merhamet diledi ve Otomatik Telefon Yanıtlama Sistemine kayıt edilmiş hastalar için duayı dinledi.

Yeosu Manmin Kilisesine giderken Tanrı'nın işlerini gördüğünden ve duyduğundan, Tanrı'ya güvendiği takdirde şifa bulacağına dair imanı vardı.

Tüm bunlardan iki yıl önce, 1995 yılının Mayıs ayında Diyakoz Soonshim Kang, teyzesi Eumjeon Kim'e İncil'i duyurmuş ve birlikte 3. diriliş toplantısına katılmışlardı. Yaşlı kadının sırtında ki kıkırdaklardan ikisi gitmişti. Sırtı ancak 90 dereceye kadar eğikti ve on sene boyunca doğru düzgün yürüyememişti.

Her ne kadar sırtı için tıbbi bir tedavi olmasa da, diriliş toplantısında sadece bir kere duyduğu duayla düzelmişti. O zamandan beri Eumjeon Kim, sırtı düzelmiş bir şekilde rahatça yürüyebilmektedir.

25 Haziran 1997 tarihinde diyakoz Kang, Uslan Manmin Kilisesinde ki yeni tapınağın açılışı için bir diriliş toplantısı yürüteceğimi duydu ve oraya geldi. Benim duamı aldığı takdirde iyileşeceğine dair bir imanı vardı. Şifa veren Tanrı, inandığı gibi onu iyileştirdi.

Duayı aldığında, Kutsal Ruh'un ateşi onun içinde işe koyuldu. O günden itibaren, karnının aşağısında ki bezeyi hissetmez oldu ve tüm semptomları kayboldu. Bir ay sonra hastaneye gittiğinde doktoru şaşkınlık içindeydi.

"Ne zaman ameliyat olup bezeyi aldırdın?"

"Ameliyat olmadım. Bir pederin duasını alarak şifa buldum. Tanrı beni iyileştirdi."

Tamamıyla sağlığına kavuştu ve Rab'be kendini adamış sadık bir çalışan oldu.

Kimyevi Tarım Zehirlenmesinden İyileşme

Uslan Manmin Kilisesinin yeni tapınak açılış merasiminde, hastane giysileriyle Okja Kim'de oradaydı. Onunda bir hikâyesi vardı.

18 yaşında evlenmiş ve yaşamını idame etmek için tarımcılıkla uğraşmıştı. Kaza geçirdikten sonra, bebek sahibi olamayacağını öğrenmiş ve her gününü suçluluk duygusuyla geçirir olmuştu.

Ailevi pek çok sorunu vardı ve 17 Haziran 1997 tarihinde aile üyeleriyle bir kavgaya tutuştu. Aile üyelerinin şaşkın bakışları önünde, 'Gramoxone' adı verilen bir tarım ilacını başına dikip içti. Onu hemen hastaneye kaldırdılar.

Doktor, sadece ağza değmesiyle bile ölüme sebebiyet verecek çok güçlü bir zehir olduğunu söyledi. Panzehiri yoktu ve en fazla 15 günlük bir ömrü vardı. Doktoru aileye cenaze işlemlerine başlamalarını söyledi. Ama kilisemize gelen küçük kardeşi ona müjdeyi duyurdu ve 'Çarmıhın Mesajı' ile ilgili vaaz kayıtlarını dinletti. Bunun yanı sıra Otomatik Telefon Yanıt Sisteminde kayıtlı olan 'hastalar için dua' bölümünü dinlemesini sağladı.

Peder ve Gwangju Manmin kilise üyeleri bu bayana sevgiyle ilgi gösterdi ve ona imanının tohumunu ektiler. Yaşama arzusunu kazandı ve 25 Haziran günü Uslan Manmin Kilisesine geldi. Benim duamı aldığı esnada, kan ter içinde kaldı.

Diriliş toplantısı bittikten sonra Gwangju'ya dönerken, öylesine terledi ki sonunda tüm giysileri su içinde kaldı. Vücudunu çok sıcak hissediyor ve acı da ısrar ediyordu. Sonradan bunun sebebinin bedenini terk eden kimyevi tarımsal zehir olduğunu öğrendi. O esnada Kutsal Ruh'un ateşi zehiri yakmaktaydı.

Ertesi gün bir mucize oldu. Acısı gitmiş ve bedeni rahatlamıştı. Yüreğinde huzur duyuyordu. Doktorlarda şaşkınlık

Zehirlenen Okja Kim'in şifa bulması ve 21 senelik evliliğin ardından ilk çocuğunun doğumu

içindeydi ve titizce tekrar onu kontrolden geçirdiler. Hasara uğramış yemek borusu, çürümüş akciğeri ve karaciğeri ve tüm diğer organları iyileşmiş ve eski normal haline dönmüştü. Ayrıca zehri içerken bir damla da sol gözünün üzerine düşmüş ve gözyuvarlağı hemen hemen gitmişti. Görüşünü kaybedebilir veya ciddi bir görme sorunu yaşayabilirdi. Ancak duayı aldıktan birkaç gün sonra, gözü iyileşmiş ve normal haline dönmüştü.

Kasım 1997 tarihinde, Gwangju Manmin Kilisesi üyeleriyle birlikte Cuma gecesi ayinlerine katılmak üzere Seul'a geldi ve bir kere daha benim duamı aldı. Bir ay sonra vücudunda garip bir şeyler sezinlediğinden hastaneye kontrol gitti. Hamileydi. Daha önce bedeninden dolayı bebek sahibi olamıyordu. Ama Tanrı'nın kutsamasıyla, 21 yıllık evliliğinin ertesinde hamile kalabilmişti.

Bebek sahibi olamadığı için çok zor zamanlardan geçmiş ve kalbi kırılmıştı. Ama Tanrı ona dokunduğunda, bir anda iyileşivermişti. Bir oğlu oldu ve şimdi mutlu bir hayat sürüyor.

Otomatik Telefon Yanıt Sistemi Yoluyla Kutsal Ruh İşbaşında

Her şeye gücü yeten Tanrı'nın işleri, makineler gibi yaşamayan nesnelerin yoluyla bile gerçekleşir. Ilgon Cho, içinde hastalar için duanın kayıtlı olduğu otomatik telefon yanıt sistemini kiliseye sundu.

Kilisemize gelmeye başladığından beri, kızı orta kulak iltihabı ve kendisi de kronik deri hastalığından iyileşmişti. Tanrı, otomatik telefon yanıt sistemiyle Kutsal Ruh'un pek çok güçlü işlerini ortaya koydu.

1996 yılında da Dalyong Lee ailesinin başına da bu geldi. Kız kardeşi Boksoon Lee, 2 aylık yeğeni Jungtaek'a bakıcılık yapıyordu. Bebek ağzına iri bir üzüm tanesini attı, yuttu ve boğazını tıkadı. Yüzü morardı ve nefes alamadığı için bilincini kaybetmeye başladı.

Üzüm hava yolunu tıkamıştı. Boksoon Lee ve bebeğin annesi onu hemen yerel bir hastaneye götürdüler. Üzüm tanesi akciğerin sağ tarafında takılıp kalmış ve orada bir kan havuzu meydana getirmişti. Sol akciğer büyümüştü ve beyin için bunun çok vahim sonuçları vardı.

Acil serviste bebek dikkatini kaybediyor ve retinası da ayrıca kuruyordu. Oksijen maskesi nefes almasına yardım edemiyordu. Elektrik şokla kalbi daha az atıyordu. Ama kısa zaman da her kullanımda 30 dakika içinde duruyordu.

Dalyong Lee ve oğlu Jungtaek'ın Tanrı'nın lütfuyla dirilmesi (1996)

Jungtaek şu anda sağlıklı bir çocuk.

Babası bebeği başka bir hastaneye götüreceğini söylediğinde doktor önce bunu kabul etmedi. Beyin hasarı geçirdiği için bebeğin yaşasa bile zihinsel sorunlar yaşayacağını ya da sakat kalacağını, bebeğe daha fazla zorluk çıkarmamasını ve ona daha fazla acı vermemesini söyledi.

Bir şekilde bebek, yaşamıyla ilgili hiçbir sorumluluğun üstlenilmeyeceği koşuluyla Samsung Tıp merkezine kabul edildi. Su kaybı yüzünden hemen serum takmaları gerekiyordu, ama bir türlü damar bulamadılar. Doktor bebeğin ameliyat için çok küçük olduğunu söyledi ve yaşaması için çok düşük bir ihtimal vardı.

O zamanlar ne Dalyong Lee ne de eşi inanan değillerdi. Ancak Bookson Lee'nin kız kardeşinin önerisiyle, otomatik telefon yanıt sisteminde kayıtlı olan duayı dinlediler. Boksoon Lee, üç günlük bir oruçla bebeği için dua etti ve her gün otomatik sistem de ki duayı dinledi. Bundan sonra bebek iyileşmeye başladı.

Üç günlük orucun bitmesine az zaman kala, bebeği acil servisten genel koğuşa aldılar. Bir hafta içersinde ölmekte olan bebek tamamen iyileşti. Yaşasa bile beyin sorunları olacağı düşünülen bebeğin beyni gayet iyiydi. Hatta ve hatta akciğerinde ki üzüm çekirdekleri bile gitmişti. Tanrı onları Kutsal Ruh'un ateşiyle eritmişti. Doktorlar şaşkınlık içindeydiler.

Bu şekilde Dalyong Lee ve eşi, sevgiye ve her şeye gücü yeten Tanrı'nın kudretine inandılar. Rab'be iman edip Hristiyan oldular. Oğulları Jungtaek, hem kiliseden hem de okuldan sevgi alarak büyüyen iyi bir çocuk olarak yetişiyor.

Uydu Hizmetleri Yoluyla

Kilisemiz servisleri uydu aracılığıyla tüm Kore'de yayınlanır.

Bu uydu aracılığıyla Kutsal Ruh'un işleri şube kiliselerimizde sergilenir. Temmuz 1998'de Eunkyeong Shin, ilk defa gittiği Masan Manmin Kilisesinde hastalığından iyileşti.

Eunkyeong'ın annesi sordu: "Eunkyeong, Masan Manmin Kilisesi ayinine katılıp huzur buldum. Niçin sende benimle gelmiyorsun?"

O sırada Eunkyeong 8. sınıf öğrencisiydi. İnançsız annesinin kendisiyle birlikte kiliseye gelmesini istemesinden dolayı şaşkınlık içindeydi. Böylece Masan Manmin Kilisesine gitmeye başladı. Üçüncü sınıftan bu yana Eunkyeong, nevrozdan, güçsüzlükten, iştahsızlıktan, gastritten ve baş ağrılarından çekiyordu. Bunlar ders çalışmasını zorlaştırıyordu.

Dördüncü sınıftayken birdenbire nefes alıp vermekte zorlanmaya başladı. Göğsünü bir gün böyle yumruklarken, baygınlık geçirdi ve böylece hastaneye kaldırıldı. Ortaokula başladığında, zona hastalığı vardı. Tüm vücudu kaşınıyor ve sanki iğneler batıyordu. Ciddi baş ağrıları yüzünden uyuyamıyordu. Başı patlayacakmış hissine kapılıyordu.

Öylesine inceydi ki bir deri bir kemik kalmıştı. İlaçlarını alıyor, ama kolayca iyileşemiyordu. Aile üyeleri de ayrıca acı çekiyordu. Çok erken yaşlardan beri kiliseye geliyordu, ama gerçek bir imana sahip değildi. Her zaman acılar içindeydi ve dolayısıyla yaşamdan hiçbir umudu yoktu.

12 Temmuz 1998 yılında Masan Manmin Kilisesinde bir Pazar günü uydu ayinine katıldı. Vaazdan sonra hastalar için dua servisi vardı ve ellerini vücudunun hasta yerleri üzerine koyarak duayı aldı. O anda Tanrı onun tüm hastalıklarını Kutsal Ruh'un ateşiyle iyileştirdi.

Tüm acılar bir anda yitip gitti. O günden sonra bir daha hiçbir ilaç almadı. Şu anda sağlıklı bir yaşam sürüyor ve kilise koromuzda bir solist olarak ilahiler söylüyor.

IMF'in Huzurunda Sıkı Bütçe Vaazı

2 Kasım 1997 sabah ayininde, otobüs jetonlarının kilisenin kabul yerinde dağıtılacağını duyurdum. Artık herkes kiliseye gelebilirdi.

O vakitler pek çok Kore'li 'Uluslararası Para Fonu' anlamına gelen IMF kısaltmasını bilmiyordu. Bende bilmiyordum, ama Tanrı, Kore ekonomisini kötü günlerin beklediğini bana bildirdiğinden, mali zorluklar içinde olan kilise üyelerinin ulaşım ücretleri sorununu çözmeyi istedim.

Bir ay geçmeden gazeteler Kore'de ki IMF döneminden bahsetmeye başladı. 12 Kasım 1997'de ülke finansal kriz içindeydi. Hükümet IMF'ten fon istedi ve Kore ekonomisi hengâme içine düştü. Pek çok şirket iflas etti ve sayısız insan işlerini kaybedip sokaklara düştü.

Bende ayrıca bütçemi kısmaya çalıştım. Aileme pirinç dışında üç öğünden fazla bir şey yapmamalarını istedim. Bunun yanı sıra market alışverişlerine gittikleri sayıyı indirmelerini söyledim.

Kendi kemerimi öncelikle sıkmam gerektiği aşikârdı, çünkü kilise üyeleri mali sıkıntılardan geçiyordu.

Gelmekte olan ekonomik krizin çok önceden farkına varmıştım. Aralık 1995 yılında Tanrı bana Kore'de ekonomik kriz olacağını bildirmiş ve bütçemi kısmam gerektiğini söylemişti. Dolayısıyla 28 Ocak 1996'da kilise çalışanlarının ibadet hizmetlerinde "Kemer Sıkma Yoluyla Kutsamalar" vaazını verdim. Kiliseye her alanda bütçelerini kesmeyi önerdim. Kilisede pederlik aktiviteleri için ayrılmış bütçeden hiçbir harcama yapmadım. Verildiği gibi onları Tanrı'ya geri sundum.

Şifa ve dualarımla lütuf bulanlar şükranlarını sunduklarında, onların bağışlarını hayır işleri ve misyonerlik çalışmaları için aldım ve Tanrı'ya sundum.

Tanrı beni mali anlamda bolca kutsamıştı, ama bir kuruşu bile harcamamak benim alışkanlığımdı. Ancak onlar, ihtiyacı olan bir kişiye yardım etmek ve daha çok misyonerlik faaliyetlerinde bulunmak içindi.

Kilisemizde mali açıdan iyi bir durumda değildi, ama buna rağmen zorluk çeken diğer kiliselere yardım ediyorduk. Özellikle kırsal alanda olanlara, mezhepleri ne olursa olsun yardım elini uzatıyorduk. Kilise ayrıca hayır işlerinde ve burs konusunda elinden gelenin en iyisini yapmaya çabalıyordu ki, hiçbir üyesi yoksulluk çekmesin ve hiçbir öğrenci parasızlık yüzünden okullarından olmasın.

Kilisenin 15. Yıldönümü

12 Ekim 1997'de pek çok ziyaretçi, kilisenin 15. yıldönümünü kutlamak üzere geldi. İşte o zaman çok özel bir konuğumuz vardı. Kim Daejung'un karısı, Halkın Yeni Siyasi Topluluğu Partisi Başkanı ve Asya-Pasifik Barış Kuruluşu yönetim kurulu üyesi kilise ihtiyarlarından Heeho Lee'de yıldönümümüzü bizlerle kutlamak üzere geldi.

Seneler akıp giderken bizlerde çeşitli Kore kiliseleri birliğiyle daha fazla misyonerlik çalışmalarına katılmak zorundaydık ve desteklenmemiz için büyük oranda talep vardı. Dolayısıyla kilisemizin sahne sanatları ekibi çok meşguldü. 5 Şubat 1998 yılında Osan-ri Dağı oruç ve dua evine konuşmacı olarak davet edildim ve vaaz verdim. 19 Mayıs tarihinde Evangelizasyon Konseyi Yasal Temsilcileri İdari Başkanı olarak 'Okullarda Şiddete Hayır Hareketi' nde yer aldım.

Kilisemizin Nissi Orkestrası, Hrıstiyan cemaatinde gittikçe tanınıyor ve bir çok etkinlikte yer alıyorlardı.

Kore'nin eski Başkanın eşi İhtiyar Heeho Lee, kilisenin 15. Yıldönümünde

Jamsil Olimpik stadyumunda gerçekleştirilen 'Dua ile Ulusal Krizin Üstesinden Gelme' konferansında, Evangelizasyon Yasal Temsilciler Komitesi tarafından verilen 'ihtiyacı olanlar' ve 'övgüler' konserlerinde, CBS (Hrıstiyan Radyo İstasyonu) tarafından gerçekleştirilen 15. Paskalya kutlamaları müzik festivalinde, CBS'in 44. yıldönümünde ve CBS'in 21. yüzyıl vizyonunda yer almışlardı. Ayrıca ülke çapında pek çok farklı yerel organizasyonlar da çaldılar.

Vaazlarım hafta da 980 dakika FEBC (Uzakdoğu radyo yayıncılık merkezi) ve CBS (Hrıstiyan Radyo İstasyonu)

yayınlanıyordu. Ayrıca vaazlarım Amerika Birleşik Devletleri, Rusya, Kanada ve Avustralya gibi ülkelerde de yayınlanıyordu.

1998 yılının ağustos ayında internet üzerinden yayınlar kilisemizde başladı. Bu yayın sayesinde pek çok şifa veren işlerde meydana geldi. Kore'nin yerel kiliseleri, Aralık 1996'dan beri eşzamanlı uydu yayın hizmetleri almaktadır.

"Okullarda Şiddete Hayır Hareketi"

2002 Dünya Kupası Misyonunun Törenle Başlama Servisi

Çeşitli Hrıstiyan Etkinliklerinde Nissi Orkestrası

Tanrı Buğdayı İster

Misyonerlik alanımızı genişletmek çok önemlidir, ama pederlik hizmetlerinin ana vurgusu tıpkı Matta 3:12'de yazıldığı gibi inananları buğdaylar haline getirmektir. Bu ayet şöyle der: *"Yabası elindedir. Harman yerini temizleyecek, buğdayını toplayıp ambara yığacak, samanı ise sönmeyen ateşte yakacak."*

Tanrı, çocuklarının gerçek buğdaylar olmasını ister ve bu yüzden bu güne dek insanın yetiştirilmesini yürütmektedir. Hrıstiyanlar, kendilerinin Tanrı'yı seven gerçek buğdaylar ve O'nun sözüne göre yaşayanlar mı, yoksa dünyayı seven, benliğin ve gözlerinin arzusuyla dünyaya ödün veren ve böbürlenen bir kibirle yaşamlar süren insanlar olup olmadıklarını ayırt edebilmelidirler.

Buğday, sonsuz yaşamı kazanır ve göklere alınır, ama saman cehennemin ateşine düşecek ve sonsuza dek acı çekecektir. Eğer göklere gidersek, farklı yerlere alınır ve imanımızla eylemlerimize göre görkem sahibi oluruz. Kutsal Kitap'ın pek çok bölümü bize bu gerçeği anlatır.

Elçi Pavlus, 1. Korintliler 15. bölümde dirilişle ilgili şunları söylemiştir: *"Güneşin görkemi başka, ayın görkemi başka, yıldızların görkemi başkadır. Görkem bakımından yıldız yıldızdan farklıdır."* (1. Korintliler 15:41). Yeryüzünde yaptıklarımıza göre güneşin, ayın veya yıldızların görkemini alırız.

Tanrı'yı sevmek

Yuhanna 14:15'de İsa şöyle demiştir: *"Beni seviyorsanız, buyruklarımı yerine getirirsiniz."* O'nun buyruklarını tutmak, Tanrı'nın bizlerden yapmamızı istediklerini yapmak, yapmamızı istemediklerini yapmamak, atılmasını istediklerini atmak ve O'nun yasasını tutmaktır.

Özdeyişler 8:13, Tanrı'dan korkmanın kötülükten nefret etmek olduğunu ve 1. Selanikliler 5:22 ise, Tanrı'yı gerçekten sevenlerin her türlü kötülükten kaçınacaklarını söyler.

Işıkta ve Tanrı'nın sözüne göre yaşarsak, Rab'bin yüreğine sahip olabilir ve ruhun insanlarına dönüşebiliriz. Dahası, Tanrı'nın bütün evinde sadık olur ve tüm ruhun insanlarına dönüşmek için büyürsek Yeni Yeruşalim'e girme yetkinliğine sahip oluruz.

Küçük bir çocuk olduğum günlerde, annem başında ağır bir yükle markete giderdi. Hatta en yakın uzunluk 12km kadardı ve gidip dönmek 24 km. gelirdi. Beş ya da altı yaşında olduğum zamanlar hep onunla markete giderdim.

Sabahın erken saatlerinden akşamın geç saatlerine kadar yürümek zorunda kalırdım, ama bacaklarımın beni öldürdüğünü hiç belli etmezdim çünkü evde bir başıma olmaktan ise annemle birlikte olmayı seviyordum. Markette görülecek pek çok şey vardı ve tüm dikkatimi yakalayan ise şeker satıcısıydı.

Koca şekerleri görmek bile ağzımı sulandırırdı. Yanımızda ise atıştırmak için sadece patates ve mısır bulunurdu. Ama onlar yeterli değildi. Şekerlere olan arzumun gözünden kaçırmasına imkân yoktu.

O zaman bana dönüp, "Jaerock, şeker istemisin?" diye sorardı.

Cebinde sakladığı 1 wonu çıkarmaya yeltendiğinde, elinden çeker ve "Anne, istemiyorum. Hadi artık gidelim." derdim.

1 won ile pek çok şeker alabilirdik. Ama annem otobüs ücretini vermemek için onca yolu yürüyordu. Bir won annem için gerçekten büyük bir paraydı. Bu gerçeği bildiğimden, şekerler olan isteğimi bastırmaya çalışırdım.

Anne ve babamın endişeye kapılmaması ve hoşnut olmaları için elimden gelenin en iyisine çabalardım. Tanrı'yla, ruhumun babasıyla tanıştığımdan beri ise tek arzum sadece O'nu hoşnut etmektir.

İçinde Tanrı'nın nefret ettiği bir kötülük olursa, nasıl da acı içinde olur? Böylesi bir kötülüğü kabul edemem. Böylece yüreğimde ki kötülüğü dua ve oruçla uzaklaştırmaya başladım.

2. Bölüm

Kimi Dinlemeliyiz?

Tanrı Gelecek İşleri Gösterdi

1998 yılının yeni yıl ayininden itibaren gözyaşları döküp durdum. Genelde kürsüde vaaz verirken gözyaşı dökerdim. Bu durum böyle bir yıl sürdü. Tanrı, kilisenin testlerle yüzleşeceğini ve kendi bencil motifleriyle bazılarının bana ihanet edeceğini bilmemi sağladığından, sabahları dua etmek zorundaydım. Tanrı, üç testin yoluyla mahsulü ayıracağını ve böylece buğday ile samanın ayrılacağını bana söyledi. Dünya misyonunu gerçekleştirmek ve kutsallaşmış çocukları sayesinde Büyük Tapınağı inşa etmek, Tanrı'nın takdiri ilahisiydi.

1998 yılının Mayıs ayında, diriliş toplantısının hemen ertesinde Tanrı bana zamanın sonlarına doğru Tanrı'nın takdiri ilahisiyle inşa edilecek Büyük tapınağın bir görümünü gösterdi. Ayrıca bana büyük coşkudan hemen sonra olacak bir sahneyi de gösterdi. Büyük Tapınakta ayine katılan pek çok insan gördüm. Bir anda tavan haç şeklinde açılıverdi ve pek çok inanan havaya alındı. Alınanların bedenleri beyaz bir ketenden ruhani bedenlere dönüştü.

Ama bazılarının alınmadığını ve dünyaya terk edildiklerini gördüm. Alınmadıklarını fark ettiklerinde büyük bir çaresizliğin içine düştüler. Bazıları hayal kırıklığı yüzünden kendinden geçip bayıldı ve bazıları da feryatlar içinde yerleri dövdü. Alınmayanların arasında benimle çalışan önde gelen pederlerde vardı. Elbette ki niçin böyle olduğunu biliyordum. Kendilerinin inançlı olduğunu düşünmüşlerdi, ama aslında Tanrı'nın gözünde buğday değil, samandılar.

Yeryüzünde bırakılanlar yüreklerini paralayıp tövbeler ettiler, ama kurtuluş kapısı çoktan kapanmıştı. Büyük Tapınakta Tanrı'ya dua edip ilahiler söylemek için bir araya geldiler. Ancak Kutsal Ruh çoktan alınmıştı ve Tanrı'nın lütuflarını alamadılar. Orası artık şeytan tarafından kontrol edilen kötülüğün dünyasıydı ve Kutsal Ruh'ta hiçbir yardım alamadılar.

Göklerde ki Düğün Şöleni, Yeryüzünde ki Sıkıntı

Buğday gibi olan inananlar bulutlarla alınıp Rab ile tanışacak ve havada gerçekleştirilen Yedi Yıllık Düğün Şölenine katılacaklardır. Onlar, rüya gibi bir zamandan geçerlerken, yeryüzünde Yedi Yıllık Büyük Sıkıntı başlayacaktır. Kutsal Kitap'ın Vahiy bölümünde yazıldığı gibi bu zaman da Üçüncü Dünya Savaşı çıkacak ve güçlü uluslar kitle imha ve nükleer silahlarını kullanacaklardır. Yeryüzü tarihi boyunca hiçbir zaman şahit olmadığı bir sıkıntı ile yüz yüze kalacaktır.

Kilisemiz tarafından inşa edilen Büyük Tapınak, kötü insanlar tarafından ele geçirilerek bir işkence yeri olarak kullanılacaktır.

Üçüncü Dünya Savaşı felaketinden bazıları kurtulabilecek, ama bir kere Mesih karşıtı ortaya çıkınca, hayatlarını 666 işaretini almadan idame edemeyeceklerdir. Öyle ki, bu işareti, yani canavarın adını ya da adını simgeleyen sayıyı taşımayan ne bir şey satın alabilirsin, ne de satabilirsin. (Vahiy 13:16-18). 666 işareti, cehenneme biletle aynı kefeye girer ve bunu bilenler işareti almamak için dağlara koşacaktır. Ancak ikna edilecek ve yakalanılacaklardır. Eğer 666 işaretini almayı reddederlerse, işkenceye maruz kalacaklardır. Tanrı, bana bu işkence sahnelerini gösterdi. İşkence için kullanılan aletler gerçekten korkutucuydu ve ileri teknoloji ürünleriydi. Bazılar işkence esnasında İsa'yı inkâr ederek 666 işaretini alırlar. İsa'yı inkâr ederek ve 666 işaretini alarak kurtulamayacaklarını bilmelerine rağmen işkencelere dayanamazlar.

Tasavvur dahi edilemez bu vahşet dolu işkencelere çocuklarınızın ve anne-babalarınız maruz kaldığını bir kere düşünün. Acıya dayanmak ve bir şehit olarak ölmek öylesine zordur. İşkencelerin üstesinden gelip şehitler olarak ölenler de utanç verici arta kalan bir kurtuluşa sahip olacaklardır.

Yas ve Gözyaşlarıyla Tanrı'ya Tutunmak

Bayan 'H', kilisemde peder olarak çalışıyordu. Tanrı ona tövbe etmesi ve gittiği yoldan dönmesi için birçok şans vermişti, ama o bunları yapmadı. Tanrı ona çok değerli bir armağan ve lütuflar verdi, ama o kibirli bir insan oldu. Günahlar işledi ve kiliseye zorluklar çıkardı. Sonuna kadar bencil güdülerini söküp atamadı. Sonunda Tanrı ona yüzünü çevirdi.

O vakit artık o, şeytanın işlerini kendine çekiyordu. Eğer

beni mahvederse, tüm kilisenin kontrolünü ele geçireceğini düşünüyordu. Kilisede ki bazı insanlarla birlikte sinsi bir plan tertipledi. Yayın organlarına yanlış raporlar verdi ve pek çok kişiyi aldattı. Sonunda kiliseye iftira atıp ayrıldı. Onun Yedi Yıllık Büyük Sıkıntı devresinde yeryüzünde kaldığı ve işkence gördüğüyle ilgili bir görüm aldım. Öylesine şok olmuştum ki yas tutmaya başladım, çünkü bulutlarla alınmayıp yeryüzünde bırakılan insanları görmüştüm.

"Baba, Tanrım, yeryüzünde tek bir kişi dahi kalmamalı. Özellikle diğerlerine öğretenler, öncü pederler ve çalışanlar, Yedi Yıllık Büyük Sıkıntı esnasında yeryüzünde asla kalmamalı. Lütfen onların tövbe edip gittiklerini yoldan geri dönmelerini ve kurtuluşu almalarına izin ver" diye dua ettim.

Küçük şeyler için ağlamazdım, ama o sahneyi gördüğüm andan itibaren çok sıklıkla ağladım. Dağa dua etmeye gittiğim zaman, onları terk etmemesi için sadece gözyaşlarıyla Tanrı'ya tutundum.

Ruhani Dünya Açıldı

4 ve 15 Mayıs 1998 tarihleri arasında, 'Tanrı ışıktır' başlığı altında 6. iki haftalık özel diriliş toplantısı düzenlendi. Pek çok kilise üyesi, oruç ve dua ile bunun için hazırlandı. Diriliş toplantısı bittikten sonra, pek çoğunun ruhani gözleri açıldı ve Tanrı'nın lütfuyla doldular.

Eğer Tanrı'yı seviyorsak sürekli dua ederiz. O'nun sesini duymayı arzular ve ruhani dünyayı görmeye can atarız. Kısaca, nasıl sevdiklerimizle her gün buluşup konuşmak istiyorsak, Tanrı'yı sevdiğimiz takdirde her zaman O'nu görmek ve Sesini duymak isteriz.

Tanrı, söze göre ve ışıkta yaşamaya çabalayan kilise üyelerimizi gördü. Onların üzerine lütuflar yağdırdı ve pek çoğu ruhani dünyayı görebildiler. Dahası, onların ilk elden Tanrı'nın işlerini deneyim edebilmesinden pek çok şey gerçekleşti. Yakup 1:17'de bununla ilgili şu ayeti buluruz: *"Her nimet, her mükemmel armağan yukarıdan, kendisinde değişkenlik ya da döneklik gölgesi olmayan Işıklar Babası'ndan gelir."*

Elçilerin İşleri 3. bölümde Petrus, sakat bir adamın iyileşmesini sağlar. Petrus ve Yuhanna, İsa'nın ölümden dirilişini duyurduğunda yaklaşık 5000 kişi bir günde İsa'ya iman etti. Dirilişle ilgili haberlerden hoşlanmayan resmi kişiler, yaşlılar ve yasanın öğretmenleri, elçileri çağırarak müjdeyi duyurmaya bir son vermeleri hususunda tehdit ettiler. Elçilerin İşleri 4:18-20 şöyle der: *"Böylece onları çağırdılar, İsa'nın adını hiç anmamalarını, o adı kullanarak hiçbir şey öğretmemelerini buyurdular. Ama Petrus'la Yuhanna şöyle karşılık verdiler: 'Tanrı'nın önünde, Tanrı'nın sözünü değil de sizin sözünüzü dinlemek doğru mudur, kendiniz karar verin. Biz gördüklerimizi ve işittiklerimizi anlatmadan edemeyiz.'"*

Bunun Tanrı'nın isteği olduğunu bile bile sırf zulüm ve sıkıntılar yüzünden müjdeyi duyurmaktan korksalardı, Hristiyanlık asla yayılamazdı.

Tanrı'yı tutkuyla seven ve ölümden korkmayan elçilerin çabaları sayesinde, bu gün Hristiyanlık meyveler veren gür bir ağaç haline gelmiştir.

Gördüklerimizi ve Duyduklarımızı İnkâr Edemezdik

Ruhani gözleri açılanlar Rab'bi, peygamberleri ve melekleri gördüler. Hatta ruhani sesler bile duydular. Ruhani dünyayı görerek Tanrı'nın lütuflarıyla doldukça, başka insanlara bunu anlatmaya başladılar. Ama gördüklerini anlatmalarına rağmen, kişiden kişiye bunlar aktarıldığında bazı yerlerin atlanması veya yeni eklemelerin olması doğaldı.

Bununla ilgili konuşmanın bir mahsuru yoktu ancak

gördüklerine kendi düşüncelerini eklemeleri, söylemeleri ve söylememeleri gereken şeyler arasında bir ayrım yapamamaları bazı sorunlara yol açtı. Kilise üyelerinin, bu tarz yan etkilerden korkmalarını durduramadım. Gökler için umut beslemelerini ve nihai hedefleri Yeni Yeruşalim olarak, ruhun daha derin seviyelerine doğru ilerlemelerini sağlamaya çalıştım.

1998 yılının Haziran ayında bazı kilise çalışanlarına şunları söyledim: "Kilise üyeleri ruhani dünyayı görebildiklerinden, sapkın olarak suçlanacağım. Çok büyük bir testle karşılaşacağız. Ancak ruhani dünyayı görmek Tanrı'nın isteği olduğundan, gittiğimiz yolda ilerlemekten başka da seçeneğim yok."

Belli bir noktada dev bir dalga gibi gelip vuracağını biliyordum, ama onları ruhani dünyayı görmelerinden alıkoyamazdım. Ruhani şeyleri görmeleri için ruhani gözlerini açan Tanrı'ydı. Dolayısıyla onları durdurmaya cüret edemezdim.

Ruhani dünyayı ne kadar bilirsek, o kadar göksel egemenliğe özlem duyar ve dünyanın karanlığını söküp kendimizden uzaklaştırabiliriz. Göksel egemenlik için büyük bir umut besler ve ruhani imanda büyüyerek Yeni Yeruşalim'e doğru gözlerimizi dikeriz.

Düşman şeytan, İsa doğmadan önce bile Mesih'i arıyordu. İsa doğar doğmaz, şeytan, Hirodes'in aracılığıyla O'nu öldürmeyi denedi. İsa'nın hizmeti esnasında da durum aynıydı ve zamanı geldiğinde şeytan, kötü insanları kışkırtarak O'nu çarmıha gerdirdi.

Tanrı'nın egemenliği, ruhani savaş ile başarılır. Rahipler ve Tanrı için çalışanlar, ruhani dünyayı bilmek zorundadırlar. Ruhani dünyayı bilmeden, düşman şeytan ve iblis üzerinde kontrol sahibi olamazlar. Ancak kendi kimliklerimizi doğru bir şekilde bilerek, onların üzerinde hâkimiyet kurabilir ve Tanrı'nın gücünü ifşa edebiliriz.

Elçilerin İşleri 16:16-18 ayetlerinde uzunca bir zaman Pavlus'u izleyen ve Pavlus'a zor anlar yaşatan bir köle kız olduğunu okuruz. Kız falcılık ruhuna tutulmuştu, ama Pavlus ruhu kızın içinden uzaklaştırdı.

En başından "Kötü ruh, İsa Mesih'in adıyla çık!" diyebilir ve kötü ruhta kızı hemen terk edebilirdi. Ama bunu yapmadı. Bekledi çünkü bunu yapmaması gerektiğini biliyordu.

Eğer kötü ruhu bu kızdan çıkaracak olsa, bu falcı kız sayesinde para kazanan adamların para kaynağı kesilecek ve Pavlus'a zulüm edeceklerdi. Ancak ne zaman ki bu durum dayanılmaz bir hale gelip ruhu kovduğunda, ne oldu? Çarşı meydanında yakalandı. Giysileri çıkartılıp bedeni kanayıncaya kadar dövüldü ve sonra zindana atıldı.

Kutsal Kitap, ruhani dünyayla ilgili bir kayıttır. İnsanların ruhani dünyayı görebilmelerinden düşman şeytan ve iblis nefret ederler. Çünkü bu sayede müjde duyurulacak ve Tanrı'nın egemenliği şevkle gerçekleşecektir. 2. Krallar 6:17 şöyle der: *"Sonra [Elişa]şöyle dua etti: 'Ya RAB, lütfen onun gözlerini aç, görsün!' RAB uşağın gözlerini açtı. Uşak Elişa'nın çevresindeki dağların atlılarla, ateşten savaş arabalarıyla dolu olduğunu gördü."*

Elişa, dağlarda ki atlıları ve ateşten savaş arabalarını ruhani gözleriyle görebiliyordu. Ayrıca İstefanos'da müjdeyi duyurduktan sonra ruh ile dolmuş ve şöyle demişti: *"Bakın dedi, Göklerin açıldığını ve İnsanoğlu'nun Tanrı'nın sağında durmakta olduğunu görüyorum."* (Elçilerin İşleri 7:56). Ve sonrasında kötü insanlar gür sesleriyle haykırmış, kulaklarını tıkayarak tek bir amaçla saldırmışlardı. İstefanos'u taşlayarak öldürmüşlerdi. Elçilerin işleri 7. bölümde İstefanos müjdeyi duyurduğunda ve insanlara günahlarını sıraladığında, kötü insanlar öfkeden kudurmuşlardı (Elçilerin İşleri 7:54).

Eğer İstefanos göklerin kapısının açıldığını ve İsa'yı görmüş olduğunu söylememiş olsaydı, taşlanarak ölmeyecekti. Ruhani gözleri açıldığından ruhani dünya hakkında konuştu ve diğerleri de kendilerinin göremediği bir şeyi gördüğü için ondan nefret ettiler.

Onlar şöyle sözler sarf ederler: "Melekler mi? Bu bir hayal! Yanlışları var. Bunların hepsi uydurma!" Bunun gibi pek çok yalan beyanlarda bulunurlar.

Tapınağın Sütunlarında Beliren İmgeler

21 Haziran 1998 tarihinde, akşam ayinlerinin hemen ertesinde, ana tapınağın sunağının dört sütunun üzerinde imgeler gördük. Akşam ayin servisinden hemen sonra dağa dua etmek için gitmemden Tanrı'nın hoşnut olduğuna inandım. Melekleri yoluyla bu imgelerin dört sütuna yerleştirilmişti. Bu net imgeler, fiziksel gözlerle görülebiliyordu.

Bunlar, çarmıhta böğründen mızraklanan İsa'nın ve ayrıca Pavlus, Yuhanna ve Petrus'un imgeleriydi. Haberler yayıldı ve o hafta 7000 kişiden fazla insan bu imgeleri görmek için kiliseye akın etti.

Yuhanna'nın Patmos adasında ki bir tablosunu biliriz. Alnı, dua ederken başını kayadan duvara çok çarptığı için şişmişti. Tapınağın sütununda beliren Yuhanna'nın imgesinde de alnı şişti. Petrus'un uzun bir sakalı vardı.

Kilise üyeleri, dikenlerden örülmüş taç yüzünden kanayan ve böğründen mızraklanan İsa'yı gördüğünde, duygu seline kapıldı.

Elçi Yuhanna

Elçi Petrus

Çarmıhta ki İsa
Sütunlarda ki imgeler bir ressam tarafından çizilmiştir

Bu imgeler sütunlarda gece-gündüz haftalarca böyle kaldı. Resimleri çekildi ve videoya alındı. Ressam olan bir diyakozda bu imgelerin resimlerini çizdi.

Tanrı, Ruhani Bedenin Işığını Gösterdi

İnsanların bedenleri vardır, ama onun asıl özü ruhtur. Ruh olan Tanrı insanı yarattığında, ona yaşam soluğunu üfürdü ve onu yaşayan bir varlık yaptı (Yaratılış 2:7). Buradaki yaşamlarımız sona erdiğinde ve göklere gittiğimizde, ruhani bedenler içinde yaşayacağız. İsa'nın yüreğini ve Tanrı'nın suretini yansıttığımız ölçüde, her birimizin ışığı farklı bir parıltıda olacak.

Musa, Sina dağından Tanrı'nın On Buyruğu ile geldiğinde, yüzü öylesine parlıyordu ki insanlar onun yanına yaklaşmaya korkuyordu. Musa'nın kendisi bu durumdan haberdar değildi ve Musa insanların kendisinden korktuğunu anlayınca yüzüne bir peçe taktı (Mısır'dan Çıkış 34: 29-33).

Aşağıda bahsettiğim olay, Cuma gecesi ayin hizmetinin ikinci oturumu sırasında, 25 Temmuz 1998 yılında meydana geldi. İnananların göksel egemenlik için daha fazla umut beslemelerini isteyen sevgi Tanrı'sı, onlara ruhani bedeninin ışığını gösterdi. Sadece ruhani gözleri açılmış olanlar değil, ama herkes bunu görebildi.

O anda ışık benim ruhani bedenimden geliyor ve çevreye yayılıyordu. Parlak ışıktan rahip görülemiyordu. Başında taşıdığı çiçeklerden örülmüş sargı bir taca dönüştü. Sunağa yaklaştıkça giysi uzun bir giysiye dönüştü ve her zamankinden daha uzun göründüm.

Bu sahne, geniş ekrandan gösterildi ve ayine katılanlar gayet net bir şekilde bunu izledi. Bu ışık çevreyi kaplamış ve ön sıralarda oturanların üzerinde yorgunlukların silinmesi gibi şifa verici olağanüstü etkiler bırakmıştı.

Bunlardan biri Kyeong-ok Kim'di. Bu bayan, 1996 yılında bir trafik kazası geçirmişti. Her iki bacağında da beşinci derecede sakatlık teşhisi konmuştu. Çok zor yürüyebiliyor ve hatta değnekler kullanıyordu. Kilisemize kazadan kısa bir süre önce gelmeye başlamıştı.

Cuma gecesi ayinlerinde ışığı gördüğü zaman, önce ışık yansıması olduğunu düşünmüştü. Ancak dikkatlice bakınca, ışığın ulaştığı şeylerin kaybolduğunu gördü. Beyaz ketenden bir giysi içinde çok daha uzun göründüğüme şahit oldu.

Bunun üzerine bunun ne bir tesadüf ne de uydurma olmadığına inandı. Tanrı'nın kendisinin bizzat işleriydi. Işık gözlerine geldi. Kör olacağı duygusundan dolayı sızlanmaktan kendini alamıyordu.

Ama ayinden sonra, değnekler olmadan yürüyebildiğini fark etti. Tüm hayatı boyunca bu sakatlıkla yaşayacağı sanılıyordu, ama Tanrı'nın lütfuyla şifa buldu ve tamamen normal bir hale geldi. Bu, bilimin açıklayamadığı ruhani bir deneyim olduğundan, medya yayın şirketi bunun bir uydurma olduğunu ve bu şekilde bir hikâyenin uydurulduğunu söyledi.

Tanrı, Kilise Üyelerini Korudu

Ateş saçan gözleriyle sevgi Tanrı'sı sadece Seul'da ki ana kilisenin üyelerini değil, ama tüm ülkede ki şube kilise üyelerini de korudu.

15 Mart 1998 tarihinde Daegu Manmin Kilisesi üyeleri,

Kazadan sonra minibüsün durumu

Masan Manmin Kilisesinde gerçekleştirilecek yıldönümü ayinine katılmak üzere yola çıktıklarında, minibüsleri Kuma Anayolunda ters döndü.

Saatte 120 km hızla seyahat ediyorlardı. Sağ arka tekerlek patlamış, minibüs kendi etrafında dönmeye başlamış ve sonunda orta şeride çarpmıştı. Minibüste 12 yetişkin ve 5 çocuk vardı. Araç baştan aşağı hasar görmüştü.

Araçta olan herkesin ölebileceği büyük bir kazaydı. Ama Tanrı onyedi kişiyi korudu. Araçta bulunanlardan biri hamileydi, ama tek bir yara bile almadı. Pencereden fırlayıp yere düştüğünde, tüm vücudunu bir meleğin sarmaladığını hissettiğini söyledi.

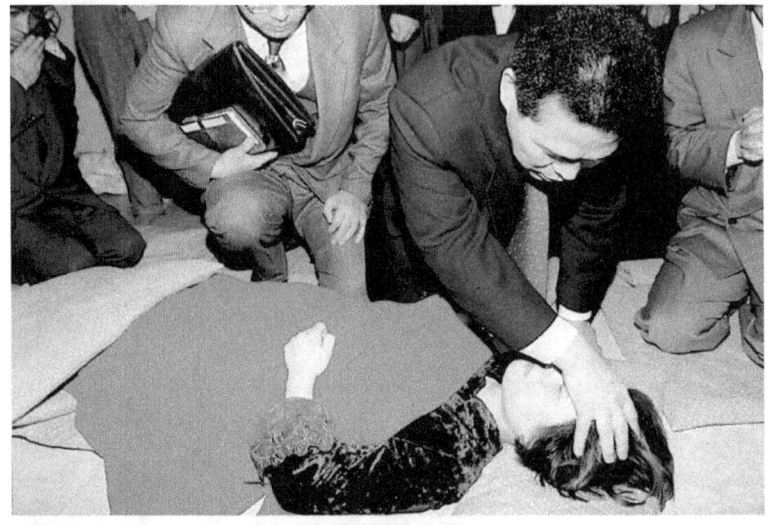

Sunhee Lee'nin kazadan
sonra dua ile şifa bulması

O sırada Sunhee Lee omurga belkemiğini ve boyun vertebrasını incitti. 119 ambulans servisi geldi ve sağlık görevlileri onu hastaneye götüreceklerdi. Ama o ve ailesi hastane yerine Masan Manmin kilisesine gittiler.

Ayin bittikten sonra haberleri aldım. Hasta odasına girdiğimde Sunhee Lee yatıyordu. Boynu, omuzları ve sırtı için dua ettim.

Duayı alırken, ateş gibi bir sıcaklığı ve gücünün yerine geldiğini hissettiğini söyledi. Duadan sonra hemen yürüyebildi. O anda iki sene boyunca çektiği basur hastalığının da iyileştiğini söyledi.

15 Metrelik Düşüşte Destek Eli

23 Aralık 1998 tarihinde Diyakoz Joong-Ik Chun, Seul Özel Polis Gücünün Anti-terör Ekip Amiriydi. Budist rahipleri, Cho Gye Jong adlı Budist merkezini yasadışı işgal etmişti. Onun ekibi Cho Gye Sa tapınağına sevk edildi.

İtfaiye merdiveniyle 15 metrelik binanın çatısına ulaştıklarında destek bir anda kırıldı ve kamyon devrildi. Beş özel tim polisi hemen o anda merdivenden düştüler.

Bu olay yerel gazetelerde flaş haber olarak duyuruldu. Ancak Diyakoz Joong-Ik Chun düştüğü esnada ciddi şekilde yaralanacağını düşünmek yerine, Tanrı'nın kendisini koruyacağına dair imanla doluydu.

Eğer kendi üzerine düşmüş olsaydı, omurga kemiği ezilecek ve tüm kemikleri kırılacaktı. Ama önce kaskı yere çarptı. Ayrıca büyük bir elin kendisine destek olduğunu hissetti ve sanki yer bir pamuk tarlasıydı.

Bir gazetede yayınlanan düştükten sonra çekilen resim (Joong-Ik Chun, daire içinde gösterilmektedir)

Asfaltın üzerine gürültüler içinde düştü. Önce şoktan dolayı bir şaşkınlık içersindeydi, ama çevresine bakındığında Cho Gye Sa tapınağının yanmakta olduğunu gördü.

Diğer dört polis ciddi anlamda yaralanmıştı ve bu

Joong-Ik Chun, polis görevinde

yaralanmaları sonucunda sakatlandılar. Oysa Diyakoz Joong-Ik Chun hiçbir hasar almadı.

Teşhis için diğer yaralı polislerle birlikte ambulansa alınıp hastaneye giderken, şaşkınlık içinde ki doktorlar kendisine 5. kattan düşenler arasında olup olmadığını soruyorlardı.

İhanet Eden ve Zarar Verenler için Gözyaşlarıyla Dua Etme

Kilise çalışanları veya pederler beni aldattığında ya da bana itaatsizlik ettiklerinde bile, hiç kimseyi cezalandırmadım. Değişecekleri umuduyla sonuna dek onları affettim. 1987 yılında bir peder kilisemizde çalışmak istedi. Daejeoan'da bir kilise açacağını söyledi. Dolayısıyla mali açıdan ona destek çıktım. Açılış gününde bazı kilise çalışanları Daejeon'a gitti. Ama ortada bir kilise yoktu. Yalan söylemiş ve parayla birlikte kaçmıştı.

Birkaç sene sonra bu peder bana geldi, önümde diz çöktü ve tövbe etti. Onu bağışladım ve geçmişle ilgili tek bir soru sormadım. Kilisede çalışmasına izin verdim. Tekrar Daejeon'da kilise açacağını söyledi ve yine ona mali açıdan destek verdim. Bu sefer kiliseyi açtı, ama belki de mali zorluklar yaşamış olduğundan, bana tek bir şey söylemeden gitti.

İsa, Sona Dek Yahuda İskariot'a Öğretti

Yahuda İskariot, sadece Tanrı'nın gücüyle ortaya konulabilecek belirti ve harikalara İsa yoluyla şahit olmuştu. Ama buna rağmen İsa'ya inanamıyordu. Sağlam kanıtları gördükten sonra dahi, yüreği benliğin şeyleriyle doluydu. Dolayısıyla ne Tanrı'nın istediğini kavrayabildi, ne de kabul etti. Ancak Yahuda İskariot hem İsa'nın tamamlayacağı vazifesi hem de kurtuluş için gerekliydi. İncil, İsa'yı satacak olanın o olacağını söyler (Yuhanna 6:71).

"Yine de aranızda iman etmeyenler var." İsa iman etmeyenlerin ve kendisine ihanet edecek kişinin kim olduğunu baştan beri biliyordu." (Yuhanna 6:64).

İsa, Yahuda'nın anlamasına ve tövbe etmesine çabalıyor, ama öğrencileri İsa'nın ne demek istediğini anlayamıyorlardı. Yahuda'nın kendisine ihanet edeceğini bile bile, İsa sona kadar onu sevgiyle kucakladı. Diğer öğrencilerinin önünde onu suçlamadı. Ona sırtını dönmedi.

İhanet Edenler Bile

Bir kişinin nasıl bir yüreği olursa olsun, onların yüreklerinin iyiliğe dönüşmelerini istedim. Hiçbir zaman, "Yüreği yüzünden bu kişiye karşı dikkatli olmalıyım" diye düşünmedim. Kendimi asla kimseden uzaklaştırmadım. Sadece herkese güvendim.

İhanetle harmanlanmış düşüncelerini net bir şekilde görebilmeme rağmen sadece herkese güvendim. İleride değişebileceklerine ve şu anki halleriyle kalmayacaklarına inandım. Onların pederler ve Tanrı'nın çalışanları olarak büyümelerinin yolu buydu.

Onlara güvenmiş olmama rağmen, bazıları sonradan bana saldırdı ve kiliseyi terk etti. Kötülükleri yüzünden çok yas tuttum ve fazlasıyla kilo ve enerji kaybettim.

1991 yılında bir peder, 'Işık ve Tuz' misyonu için gönüllü oldu. Bu, dağıtım sektöründe çalışan bir gruptur. O vakitler Tanrı bana birkaç sene sonra kiliseye saldıracağını söylemişti. Eşine onun için dua etmesini nasihat ettim ki düşünceleri ileride değişmesin.

Değişeceğini bildiğimden, Işık ve Tuz grubunda çalışanlardan bizzat kendim ilgilendim. Sonunda, 1997 yılında, 30 üyeyle birlikte ayrıldı. Kilisemize dışarıdan yardım edeceğini söyledi, ama sadece daha fazla üyeyi kandırmaya ve kendi kilisesine çekmeye çalıştı. Pek çok yalan dedikodu yaydı ve beni yanlış bir kimse olarak suçlayıp kiliseyi rahatsız etti.

İlk Testin Başlangıcı

Haziran 1998'de Tanrı bana şöyle dedi: *"Kiliseni yaban otlarından ayıklayacağım ama birazını da bırakacağım."* Bundan büyük üzüntü duydum ve Temmuz ayında ilk test kilisemize geldi.

Belki yüreğim fazla güçlü değil ve hata yapmalarına rağmen sürekli insanları bağışlayıp duruyorum. Hatta tasavvur dahi edilemez kötülükler yaptıklarında bile gözyaşları içinde onlara dua ediyor, tövbe etmelerini ve gittikleri yoldan dönmelerini istiyorum. Tanrı, pek çok kez onları yüreğimden silmemi söylemiştir.

"Baba, bağışlanamazlar mı? Nasıl kurtulabilirler? Lütfen onları bağışla!" 1998 yılında uzun aylar boyunca gözyaşları içinde Tanrı'ya onlar için dua ettim. Ve şu yanıtı aldım: *"Eğer tamamen tövbe ederlerse, onları bağışlayacağım."*

Bu yanıtı aldıktan sonra, bunu kavramalarını çalıştım ve

öğütler verdim. Ama beni dinlemediler. Kilise üyeleri vaazlar esnasında neden bu kadar çok gözyaşı döktüğümü anlayamadı.

Kilisenin açılmasından bu yana her yıl pederlerin ruhani gelişimi için pederler konferansı yürütüyordum. Temmuz 1998'de pederler konferansından bir hafta önce bir karar vermek zorundaydım. Yine yanıt aldım. *"Hizmetlim, sen yapamadığın için ben yapacağım. Onlara mizacın yüzünden dokunamıyorsun. O yüzden bunu bizzat ben Kendim yapacağım."*

Tanrı'nın kabul etmediği insanları ben kabul edemezdim. Düşman İblis kükreyen aslan gibi yutacak birini arayarak dolaşıyordu (1. Petrus 5:8). Şeytanın kötü insanları kışkırtacağını ve beni mahvetmeye çalışacağını biliyordum. Ama Kendisinin bu durumu halledeceğini söylediği için sadece Tanrı'ya teslim oldum. Onlardan birinin içine pek çok kötü ruh girdi. Bir diğerinin dev bir yılan tarafından sarmalandığını görebiliyordum.

Bazı kilise üyeleri, kötü ruhların başı Lusifer ile göksel ordunun komutanıyla baş melek Mikail'in aralarında ihanet edenler için başa baş çarpıştıklarını gördüler.

Onları yüreklerimden silip atmak yerine değişip geri dönecekleri umuduyla yüreğimde tuttuğumdan bu olmuştu. O sırada Tanrı'nın sesini duydum. *"Hizmetlim, artık onları bırak. Yüreğinde onları tuttukça, baş melek Mikail onlara yardım etmek zorunda. Onları yüreğinden silmelisin ki ben çalışabileyim."*

"İsteğin Yerini Bulsun!"

Daha fazla dayanamadım ve onlar için dua etmeye bir son verdim. Buna son verdiğimde, test tam anlamıyla başladı. Çok fazla günah işleyen insanlar vardı ve Tanrı onların terk edilmesine karar verdi.

"Yahuda lokmayı alır almaz Şeytan onun içine girdi. İsa da ona, "Yapacağını tez yap!" dedi. Sofrada oturanların hiçbiri, İsa'nın ona bu sözleri neden söylediğini anlamadı." (Yuhanna 13:27-28).

1998 yılının Temmuz ayında bana ihanet etmeye karar verenlerden bazıları, pederler konferansından sonra bir plan yaptılar. Pederlerden biri, Tanrı kendisini bağışlayana dek bir aydan fazla süre dua edeceğini söyledi.

Tanrı bu bayana, kilisenin açılışından beri Kutsal Ruh'un pek çok armağanını vermişti. Ama onu dua ederken çok nadiren görebiliyordum. Uzun yıllar boyunca Tanrı'ya karşı itaatsizliklerini biriktirdi ve artık Tanrı ile iletişim kuramaz bir hale geldi. Ayrıca Kutsal Ruh'un işlerini gösteremez oldu.

Tanrı, çoktan bu armağanları bu bayandan geri almıştı. Dahası gelişmekte olan diğer pederler yüzünden konumunun tehdit altında olduğunu düşünmüyordu ve böylece kıskançlığı ve çekememezliği su yüzüne çıktı. Kendisine Tanrı'nın huzurunda tamamıyla tövbe etmesini öğütledim. "Dua için dağa gittiğinde, lütfen tamamıyla tövbe et ve günah duvarlarını yık."

Ancak söylediklerime hiç beklenmedik bir cevap verdi. "Seni son 17 senedir izliyorum ve sen asla gerçeğe aykırı davranmadın. Hayatını lekesiz yaşıyorsun ve Tanrı'da seni çok seviyor."

Ancak bunu söyledikten sonra dua etmek için dağa gitmedi.

Aniden ihanetin sırttan bıçaklayan planında ana oyuncu oldu. Günahları kilisede su yüzüne çıktığından daha fazla saklayamıyordu. Kiliseyi terk edenlerle bir araya geldi ve kalleş bir plan yapmaya koyuldu.

Pek çok dedikodu yaymaya ve bunları basmaya başladı. Bu materyalleri çeşitli kilise cemiyetlerine, basına ve farklı mezheplerden pederlere dağıtmaya başladı. Ayrıca bunları internette yayınlamaya başladı. Benim bir sapkın olduğuma dair pek çok şey uydurdular ve kısa süre de bunlar yüzlere ulaştı. Vaazların durdurulması için pek çok yayın organına uyduruk belgeler gösterdiler.

Beni mahvetmek için bir tutkusu vardı. Kilisenin liderinin kendisi olmasını arzuluyordu. Benim kilisemin yakınlarında kendi kilisesini açtı ve garip hikâyeler uydurarak bunları yaydı.

Yalancı şahitleriyle mektuplar ve video kasetleri düzenleyip bunları dağıttı. Planı, kilise üyelerinin aklını karıştırmak ve kendi kilisesine çekmekti. Kilise üyelerine bu gerçeği açıkladım ve durumu netleştirdim.

Yalanın, gerçeğin üstesinden gelecek noktaya ulaştığını hissedebiliyordum.

Potifar'ın karısı Yusuf'un aklını çelmeye çalıştığında Yusuf net bir şekilde reddetmişti. Yaratılış 39:12 şöyle yazar: *"Potifar'ın karısı Yusuf'un giysisini tutarak, 'Benimle yat' dedi. Ama Yusuf giysisini onun elinde bırakıp evden dışarı kaçtı."*

Potifar'ın karısı, Yusuf'un kendisine tecavüz etmeye çalıştığıyla ilgili bir yalan söyledi, ama bağırdığında Yusuf giysisini orada bırakıp kaçtı. Karısından haberi alan Potifar öfkeden çılgına döndü. Yusuf'a hiçbir şey sormadı ve kralın suçlularının hapis edildiği zindana onu attı. Eğer sadece tek bir kişinin sözleriyle yargılarsanız, yanlış bir yargıda bulunmanız olasıdır.

Yusuf haksız yere suçlanmış ve hapse atılmıştı. Ama sessizliğini bozmadı çünkü gerçeğin karşısında efendisinin ailesi yıkılabilirdi. Zindanda gördüğü gerçeğe aykırı şeylere rağmen lekelenmedi. Yusuf, Potifar'ın evini yöneterek yönetmeyi öğrenmişti. Zindana atıldıktan sonra siyaseti de öğrendi. Zindanda olmasına rağmen Tanrı onunla birlikteydi ve sonunda Mısır'ın yönetimi ona verildi. Böylece Tanrı onun masumiyetini kanıtlamış oldu.

Şifa Veren Diriliş Toplantılarının Takdiri İlahisi

1998 yılının Kasım ayında, ikinci test başladı. Kilisemizde ki pederler arasında hem buğdaylar hem de saman mevcuttu. Tanrı'dan özel bir lütuf alan belli bir aile vardı. 1989'da pederin annesi de olmak üzere bu ailenin üç üyesi gaz zehirlenmesi yüzünden ölüm döşeğindeydi. Ama benim duamı aldıktan sonra hiçbir yan etkisi kalmadan tamamen iyileştiler. Büyük bir aileydiler ve aile üyelerinin çoğunluğu dualarım sayesinde çaresi olmayan hastalıklarına şifa buldular.

Tanrı'dan fazlasıyla lütuf ve sevgi aldılar, ama kilise tarafından tanındıkça ve yüksek konuma geldikçe, kibre teslim oldu. Ona tövbe etmesi için pek çok şans tanıdım, ama sonuna kadar gittiği yoldan dönmedi. Sonunda kilisede saklanan hassas belgeleri aldı ve böylece günahları su yüzüne çıkmış oldu.

Günahları bir bir ortaya döküldükçe, ailesi kiliseyi terk etti. Ayrıca benim kilisemin yakınlarında bir kilise açtılar. Kilise üyeleri arasında yalan dedikodular yayarak kendi kiliselerine gelmelerini öğütledi.

Bunlar olurken, bencilce arzular içinde olan başka pederlerde vardı ve onlarda kiliseyi terk etti. Kilise üyelerini kendilerine çekmek için yalan yanlış söylentiler yaymakta birleştiler. Önceleri kendi çıkarları için birleşmişlerdi, ama farklı fikirleri ortaya çıktıkça birbirleri arasında husumet gelişti ve birbirleriyle savaşmaya başladılar.

Tanrı, şeytanın hilekâr planlarını bildiğinden, şifa verici diriliş toplantısı gerçekleştirmem için yüreğime tesir etti. Kasımın ilk haftasından itibaren, 6 hafta boyunca her gün hasta insanlar şifa buldu. Hatta aralarında çocuk felci olup iyileşenler bile vardı. Çoğu yürümek için tekerlekli sandalyelerinden kalktı. Pek çok kanser bedenleri terk etti ve pek çoğu Tanrı'nın mucizelerine şahit oldu.

Kutsal Kitap'ta yazılan belirtiler her gün ortaya kondukça, Tanrı'ya şükranlarımı sunuyordum. Yaşayan Tanrı bizi sevdiğini, geçmişte, bu gün ve gelecekte bizimle olduğunu göstermişti. Kilise üyelerinin bu belirtileri görerek testlerden geçmesine yardım etmek, Tanrı'nın takdiri ilahisiydi.

1998 yılının Kasım ayında yaşlı bir bayan olan Kim, Seul'a oğlunu ziyarete geldi. Tarlada ağır şartlar altında çalışmasından dolayı sırtı tamamen eğilmişti. 10 sene boyunca bu sıkıntıyı çekmişti. Torununu sırtında gezdiremediği için üzülüyordu.
Oğlunun ricasını kırmayarak düzenlediğimiz bu şifa veren diriliş toplantısına katıldı. Dua aldıktan sonra, sırtında ki 90 derecelik bükülme tamamen düzleşti ve Tanrı'ya övgüler sundu.

Kasım 1998 diriliş toplantısından önce Yoonsup Kim birinci

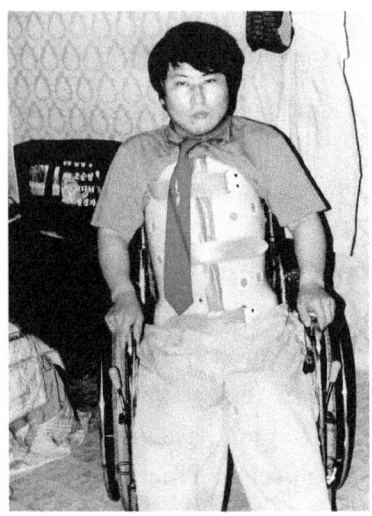
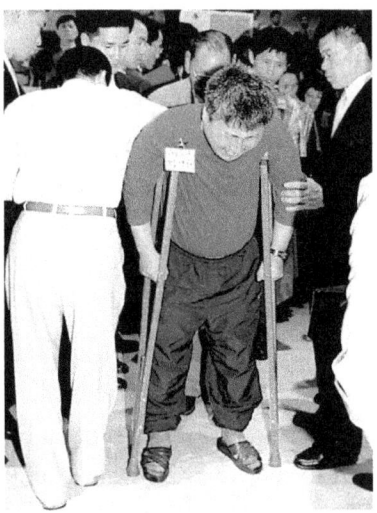

Yoonsup Kim'in şifa bulmadan önce
destekler ve tekerlekli sandalyede ki hali

1999 diriliş toplantısında dua alırken

derecede sakattı. Tekerlekli sandalye olmadan hareket etmesi imkânsızdı. Mayıs 1990'da Daejeon'da elektrik işi yaparken, bir binanın beşinci katından düştü.

Altı ay boyunca şuursuz olarak hastanede yattı. 11. ve 12. göğüs omuru ve 4. ve 5. bel omurunda fıtık vardı. Karaciğeri ayrıca hasar görmüştü. Durumu kritikti.

Tıbbi tedavi ve terapilerden geçtikten sonra, 1993 yılında birinci derecede sakat olduğu söylendi. Günlerini acı içersinde geçirirken, komşularından İncil'i öğrendi ve bu şifa veren diriliş toplantısına katıldı.

Tuvalete bile kendi başına gidemiyordu. Ama duayı aldıktan sonra tekerlekli sandalyesinden kalktı. Kısa bir süre sonra artık bel kemiği desteğini çıkardı ve değneklerle yürüyebilir hale geldi.

Tamamen iyileşmiş, sahip olduğu mutlu aileyle

Ayrıca boylu boyunca uzanabiliyordu da. Bir sonra ki yıl olan Mayıs 1999'da 2-haftalık Özel Diriliş Toplantısına katıldı ve 12 Mayıs'ta Kutsal Ruh'un güçlü ateşini aldı.

Oysa öncesinde değneklerle yürümek zorundaydı ve kolay değildi. Ama Kutsal Ruh'un ateşi bacaklarına geldiğinde, bir başına yürümeye başladı. Kazadan tam 9 yıl sonra yürüyebilmesi oldukça dokunaklı bir andı. Sonra evlendi ve şimdi güzel bir kız çocuğu babası oldu.

Tanrı, Kaftanlarını Yıkamaları İçin Üyeleri Eğitti

Tanrı, gerek benim gerekse kilise üyelerinin, her şeyin üstesinden iyilik ve sevgi ile gelmesini arzuladı. Tanrı'nın bu testlerin olmasına izin vermesinin sebeplerinden biri, dünya misyonunun takdiri ilahisini gerçekleştirmem içindi, ama ayrıca Tanrı, kilise üyelerinin kaftanlarını da yıkamasını istemişti. Kısaca, onların yüreklerinin sünnetini gerçekleştirmelerini, her türlü kötülüğü söküp atmalarını ve kutsallaşmalarını istedi.

Üyelere, gerçeğe aykırı olan hiçbir şeyi görmemelerini, duymamalarını veya konuşmamalarını öğütledim. Tanrı, kutsal dudaklar ister. O zaman yargılama, suçlama veya iftira olmaz; karanlık üzerimize düşemez ve düşman şeytan rahatsızlık veremez.

Şeytan, bu şekilde ışıkta yaşayan inananları suçlayamaz. Kilisenin bu testiyle, üyelerin gerçeği kavrama ve kendilerini keşfetme fırsatları oldu. Ancak bazıları karanlığın sözlerini yayanlarla bir araya geldi, aldatıldı ve kiliseyi terk ettiler.

1998 yılının Aralık ayında Tanrı tıpkı Lazar'ı ölümden dirilten İsa gibi, Gücünü alabilmem için bana dua etmemi söyledi. Tanrı'nın isteğiyle dua yoluyla bir ölüyü diriltme gücüne sahip olursam, dünya misyonunu çok daha çabuk gerçekleştirebilirdim. Ancak Tanrı'nın gücü kolay elde edilmez. İmanımızın buna eş değer bir ölçüsü olması gerekir. Bunun için, sevginin özelliklerini ve her seviyede iyiliği kazanmak için zorlu sınamalardan geçmemiz gerekir.

Tanrı, Adak Duasını Hoşnutlukla Kabul Etti

1998 yılında bu şok edici olayları yaşadığımdan yemek yiyemiyordum. Ayrıca keder içinde dua ettim. Hızla kilo ve ayrıca enerjimi kaybettim.

Tanrı'nın bunca işlerine ve mucizelerini görüp şahit olanlar ve gerçeğin sözünü dinleyenler nasıl oluyor da bir anda terk edenler ve zulüm edenlere dönüşebiliyorlardı? Kötülüklerini düşündüğümde elimden onlara acıyıp kederlenmekten başka bir şey gelmiyordu.

Özellikle 6 hafta boyunca tüm enerjimle hasta insanlar için dua ettiğimden, tüm enerjimi kaybettim. 10 kilodan fazla kaybetmiştim. Sadece yürürken bile düşecek gibi hissediyordum. Daha fazla kilo kaybettikçe, ayinlerde vaaz veremez oldum. Bir gün dua ederken Tanrı bana adak duası sunmamı söyledi.

"Bir dağ yamacına git ve adak duası sun. Dünya misyonu için dua et. Sahip olduğun fiziksel enerjiyi aldım ve şimdi seni göksel enerjiyle dolduracağım. Artık

zamanı geldi. Ölüyü diriltme gücüne sahip olmak için dua et."

1999 yılının Ocak ayında bir aylık ilk adak duama başladım. Tanrı, dünya misyonu ve son günlerde gerçekleştirilmesi gereken Tanrı'nın takdiri ilahisi için dua etmemi sağladı. Tanrı, ölüleri dirilten gücün ötesinde ki gücü bilmemi sağladı ve bana 'Gücün Üzerinde ki Güç' için dua etmemi söyledi.

Tanrı, ilk adak duasını sevinçle kabul etti ve bana birçok yanıt verdi. En olağanüstü olay is vücudumun şeklinin değişmesi ve yepyeni bir güç kazanmasıydı. Şaşkınlık içersindeydim. Gençken, üçgen vücuda sahip olmayı isterdim ve şimdi geniş bir göğsüm ve omuzlarım vardı.

Karnım içeri çekildi ve nispeten daha ince bir bel ile yirmili yaşlarımda ki gibi enerjiyle doldum. Tanrı, vücut şeklimi bile değiştirmişti ki yorulmadan daha büyük işler yapabileyim.

Düşman şeytan beni mahvetmeyi çabalamış, ama Tanrı beni korumuştu. Bir anda bana güçlü bir vücut vermişti. Şoförüm olan diyakoz bile şaşkınlık içindeydi ve resimlerimi çekti. Vücudumu gören asistan pederler bile şaşkınlık içindeydi.

3. Bölüm

Golgata'ya Çarmıhla Tırmanan İsa'nın Aklından Neler Geçiyordu?

Üçüncü Testin Başlangıcı

Birinci adak duasının sonundan itibaren Nisan'a kadar ayda bir kez Tanrı'ya adak duası sundum. Bu dört adak duası sırasında kiliseyi terk edip, bana ve kiliseye saldıranları hatırladığım her seferde kederlenmekten kendimi alamadım. Doğru düzgün dua edemiyordum.

Nisan 1999'da Tanrı'nın sözü bir dua esnasında bana geldi. Bu kötü insanları bağışlamayacağını söyledi ve duam dopdolu olduğundan, zamanın ve mekânın sınırlarını aşan işlerini gösterdi. Hatta bundan önce farklı ülkelerde yaşayan insanlar bile, internet dualarıyla şifa bulmuştu. Tanrı, bu tip işlerin tam anlamıyla gerçekleşeceğini bana bildirdi.

Bana şöyle dedi: *"Hizmetlim, seni terk eden ve seni suçlayanlar için artık dua etmekten vazgeç. Her nasıl bir durum içine düşerlerse düşsünler üzüntü duyma Onları artık bağışlamayacağım. Bu kiliseyi rahatsız eden kimseyi bağışlamayacağım."*

Kiliseyi terk eden pederlerden bazıları diğer terk edenlerle birleştiler. Onların doğruluk karşıtı davranışları ortaya serildikçe, şeytani planlar yaptılar. Onlardan bir tanesi had safhada kıskanç olan bir bayan pederdi ve şeytanın kontrolü altındaydı.

Kendi çıkarları için kiliseyi terk edenler, bizim kilisemizi mahvetmek için planlar yaptılar. Kişisel çıkarları için bir arada hareket ettiler ve çıkarları çakıştığında, birbirlerinden koptular.

1999 yılının Nisan ayında dördüncü adak duamın ertesinde Tanrı bana üçüncü bir testin geleceğini söyledi. Eğer bu testi geçersem, şeytanın getireceği engelleri aşabileceğim sınırsız gücü bana Tanrı'nın vereceği O'nun takdiri ilahisiydi.

Tanrı, o senenin diriliş toplantısının oldukça geniş bir yelpaze de tanıtımı olacağını ve yayınlarla tüm dünyada tanınacağımızı söyledi. Vaaz sırasında kilise üyelerine yayınların çok ses getireceğini söyledim. Ancak bu yayın olayının gerçekten gerçekleşeceğini hiç hayal etmedim.

Yayıncıların Tarafsız Bir Görüşü Olmalıdır

Mayıs 1999'da 2-Haftalık Özel Diriliş Toplantısı düzenledik. Onların beni mahvetme planlarının hepsi başarısızlıkla sonuçlandığında, son çare olarak kamu sektörüne ait yayın organlarına başvurdular.

Bu yayınlar yoluyla kiliseyi mahvetme planları yaptılar. MBC, Munhwa Yayın Şirketinin Yapımcıların Notları ekibine yalan yanlış belgeler ve şahitler gönderdiler.

15 Nisan 1999'da Yapımcıların Notları ekibi, onların bilgilerine

dayanarak bir program hazırladı ve bu programı 4 Mayıs tarihinde yayınladı.

Yayıncıların tarafsız olmaları şarttır ve bilgilerin gerçekliğini ve güvenirliğini kontrol etmelilerdir. Gerçekten çok farklı bir şeyi yayınlamak üzereydiler. Bunu bildiklerinden kilise üyeleri tek taraflı yayını durdurmalarını istedi.

Onlara önümüzde 'Özel Diriliş Toplantısı' gibi çok büyük bir etkinlik olduğunu ve bu etkinlik biter bitmez onlarla tam bir işbirliği içinde olacağımızı söyledik.

Ancak 'Yapımcıların Notları' ekibi, röportaj talebiyle 7 Mayıs'ta evime geldiler. Daha önceden randevu almamışlardı. Sadece ellerinde kamerayla gelip benden röportaj istediler ve ben onların evimde olduğunu bile bilmiyordum çünkü hiç kimse bunu bana söylememişti.

Her zaman ki gibi Cuma gece boyu ayini için evimi terk ettim. Genellikle ayinlere gecikmem ve bir dakika bile geciksem, tövbe eylemi olarak oruç tutardım.

Kilise üyeleri bu gerçeği bildiklerinden, medya mensuplarına o gün röportaj yapamayacağımı söylemişlerdi. Ancak sonradan kilisemize kendilerini bir röportajla savunma hakkını verdiklerini ama benim onlardan kaçtığımı söylediler.

Tüm Dünyayı Şaşırttı

Ve kilise üyeleri, yayının yasaklanması için geçici emir başvurusunda bulundu. Başvuru kabul edildiğinden, yayın bir haftalığına ertelendi. 11 Mayıs'ta mahkeme programın bazı içeriklerinin yayınlanmaması emrini verdi.

Bu emirden sonra kilise çalışanları yapımcılarla buluştu ve diriliş toplantısı sona erdikten ve ancak tüm belgeler titizlikle kontrol edildikten sonra programı yayınlamalarını istedi. Fakat yayının çoktan hazırlandığını söyleyerek ricamızı reddettiler.

11 Mayıs'ta diriliş toplantısının 7. günüydü. Program o gece saat 11'de yayınlanacaktı. Her zaman ki gibi diriliş toplantısı gece 10:20'de sona ermişti. Ancak hiç beklenmeyen bir şey oldu. Toplantıdan sonra evime gitmiştim ve ertesi gün kilise çalışanlarından şok edici bir rapor aldım.

Yayının olduğu gece, diriliş toplantısının hemen ertesinde bazı kilise üyeleri yayın şirketine protesto için gitmişti. Programın gerçeklerden uzak yayına hazırlanacağını bildiklerinden protesto etmeye gitmişlerdi. Oraya gece saat 11:05 sularında varmışlardı.

Başta 20 ile 30 kadar kişi gelmiş ve kapıda güvenlik görevlileri olmadığından içeri girebilmişlerdi. Dördüncü katta bazı çalışanlarla karşılaşmışlar ve yayın odasının neresi olduğunu sormuşlardı. Bazıları dördüncü ve bazıları yedinci kat cevabını vermişti. Böylece üyelerimiz ayrılarak yayın odasını aramaya koyulmuşlardı.

Grubun 2. katta olanları, yarı aralık bir kapı fark ettiler. Odanın duvarları TV ekranlarıyla doluydu ve bu ekranlarda kiliseyle ilgili programı gördüler.

Kilise ile ilgili hiçbir dayanağı olmayan suçlamaların yayınlanmakta olduğunu görünce, oldukça üzüntü duydular. Programın durdurulması talep edildiğinden kilise üyelerimizle yayın şirketi çalışanları arasında tartışma çıktı. Biri düğmeyi kapattığından yayın durduruldu. Ve tüm dünyada bu olay duyuldu.

Yasayı Tutmanın Önemini Vurgulama

İnsanlara sadece Tanrı'nın yasasını tutmalarını değil, ama ayrıca ister küçük isterse büyük bir olay olsun, ülkelerinde tüm yasalarını tutmalarını öğretiyordum. Aslına bakarsanız üyelerimizin büyük bir çoğunluğu yasaları tutuyor, topluma hizmet ediyor ve dünyanın ışığı ve tuzu olarak yaşıyorlardı.

Ama o gün kilise üyelerimizden bazıları kendilerini kontrol edememiş ve bir anda yasaları çiğnemişti. Kilisemiz muazzam bir zarara uğradı. Haklı olsakta, yasaları çiğnemek doğru bir davranış değildir.

Ana kontrol odasında ki üyeleri sakinleştirmek için, Peder Hyeonkwon Joo görüşmek için olay yerine gitti. "Sakın kimseyi incitmeyin ve herhangi bir donanıma zarar vermeyin. Onlara dokunmayın. Lütfen hemen buradan ayrılın." Ancak bu sahne, Peder Joo onların öncüsüymüş gibi habere verildi.

Yayın organı tüm kilise üyelerini isyancı olarak suçladı.

Tüm kayıtları silip saldırı anıyla düzenlediler. Yayın, gerçek durumun tam tersi olarak gösterildi. Televizyon istasyonunda TV monitörlerinin arkasında birbirine girmiş pek çok kabloyu görebiliyorduk.

Ana kontrol odasında ki masanın üzerinde gövdesi lenslerinden ayrılmış büyük bir kamera duruyordu. Büyük bir ihtimalle tamirdeydi. Ama haberlerde birbirine dolanmış kabloları ve gövdesi ile lensleri birbirinden ayrılmış kamerayı gösterdiler. Ve bizlerin ciddi anlamda donanımlarına zarar verdiğimizi söylediler.

Gerçekten neler olup bittiğini bilmeyen seyirciler, haberlere inanmak zorundaydılar.

Bu olay yüzünden, bir yayın şirketini basan ve yayını durduran kişiler olarak olumsuz bir imaj edindik. İyi hayatlar yaşamakta olan pek çok kilise üyesinin bu olay yüzünden imajları zedelenmişti.

Elbette önceden planlanmış bir şey değildi. Beklenmedik bir olaydı, ama yine de insanlardan özür dilemek zorundaydık. Kamuya rahatsızlık verdiğimiz için Kore'nin önde gelen *The Chosun Ilbo, The Dong-A Ilbo, The Hankyere Shinmun* gibi gazetelerde özür beyanlarımızı yayınlattık.

Koskoca bir kilise hakkında tek taraflı ve dayanağı olmayan yayın yaptıklarından sanırım yayın şirketi çalışanları istasyona gelip protesto edeceğimizi düşünmüştü. Eğer yayın istasyonunun kapıda güvenlik elemanları olsaydı, kilise üyeleri bu kadar kolay içeri giremezlerdi.

Basın, kilisemizin tüm bu olayları detaylı bir şekilde planladığını söylüyordu. Polis, yayın istasyonuna giden kilise üyelerini çağırarak sorguladı ve her şeyin bir kaza olduğu sonucuna vardı.

Kilisemizi mahvetmeye uğraşanların verdiği yalan bilgiye dayanarak bir program yaptılar. Ve bu yayın yüzünden sadece kilisemiz değil, ama kilise üyelerimizde çok ciddi hasarlar aldı. Saldırgan bir kilisenin üyeleri olarak adlandırıldılar. Pek çok genç üyemiz, okullarında toplum dışına itildi. Pek çokları ise kiliseye artık gelmemeye başladı.

Dürüst Bir Vatandaşın İşini Kaybetmesi

O zamanlar Diyakoz Ikseon Yu, kıdemli bir polisti. Yirmi yıldır bir polis olarak görev yapıyordu. Sadık bir polis memuru olarak tanınıyor ve ayrıca iyi bir Hristiyan örneği sunuyor, pek çok insana müjdeyi duyuruyordu. Ancak kiliseyi terk edenlerden bazıları onu hapse tıkmaya çabaladılar ve onun hakkında yalan beyanlarda bulunarak basın organlarına dağıttılar.

Tüm bu olayların onun tarafından kontrol edildiğini ve kendisinin de TV istasyonuna diğer kilise üyeleriyle birlikte gittiğini söylediler. Basın aktif bir polis memurunun böylesi bir olaya karışmasını ilginç buldu.

Emniyet teşkilatı kendisini çağırarak bu olayı soruşturmaya başladı. Medya ve Basın organları, polisin kasıtlı olarak bu olayı tezgâhladığını öne sürüyordu. 17 Mayıs 9 haberlerinde MBS şöyle yayın yaptı:

"Emniyet teşkilatı, Munchwa Yayın Şirketini basanlar

arasında Yangcheon emniyet bürosunda ki polis memuru Yu'nun liderlik yaptığıyla ilgili bir soruşturma başlattı. Alınan bilgilere göre Yu, işten ayrıldıktan sonra kilisedeydi ve kilise üyelerinin TV istasyonunu basacaklarını biliyordu, ama bunu polis yetkililerine bildirmedi."

Ama aslında polis, yaptığı sorgulamayla kilise üyeleri TV istasyonunu basmaya giderken kilise de olduğunu ve TV istasyonunu arayarak bunu bildirdiğini buldu.

Gerçeğin su yüzüne çıkması için, Basın Tahkim Komitesine haberlerin düzeltilmesi ve geri çekilmesi için başvuruda bulundu. Ancak bir başkası yüzünden bunu geri çekmek durumunda kaldı. Polis kendisini bir buçuk ay boyunca sorguladı, ama hiçbir suç bulamadı. Sonunda suçlu olmadığı kararına varıldı.

Bundan sonra bir buçuk sene daha emniyet teşkilatında çalıştı, ama sürekli gözlem altındaydı. İnsanlar kendisine kuşku dolu gözlerle bakıyorlardı. Sonunda istifasını verdi. Dürüst ve sadık bir vatandaş ve polis memuru, yalan suçlamalar yüzünden bir suçlu haline getirilmişti. Ve sonunda işini bırakmak zorunda kaldı.

Tanrı'nın İşleri Değişmeden Gerçekleşir

3 Mayıs 1999 yılında, "Tanrı sevgidir" (1. Yuhanna 4:16) başlığı altında 2-Haftalık Özel Diriliş Toplantısı başladı. Diriliş toplantısı esnasında Tanrı bizlere pek çok belirti ve harikalar, olağanüstü işler gösterdi.

Napshim Park 85 yaşındaydı. Choongbook eyaletinin Goesan kentinde ki bir kiliseye gidiyordu. Oğlunun bizim kilisemizden gönderdiği vaazlar kendisini çok etkilemişti. Doğduğu günden beri sol gözüyle göremiyordu ve göz kapağı düşüyordu.

30 yaşındayken İsa'ya inandığı için eşinin ailesi ona tokat atmıştı. Bunun bir sonucu olarak kulak zarı yırtılmış ve o andan itibaren sağ kulağı duymaz olmuştu. Ancak 3 Mayıs 1999 tarihinde diriliş toplantısı ilk gününde, sol gözüyle görmeye ve sağ kulağıyla duymaya başladı.

85 yılda ilk kez sol gözüyle görebiliyor ve 55 yıldan sonra ilk kez sağ kulağıyla duyuyordu.

Ayrıca iki sene evvel şifa bulan Heekyeong Song'da oradaydı. 7 aylık hamilelik döneminden sonra prematüre doğmuştu. Çocuk felci geçirmiş olmasından dolayı sol omzunu ve bacağını bebekliğinden beri kullanamıyordu.

Sürekli tedavilerle nispeten iyileşme göstermişti, ama sol bacağı 4cm daha kısaydı. Omurgası eğilmişti ve leğen kemiği de bükülmüştü. Çok fazla acısı vardı. Topalladığı için diğer çocuklar onunla alay ediyorlardı.

1997 yılında üniversiteye başladı ve 5. 2-Haftalık Özel Diriliş toplantısına ilk kez olarak katıldı. 6 Mayıs 1997'de ilk toplantı da hastalar için yaptığım duayı aldı. Bacakları güçlendi ve sıçramaya başladı.

O anda bir mucize oldu. Sol bacağı yere değdi. Teşhisten sonra 4cm kısa olan bacağının uzadığını öğrendi. Eğilen omurgası ve bükülen leğen kemiği de düzleşti. Evlendi ve iki çocuğuyla birlikte mutlu bir ailesi var.

'Yapımcıların notları' programının kilisemizle ilgili yayınından sonra CNN, ABC, BBC, NHK gibi kanallardan pek çok haber muhabiri kilisemize akın etti. Bir yandan diriliş toplantısında meydana gelen mucizeleri seyrederken, bir yanda da resimler çekiyor ve kayda alıyorlardı.

Bazıları kör insanların görmeye başlaması, bazıları değneklerini atan insanları ve yine bazıları da tekerlekli sandalyelerinden kalkıp yürüyen insanlarla ilgili haberlerini merkezlere gönderdiler. Gerçekten neler olduğunu bir bir raporladılar.

TV istasyonunda meydana gelen olaydan sonra birkaç ay evime hiç gitmemiş ve kilisede kalıp dua etmiştim. Keder ve şokla fazlasıyla kilo kaybetmiştim. Bacaklarım titriyordu.

O zamana kadar kilisemiz iyi işler yapıyordu. Hem Hristiyan

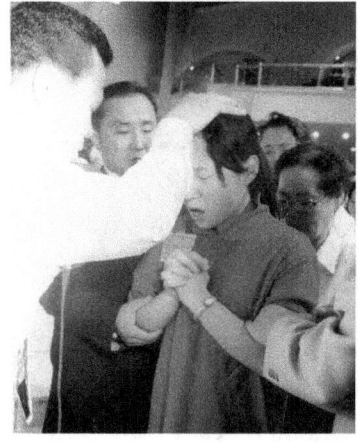
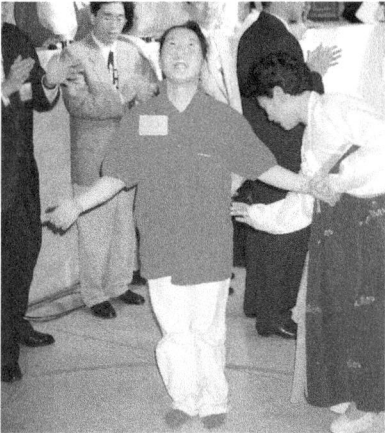

Yukarıda: Diriliş toplantısında dua alırken (1997)
Aşağıda: Heekyeong Song'un ailesi

kiliselerinin gelişimi hem de sosyal işler adına pek çok hizmetler sunmuştuk. Topluma hiçbir sorun yaratmamıştık.

Boşanma safhasına gelmiş, ama mutlu ailelere dönüşmüş pek çok aile vardı. Pek çok insan şifa bulmuş ve sağlıklı yaşamlar sürmeye başlamıştı. Kiliseye fakir gelmiş insanlar vardı, ama söze göre yaşadıkça Tanrı'nın mali kutsamalarını almış ve zengin hayatlar sürdürmüşlerdi.

Medya yayın şirketinin, kilisenin bu iyi işlerinin bilinmesini sağlamaya hiçbir niyeti yoktu. Sadece tüm büyük kiliselerin sorun olduğunu düşündüler ve olaylar tam bir cadı avına döndü.

Eğer sadece kendilerine yalan bilgi verenleri dinliyor, senaryolar yazıyor ve gerçeğe aykırı bir şekilde bunu yayınlıyorlarsa, bu büyük bir zorbalıktır. Böylesi tek taraflı yayın yapan bir medya organı anlayışın ötesindedir. Ama elbette ki bazı kilise üyelerinin olgun olmayan davranışları bana çok daha zorluk çıkarmıştı.

Yapabileceğim tek şey, sessizce çarmıhını yüklenen İsa üzerine tefekküre dalmaktı. Her şeyi bilen Tanrı'nın huzurunda sadece oruç tutabilir ve gözyaşlarıyla dua edebilirdim.

Vaazlarımda hiçbir zaman yalan beyanlarda bulunan ve yalan şahitler çıkaranların adlarını söylemedim.

Ciddi bir biçimde karalanmıştım, ama eğer onların hatalarını ifşa etseydim, geri gelmeleri çok zor olurdu. Bu yüzden tüm suçu üzerime aldım. Ancak kilise çalışanları gerçek bilinmediği takdirde misyonerlik faaliyetlerini gerçekleştirmenin çok zor olacağını düşünüyorlardı. Ve böylece yayın organını mahkemeye verdiler.

1999 yılının Mayıs ayında, 'Yapımcıların Notu' programının yayınlanmasından sonra Dünya Hrıstiyanları Diriliş Misyonu cemiyeti başkanı ve vekili Peder Jongman Lee öylesine şaşkınlık içindeydi ki, kilisemize geldi. Kore'nin ileri gelen ve tanınmış pederlerinden biri olsa da, kilisemizle fazla bir iletişimi olmamıştı. Televizyon programını seyrettikten sonra haksızca suçlandığım kanaatinde olduğu için gelmişti. "Adil bir Yayın Talep Ediyoruz" adı altında bir beyanname yayınladı. Aşağıdakiler bu beyannameden bir parçadır.

"...Dinler hakkında konuştuğumuz zaman, benzersiz kişiliklerin ve bu dinin amacının haklarını çiğnememeliyiz. Özellikle medya yayın kuruluşları, dini konular ve dine aykırı sapkın düşünceler üzerinde yapılan tartışmalar hakkında karar verecek donamımda olmadıkları gerçeğini bilmelidirler. Bir medya yayın kuruluşunun yapabileceği tek şey, adil bir şekilde her iki tarafında tartışmalarını sunmasını sağlamaktır..."

Ancak MBC, bu sınırın çok üzerinde seyir ediyordu. Dini konular, bilim ve kabul görülen yöntemlerle yapılan çalışmalarla desteklenebilir.

MBC'nin bu programı böylesi bir yaklaşımı göz önünde bile bulundurmamıştı. Sadece belli insanların fikirlerine, sanki onların fikirleri çoğunluğun fikirleriymiş gibi dayanmışlardı.

Basın yayın, dine dayanmayan ölçütlerle bir dini yargılayarak, misyonlarını ve vazifelerini yürütmekten alıkoyuyor ve dine tecavüz ediyordu.

Daha sonra Peder Jongman medyada yaptığı bir röportajda

şöyle dedi:

"Ruhani dünya konusunda cahil olanlar Manmin Merkez Kilisesini yanlış anladığından bu olayın meydana geldiğini düşünüyorum. Bu gün Kutsal Ruh'un işleri ve ilahi deneyimlere öylesine ihtiyacımız var. Ama bu deneyimler hakkında konuşacak olsak, pek çok insan garipser. Kore kiliselerinin kendi kibirleri ve kendi ölçütlerine göre diğerlerini yargılama veya suçlama hastalığını iyileştirmek zorundayız. Manmin Merkez Kilisesini sevmemin nedeni, orada Kutsal Ruh'un pek çok işlerinin ortaya konmasıdır. Manmin Merkez Kilisesinin, Kutsal Ruh'u deneyim etmekte en iyi örneği gösteren ve önde gelen bir kilise olduğunu düşünüyorum."

Programı hiç seyretmediğim için detaylı olarak bilmiyorum. Ama çalışanlardan duyduğum program sadece bir çarpıtmaydı ve daha çok kederlenmeme sebep olmuştu.

O zaman ve bu günde yapmadığım gibi, kimin doğru kimin yanlış olduğunu ortaya koyma çabası ya da özür bulma arzusunda değilim. Ama gerçek hakkında konuştuğum zaman, sağlam düşünceleri olan inananlar doğru yargılarda bulunacaklardır.

Genelde insanlar basın yayın organlarına güvenirler. Medya öylesine güçlü bir şeydir. Eğer yapımcı programın başını ve sonunu kesip, dilediği gibi yayına hazırlarsa, orijinal kayıtın gerçekliğinden çok farklı bir şey ortaya çıkar. 'Yapımcıların Notu' programında gösterilen bazı şeylerden şimdi size bahsedeyim.

Las Vegas ile İlgili Hikâye

Değişik ülkelerde gerçekleştirdiğimiz misyonerlik ve diriliş toplantıları faaliyetleri bittiğinde, bu etkinliklere hazırlanan kişilere dinlenmeleri için zaman veririm. Los Angeles'ta ki diriliş toplantısını bitirdikten sonra, onlara ne yapmayı istediklerini sordum. Çoğunluğu Yaratan Tanrı'nın muazzam bir eseri olan Büyük Kanyon'u görmek istediğini söyledi. Oraya gitmek için Las Vegas'dan geçmemiz gerekiyordu.

Las Vegas'da pek çok otel ve otelin içinde de kumarhaneler vardır. Gerek aileler gerekse yaşlılar için madeni parayla çalışan kumar makinesiyle oynamak olağandır.

Devlet kumarı Las Vegas'ta yasallaştırmıştır ve orası turist çeken bir şehir konumundadır. Gelen turistlerin pek çoğunun bu makinelerle oynaması doğaldır.

Elbette ki bazıları yüksek miktarda para kazanabilir, ama artık bu kumarhanelerde bu makinelerle oynamak o kültürün bir parçası ve bir eğlence türüdür.

Misyonerlik faaliyetleriyle ilgili bir seyahate çıktığımızda, tüm seyahatin videoya kayıt edilmesini sağlar ve bir rapor olarak cemaate sunarım. Bu, Tanrı'yı yüceltmek içindir. Amerika Birleşik Devletlerinde ki diriliş toplantısını bitirdikten sonra, Las Vegas'ta ki kumarhaneleri nasıl ziyaret edeceğimizi açıkladım ve kilisede ki herkeste bunu biliyordu.

Bu olay Las Vegas'tayken oldu. Grup üyelerinden biri kumarhane makineleriyle oynamamızı önerdi. Kumarhaneler hakkında hiçbir bilgim yoktu. Ancak Kutsal Ruh'un esinlemesiyle bir makine seçip madeni para attığımda, makineden para aktı. Makinelerin üstesinden imanla gelebileceğimi düşündüğüm bir imanım olduğundan, bu sürdü durdu.

Grubumuzda ki her üye oynadı, ama çoğu kaybetti. Birkaç defa kaybettikten sonra hevesleri kaçtı ve beni seyretmeye koyuldular.

Her nereye oturduysam madeni paralar aktı durdu. Şaşırmışlardı. Ayrıca imanın makineleri bile kontrol edebildiğini anlayacakları bir sahneydi.

Kiliseye geldikten sonra, kilise üyelerine iman tohumu ekmek için bunu anlattım. Elbette ki bu tür şeyler eğlence için oynanmalı ve hemen sonlandırılmalıdır. Kazanılmamış bir gelir elde etmek için asla bu makinelerle oynamamalıyız.

Kiliseyi terk eden ve tüm bu medya programı olayında öncülük eden biri vardı. Bu kişi yalan beyanda bulunarak kumarhanede binlerce dolar kaybettiğimi söyledi. 'Yapımcıların Notları' adlı program, sözde 'Kumar Oyunları Harcamaları' adı altında bir memo gösterdi. Bu belge kilise tarafından yapılmış gibi gösterdiler. Kilisemiz asla böyle bir şey yapmamıştı. Tamamen uydurmaydı.

Beni karalamak için, gerçekmiş gibi bir kâğıdı yayınladılar. Kasıtlı olarak beni, kilisenin paralarını kumarhanelerde harcamış gibi göstermeye çalıştılar. Eğer gerçekten biri tüm parayı kumarda kaybetmiş ise, neden 'Kumar Oyunları Harcamaları' adı altında bunu belgelesin?

'Çoban' İncil'e Ait Bir İfadedir

Kutsal Kitap bizlere İsa'nın büyük çoban (İbraniler 13:20) ve baş çoban (1. Petrus 5:4) olduğunu söyler. Öyleyse çoban nedir? Yeremya 3:15 şöyle der: *"Size gönlüme göre çobanlar vereceğim; sizi bilgiyle, sağduyuyla güdecekler."* Çobanlar, Tanrı'nın insanlarını bilgi ve kavrayışla beslerler. Burada çobanlar, Tanrı'nın insanlarına en iyi şekilde öğretenlerdir.

Yeremya 23:2-4 şöyle der: *"Halkımı güden çobanlar için İsrail'in Tanrısı RAB şöyle diyor: 'Sürümü dağıtıp sürdünüz, onlarla ilgilenmediniz. Şimdi ben sizinle ilgileneceğim, yaptığınız kötülük yüzünden sizi cezalandıracağım.' 'RAB böyle diyor. Sürmüş olduğum bütün ülkelerden sürümün sağ kalanlarını toplayıp otlaklarına geri getireceğim; orada verimli olup çoğalacaklar. Onları güdecek çobanlar koyacağım başlarına. Bundan böyle korkmayacak, yılgınlığa düşmeyecekler. Bir tanesi bile eksilmeyecek' diyor RAB."*

Ayrıca halkı güdenlerinde çobanlar olduğunu söylemektedir. Çobanlar, çobanların başı olan Rab'bin sürüsünü emanet almışlardır ve onlara öğretip onları güderler. Hatta bu gün bile bir pederin çoban olduğunu söylemek, Kutsal Kitap'a uygundur. Ayrıca pek çok misyonerlik organizasyonları ve üniversiteler, peder olarak atanmamış olsalar da, öğrencilere öğretenler için 'çoban' terimini kullanır. Sırf bazı insanlar bir pederi 'çoban' diye çağırıyor diye, o pederi kendini tanrılaştırdığı gibi suçlayamayız.

Kutsal Ruh'la Bir Olmakla İlgili Yanlış Anlamalar

Kiliseyi terk edenler ve testlerle sınamalara sebebiyet verenler, saçma sapan belgeler sürerek benim Tanrı olduğumu söylediğimi ve Tanrı'yı dört kişi olarak duyurduğumu öne sürdüler. Şaşkınlığa düşmekten kendimi alamıyordum çünkü her zaman Üçlü Birlik'in vaazını vermiş ve Kutsal Kitap'ta ki tüm işlerin gerçek olduğunu söylemiştim.

Kilisemiz Kutsal Ruh'un güçlü işlerini ortaya koyduğundan, düşman şeytan ve iblis bizlerden nefret ediyor ve yıkmaya uğraşıyordu. Hatta bu gün bile benim Tanrı olduğumu ya da Kutsal Ruh olduğumu söylediğimi söyleyen bazı insanlar vardır.

Eğer her türlü kötülüğü kendimizi adayarak ettiğimiz dualarla söküp atarsak, Tanrı'nın ve Rab'bin kusursuz ve lekesiz yüreklerini yansıtırsak, Tanrı'nın gücünü alabileceğimizi öğretmekteydim. Bunları yaptığımız takdirde ayrıca Kutsal Ruh ile birleşebilir ve O'nun güçlü işlerini ortaya koyabilirdik.

İsa, Tanrı ile bir olmaktan bahsetmiştir.

Yuhanna 17:21-22 ayetlerinde İsa şöyle demiştir: *"Yalnız onlar için değil, onların sözüyle bana iman edenler için de istekte bulunuyorum, hepsi bir olsunlar. Baba, senin bende olduğun ve benim sende olduğum gibi, onlar da bizde olsunlar. Dünya da beni senin gönderdiğine iman etsin."*

Farz edin ki bir şirketin Üst düzey yöneticisi, şirkette ki tüm çalışanlara kendisiyle bir olmaları için birleşmelerini istesin. Bunun anlamı, onların tek bir istek ve fikirle üst düzey yöneticiyle birleşmiş olduklarıdır. Tüm çalışanların üst düzey yönetici olacakları anlamına gelmez.

Tanrı ya da Kutsal Ruh olduğumu nasıl söyleyebilirim? Ayrıca önce ki vaazlarımda gerçek yüreğimi görebiliriz.

"Çok şey duyuyorum. Pek çok belirti, harika ve olağanüstü işler meydana geldiğinden, bazı insanların kendimi Tanrı ilan edeceğimden endişe duyduğunu duyuyorum. Kardeşlerim sizlerde mi aynı şeyi düşünüyorsunuz?
7 uzun yıl hasta kaldıktan sonra, ailem ve anne-babam tarafından terk edildim. Tanrı tarafından ise bir anda iyileştirildim. Sadece dua ettim ve sadakatle Tanrı için çalıştım. Ayrıca ailemde Tanrı'nın egemenliği ve doğruluğu için adanmış bir hayat sürmektedir.

Her şeye gücü yeten Tanrı'nın, bizlere belirti, harika ve olağanüstü işler göstermek için benimle olduğunu hepiniz çok iyi biliyorsunuz. Burada benim vasıtamla kaçınız her şeye gücü yeten Tanrı'nın ellerini deneyim etmediniz?

Bazılarınız hastanelerden ölüm fermanlarınızı aldınız. Bazılarınız sakat, bazılarınız serebral palsiydi. Çeşitli hastalıklardan mustariptiniz, ama dua ile şifa buldunuz ve sağlığınıza kavuştunuz. Aileleriniz Hrıstiyan yaşamını öğrendi. Ayrıca dünyayı terk ettiniz, günahlarınızı ve karanlığı söküp atınız. Tanrı'nın sözüne göre yaşamak için oruç tuttunuz ve gece boyunca dua ettiniz. Göksel egemenliğin umuduyla iman yarışı içinde ileriye doğru koşuyorsunuz.

Öyleyse niçin kendi kendini ilan eden bir Tanrı olayım? Bu hayal dahi edilemez. Tıpkı 'Çarmıhın Mesajı' gibi, sadece Tanrı'nın görkemi için yaşadığıma tanıklık edecek pek çok vaazım var.

Ancak ve sadece tüm övgüleri Tanrı'ya sundum. Bir anda değişip, Tanrı ya da Rab'bim gibi olabilir miyim? Kutsal Kitap'ı inkâr edebilir miyim?

Bu tasavvur dahi edilemeyecek sözleri dile getiren bazı insanlar var. Benimle ilgili bu şekilde bir endişeleri varsa, ciddi olarak bana nasıl hakaret etmekte olduklarının farkındalar mı? Böyle bir şey nasıl olabilir? Mesih'te ki sevgili kardeşlerim, her ne olursa olsun asla bunu düşünmemeli ve böyle sözler sarf etmemelisiniz.

Böyle bir şeyi asla hayal dahi etmemelisiniz. Kendimi Tanrı diye çağırıyorsam, lütfen hepiniz beni suçlayın ve bu kiliseyi terk edin. Sadece tek bir Tanrı vardır.

Sadece İsa Mesih, Kurtarıcımızdır. Baba Tanrı, Oğul ve Kutsal Ruh, Üçlü Birlikte' ki Tanrı'dır. Bizler Kutsal

Kitap'ın 66 kitabına inanıyoruz. Elbette ki siz üyeler bu sözleri dile getirenler değilsiniz. Bundan söz ediyorum çünkü kulağıma bu tür haberler geldi." (31 Temmuz 1998 tarihli Özdeyişler üzerine konuşmalar vaazından alınmıştır.)

'Yapımcıların Notları' adlı programda benim kendimi tanrılaştırdığımı söylediklerini duydum. Bunun için gösterdikleri kanıt, bazı kilise üyelerinin önümde eğildiklerini gösteren bir sahneydi. Bu sahnenin arkasında yatan bir hikâye vardır.

1998 yılında Tanrı, pek çok üyenin ruhani gözlerini açtı ve onların ruhani deneyimler edinmesini sağladı. 15 Mayıs Cuma günü benim doğum günümdü. Kilisenin kadın Misyonu tarafından yürütülen bir şükran servisimiz vardı.

Şükran servisini sabah yaptık ve gökyüzünde çift katlı dairesel gökkuşağı olduğu haberini aldım. Hemen servisten sonra bu dairesel gökkuşağını görmek için çıktım.

O günden itibaren Tanrı ne zaman kilise etkinlikleri düzenlesek bu dairesel gökkuşaklarını gösterdi. Tanrı'nın bizimle olduğunu gösteren sevgisinin bir işaretidir.

Sadece gökkuşağı değil, ama pek çok üye ruhani dünyanın ışıklarını görebiliyordu. Melekler altuni ve gümüşi ışıkları gökyüzüne serpiştiriyordu. Bazıları melekleri gördü. Kilisenin bahçesinde yukarı gökyüzüne bakmakla meşguldüler.

Ruhani dünyayı görmekle görmemek arasında çok büyük bir fark vardır. Kilise üyeleri birbirleriyle gördüklerini paylaşıyorlardı. Cuma gecesi saat 11:00'de gece boyu süren ayin başladı. İlk bölümünde ibadet ettik ve ikinci bölümünde hem ibadet edip ilahiler söyledik hem de dua ettik.

İkinci bölüm sırasında ilahileri yönlendiren kişi birden bire önümde eğildi. Kore geleneklerini bilmeyenler, eğilmenin Kore'de şükran veya saygı ifadesi anlamına geldiğini bilmelilerdir. Geleneksel olarak anne-baba ya da bir usta önünde eğilinir. İşte bu da böyle bir anda olmuştur.

Doğum günüm olan o gün ilahileri yönlendiren kişi, o güne dek yaşamın sözüyle kendisini yetiştirdiğim için bana şükranlarını sunmak için eğildiğini söyledi. O eğildiği için, kilise ihtiyarları da eğilmeye başladı. Elbette ki ben yüreklerinden geçeni biliyordum ve onların Tanrı'nın lütuflarını öğreten çobanlarına şükran ve saygılarını gösterdiklerini biliyordum.

Öylesine utanmıştım ki onları durdurmaya çalıştım. Kilise tarihinde ilk kez böyle bir şey oluyordu. Başkalarına bunu yapmaları fikrini aşılayan kişi aha sonra kiliseyi terk etti. Tüm sınamalara neden olan da işte bu kadındı.

Benim önümde, Tanrı olduğumu düşündükleri için eğilmemişlerdi. Sadece onları Tanrı'nın sözüyle yetiştiren bir çoban olduğum için şükranlarını ifade ediyorlardı.

Ancak TV programı, bu harekette yatan içten iyiliği ne ortaya koydu ne de açıkladı. Öylesine yayına hazırladılar ki, ben tapınılan bir tarikat lideri konumunda gösterildim.

Kutsal Kitap Mükemmel Bir Şekilde Gizemli Şeylerle Doludur

'Yapımcıların Notu' programı, Kore Hrıstiyan Konseyi (CCK) ile birlikte işbirliği yaptı ve kilisemizin gizemci kategorisine düşen sapkın bir tarikat olduğunu yayınladı. CCK'nin Sapkın Tarikatlar ve Tarikat Önleme Komitesi, kilisemizi terk edenlerin sunduğu belgelere dayanarak hemen kilisemizi sapkın ilan etti.

Komite, 1990 yılında Kutsal İsa mezhebinde meydana gelen olaydan söz etti. *'Hayatım ve İmanım I'* birinci seri kitabında bunu zaten açıkladım. Ama özetleyecek olursak bu mezhep zamanında yetkisini kötüyü kullanarak beni suçlamış ve aforoz etmişti.

Bu röportajların yanlışlığı ya da kimin haklı kimin haksız olduğu hakkında konuşmak istemiyorum. Ama gizemciliğin ne anlama geldiğini açıklığa kavuşturmak istiyorum.

Kutsal Kitap'ın Yaratılış Kitabı ile birlikte Kutsal Kitap gizemli içeriklerle doludur. Tanrı ruhtur ve ruhani dünya olan dördüncü boyuttadır. Kutsal Kitap'ı kendi katında uygun olan seçtiği peygamberler ve elçiler vasıtasıyla yazmıştır.

Peygamberler ve elçiler, Kutsal Ruh'un esinlemesiyle Tanrı'nın yüreğini almışlar ve İncil'i yazmışlardır. Tıpkı başkası adına kalemi ellerine alan yazarlar gibidirler. Kutsal Kitap'ın gerçek yazarları onlar değildir.

Farz edin ki kırsal bir yerde yaşayan okuma-yazması olmayan bir anne olsun. Oğluna söylemek istediklerini komşusundan yazmasını istesin. Burada komşusu onuna adına kalemi ele alan kişidir ve mektubun resmi olarak sahibi ise annedir. Kutsal Kitap bizlere ruh olan Tanrı'yı öğretir. Bizlere ruhani dünyayı ve bir hiçten Tanrı'nın meydana getirdiği yaratılış sürecini öğretir. Kutsal Kitap, insanoğlunun mantığıyla kavrayamayacağı şeylerle doludur.

Tanrı, Sina Dağına geldi ve Musa ile konuştu; Kargalar İlyas'a ekmek ve et getirdiler; Petrus bir meleğin rehberliğinde zindandan kaçtı ve İsa borazanların seslerinde tekrar gelecektir. İnsanoğlunun mantığıyla tüm bu şeylere nasıl inanabiliriz? Mısır'dan Kaçış 19:18-19 şöyle der: *"Sina Dağı'nın her yanından duman tütüyordu. Çünkü RAB dağın üstüne ateş içinde inmişti. Dağdan ocak dumanı gibi duman çıkıyor, bütün dağ şiddetle sarsılıyordu. Boru sesi gitgide yükselince, Musa konuştu ve Tanrı gök gürlemeleriyle onu yanıtladı."*

"[İlyas] Sonra retem çalısının altına yatıp uykuya daldı. Ansızın bir melek ona dokunarak, 'Kalk yemek ye' dedi. İlyas çevresine bakınca yanıbaşında, kızgın taşların üstünde bir pideyle bir testi su gördü. Yiyip içtikten sonra yine uzandı. RAB'bin meleği ikinci kez

geldi, ona dokunarak, 'Kalk yemeğini ye. Gideceğin yol çok uzun' dedi. İlyas kalktı, yiyip içti. Yediklerinden aldığı güçle kırk gün kırk gece Tanrı Dağı Horev'e kadar yürüdü." (1. Krallar 19:5-8).

"Birdenbire Rab'bin bir meleği göründü ve hücrede bir ışık parladı. Melek, Petrus'un böğrüne dokunup onu uyandırdı. 'Çabuk, kalk!' dedi. O anda zincirler Petrus'un bileklerinden düştü. Melek ona, 'Kuşağını bağla, çarıklarını giy' dedi. Petrus da söyleneni yaptı. 'Abanı giy, beni izle' dedi melek." (Elçilerin İşleri 12:7-8).

"Rab'bin kendisi, bir emir çağrısıyla, başmeleğin seslenmesiyle, Tanrı'nın borazanıyla gökten inecek. Önce Mesih'e ait ölüler dirilecek." (1. Selanikliler 4:16).

Bu gün bu ruhani dünya hakkında konuşacak olursak, pek çok insan bizleri gizemciliğe düşmekle suçlar. Ruhani dünyayı uygun bir şekilde öğreten çok az öğretmen vardır ve bu sebeple de çoğunluğun gerçek imanı da yoktur.

İnsanlar kiliseye geliyor olsalar bile, pek çoğu Kutsal Ruh'un işlerini deneyim etmemiştir. Ve bu yüzden kurtuluşun güvencesine sahip değillerdir. Pek çokları göksel egemenliğe ve cehenneme inanmazlar ve tıpkı inanmayanlar gibi onlarda günah işlerler.

Zorla Bağışlarla İlgili Röportaj

Kilisemizi terk eden bir bayanla ilgili bir röportaj vardı.

Fazlasıyla bağış verdiğini söylüyordu. İşinde iflas ettiğini ve ailesinin dağıldığını söyledi.

Gelirinin 6 milyon won (6000 Dolar) kadar olduğunu ve bu gelirin büyük bir kısmını bağışladığını söylüyordu. Ama bağış hesaplarını incelediğimizde bunun tamamen bir yalan olduğunu gördük.

Gerek çocuklarına gerekse işyerinde çalışanlara göre, bu bayan tam bir borç batağı içindeydi. Bağışlar yüzünden değil, ama kişisel ilişkileri sebebiyle iflas etmişti. Gelirinin iki katından fazlası borcunun faizine gidiyordu. Uzunca bir zaman birikmiş olduğundan, sonunda iflas etmişti.

Bu bayanın oğlu, kilisemize zorluk çıkarmak isteyenlerin planları doğrultusunda annesinin yalan beyanlarda bulunduğunu biliyordu. Annesiyle ağız birliği içine girmedi.

Bu olay olmadan önce ailesinin mali zorluklardan geçtiğini duymuştum ve kendilerine kişisel olarak yüklü miktarda parasal yardımda bulundum. Ama buna rağmen kilisemize test, sınamalar getiren ve hakkında yalan beyanlarda bulunanlarla birlikte kiliseyi terk etti. Bu yaptığından dolayı sadece onun için kederlenebilirdim.

Kendi harcamalarımdan kısarak mali sorunlar yaşayanlara yardım elini uzattım. İnsanlar bana ihanet ettiğinde ve lütuflara kötülükle karşılık verdiğinde, yüreğimde öylesine büyük bir acı hissettim.

Gizli Kameralarla Yasadışı Video

Mayıs 1999'da kilisemizin üyelerinden biri olan Bayan Diyakoz Hyeonju Kim, 'Yapımcıların Notları' programında ki bir röportajda kendisini görünce hayretlere düştü. O zaman hamileliğinin beşinci ayındaydı ve şok içindeydi.

1999 yılının Nisan ayının sonlarında Diyakoz Kim daha önce hiç tanımadığı bir bayandan telefon aldı. Bu kadın Diyakoz Kim'in yardımını istedi. Şefkat duygusuyla Diyakoz Kim bu bayanla buluştu. Bu bayanın kendisini gizli kamerayla kayıt ettiğini asla hayal bile edemezdi.

Gerçek kimliklerini saklayıp bazı sorular sorduktan sonra, programa hazırladıkları bu görüntüleri gerçekten oldukça saparak yayınladılar.

Diyakoz Hyeonju Kim, Nisan 1998'de Fransa'dan kilisemize gelmişti. Gelmesinin sebebi, imanla oğlu Joonsu'nun şifa bulmasıydı. Oğlu, beyinde ki gelişim eksikliği yüzünden sürekli ağlıyordu. Bir diriliş toplantısına katılarak duamı aldı ve o andan itibaren oğlunun ağlamaları dindi ve göz bebekleri de normale döndü.

Diyakoz Hyeonju Kim, ilahi bir şifaya şahit olduktan sonra Fransa'da okumakta olan kocasının yanına döndü. Eşinin öğretimi bittikten sonra da Kore'ye geri döndüler ve kilisemize gelmeye başladılar.

Diyakoz Kim, 1999 yılında tekrar hamile kaldı ve zayıf doğan oğulları Joonsu göklere gitti. Joonsu'nun yeryüzünde acı çekmesi yerine ruhunun kurtarılması ve Rab'bin yanına gitmesi bir kutsamaydı.

Çift, oğullarının alınması ve kendilerine başka bir çocuk verilmesini Tanrı'nın sevgisi olduğunu kavradılar. Dolayısıyla üzgün değillerdi ve Hıristiyan yaşamlarına şükranla devam ettiler.

Diyakoz Kim, yaşadığı bu mutlu hayatla ilgili konuştu ve bu bayana Rab'bi kabul etmesini öğütledi. Ancak bu konuşmaların hiç biri yayınlanmadı. Birçok soru ve yayına hazırlamakta belli bir niyetle sanki bu çift çok mutsuz ve büyük bir çaresizlik içinde yaşıyorlarmış gibi ekranlara taşıdılar.

Sizlere sadece kilisemizle ilgili yayınlanan birkaç şeyden bahsettim. Aslına bakarsanız bunlardan hiç bahsetmek istemiyorum. 'Yapımcıların Notları' programında bahsi geçen her şeyi aydınlatmak için pek çok kitap yazılması gerekir.

Ancak birkaç vakaya bakarak gerçeğin nasıl gerçek dışılığa dönüştürüldüğünü görebiliriz. Gerçekmiş gibi kasıtlı olarak olayları saptırarak göstermek basın yayın organın ihlaliydi. Aslında dine zulmetmekti.

Bazı bölümlerini aktardım ki başka insanlar böylesi bir medya programı yüzünden acı çekmek zorunda kalmasınlar. Eğer buna benzer bir şey olursa, bu da ciddi anlamda kişiliği karalamadır.

İtiraz Raporu Başvurusu

Kilisemiz bu medya yayın kuruluşunun yalan haberleri yüzünden tasavvur dahi edilemez bir yara almıştı ve bizlerde Basın Tahkim Komitesine başvurduk. Ancak medya kuruluşu tahkime gitmeye yanaşmadı. Bu sebeple bizlerde mahkemeye itiraz için başvurduk.

İtiraz raporu, itirazı belirtmek ve durumu açıklamak için bir şanstır. Bir medya yayınının, olayın gerçekliğini netliğe kavuşturmadan yaptığı yayın yüzünden yara alan tarafa verilir.

Gerçek olmayan ve tek taraflı basın yayın haberleri yüzünden hasara uğrayan tarafın adaleti tahsis etmesi için verilen bir şanstır.

14 Ekim 1999'de Seul Yerel Mahkemesinin Güney Mahkemesi şu hükme vardı:

"MBC, Manmin Joong-ang (Merkez) Kilisesinin itirazını tahsis edilen süre, program, faaliyetlerle ve ilavede geçen-7 TV

1999년 11월 7일 (월요일)

교회연합신문

"MBC는 만민중앙교회 반론을 보도하라"

서울지법남부지원 판결 MBC 보도내용 대부분 사실 아닌 것으로 해석

기독교연합신문   1999년 11월 7일(일)

"MBC, 만민교회 반론 보도" 판결

남부지원, 총 14회 걸쳐

서울지법남부지원(재판장)병 송춘부장판사)서는 최근 MBC에 대한 만민중앙교회의 반론보도청구 소송 선고공판에서 'MBC는 법정에 기록 한대로 횟수와 시간과 프로그램, 방 송순서 및 사건에 따라 만민교회의 반론을 보도하라"는 판결을 내렸다. 9시 뉴스데스크」2회 등 밝혔다.

99년 11월 7일

'MBC 수첩 반론을 보도하라 는 이번 판결은 특히 '이를 이행하지 않을 경우 일정 다음날부터 이행 완 료시까지 1회 방송분에 대해 1일 5 백만원을 교회에 지급하라

기독교신문

종교관련 한건주의식 선정

만민중앙교회 관련 반론보도

2001년 8월 31일 금요일

조 선 일 보

'MBC PD수첩 만민중앙교회
방영금지 가처분조치 정당'

헌법재판소 결정

99년 MBC 'PD수첩'이 방영하려
던 만민중앙교회의 방영금지 가처분
에 대해 교회측의 방영금지 가처분
신청을 법원이 받아들인 것은 합헌이
라고 헌법재판소가 30일 결정했다.
헌재는 MBC가 "법원의 결정
언론자유를 침해한 검열행위"라고
주장하며 낸 헌법소원 청구를 기
각하면서 이 같이 결정했다.

제보에만 근거, 적절한 확인절차 없이 방송
남아있는 명예훼손등 소송에 영향 미칠 듯

國民日報
1999년 10월 28일 목요일

MBC 만민중앙교회 관련
반론보도 14건 대거 방송

MBC가 만민중앙교회 이재록 목사
에 대한 비리의혹 보도와 관련, 30일
까지 방송사상 가장 많은 14건의 반론
보도문을 내보낸다. 26일 'PD수첩',
27일 '화제집중, 생방송6시' 첫머리에
반론보도문을 내보낸데 이어, 28일부
터 '뉴스데스크' 등 5개 TV 뉴스 프
로그램, '아침 종합뉴스' 등 6건의 라
디오 프로그램에 이틀 방송한다.

ve 6 Radyo programı olmak üzere toplam 13 programda 14 kez olmak üzere yayınlamak zorundaydı."

Ayrıca mahkeme,

"Eğer MBC buna uymazsa, sürenin dolmasından sonraki gün başlamak üzere yayınlayacakları güne kadar her gün 5 milyon won ödemekle cezalandırılacaktır" yargısına vardı.

Dolayısıyla mahkeme kararına göre MBC, ana haber bültenlerinde, Öğle 12 haberlerinde, 6 Hawje Jipjung (İlgi Odağı), Gece Yarısı Haberleri gibi 14 kez 'itiraz raporunu' yayınladı. Ancak bu bize verdikleri hasarın binde birini karşılamaya bile yaramadı.

Çekememezliklerinden Liderler İsa'ya İhanet Etti

İsa sadece göksel egemenliğin müjdesini duyurdu, pek çok insanı hastalıklarından iyileştirdi ve pek çoklarına yaşam aşıladı Ama insan tarafından yapılamayan kör gözlere şifa vermek gibi Tanrı'nın gücünü sergilediğinden, Ferisiler, yasanın öğreticileri ve liderler onu çekemediler ve karaladılar.

Yuhanna 10:20 şöyle der: *"Birçoğu, 'O'nu cin çarpmış, delidir. Niçin O'nu dinliyorsunuz?' diyordu."* İsa sadece iyi işler yaptı, ama onlar Tanrı'nın gücünün işleri olduğundan O'nu delilikle suçladılar.

Ayrıca İsa, cinler yüzünden kör ve sağır olan bir adamı iyileştirdiğinde, Matta 12:24'te Ferisiler şöyle dedi: *"Bu adam cinleri, ancak cinlerin önderi Baalzevul'un gücüyle kovuyor."*

İsa, cinleri Baalzevul'un gücüyle mi kovdu? İsa'yı öldürmek için bunun gibi pek çok yalanlar söylediler. Pek çokları O'na iftira attı ve adını karaladılar.

Elçi Pavlus'ta olağanüstü işlerle Tanrı'nın gücünü ortaya koydu ve Elçilerin İşleri 24:5 ayetinde yazıldığı gibi Nasrani tarikatının elebaşı olarak suçlandı. Elçilerin İşleri 26:24'de çıldırdığı söylendi.

Kutsal Ruh'un işleri ve gücü benim vasıtamla oraya konduğundan, düşman şeytan sürekli olarak beni mahvetmeye çalıştı.

Kilisede ortaya konan ve kilisenin gelişimini sağlayan Tanrı'nın işlerinden kıskançlık duyanlar, ben, bir sapkın olarak suçlayarak pek çok yanlış haberler yaydılar.

Kaya Üzerine Kurulmuş Bir Kilise Yıkılmaz

Bu medya programından sonra pek çok insan kilisemizin kapanacağını düşündü.

Bir bakıma böyle düşünmeleri doğaldı. 1999 yılının 11 ile 22 Mayıs günleri arasında kilisemiz hakkında 33 kez TV ve 34 kez radyo olmak üzere tam 67 kez yayın yapıldı. Yanlış bilgilerle medya yayın kuruluşu kilisemizi suçladı ve dolayısıyla pek çok insanın bu şekilde düşünmesi normaldi.

Ama kaya üzerine kurulan kilise, karanlığın güçleri ne kadar sarsmaya çalışırsa çalışsın yıkılmaz. Tanrı tarafından kurulan bir kilise, O'nun her şeye gücü yeten sağ eliyle yürütülür.

İsa, Yeruşalim Kentine girdiğinde, İsrailliler O'nu Hozana diyerek karşıladılar, ama sonra birdenbire O'nu çarmıha germek isteyen kalabalığa dönüştüler.

İsa, sevdiği ve öğretilerini aktardığı bir öğrencisi tarafından ihanete uğramak zorundaydı. Tutuklandığında, tüm öğrencileri kaçtılar. Kendilerine bir şey olacağı korkusuyla kaçan öğrencilerini gördüğünde İsa nasıl hissetmiş olmalı?

Onlara acımış olmalı, ama hayal kırıklığı ya da nefret beslemiş olamazdı. Ben de bana ihanet edip saldıranlardan nefret etmedim.

Bağışlanması çok zor olan doğruluk karşıtı benliğin işlerini yapmışlardı, ama onların hatalarını ifşa etmeden onları bağışlamaya devam ettim.

İyi koyunlar gibi davranmışlardı, ama gizlice beni mahvetmek için planlar yapmışlardı. Onların günahlarından nefret etmeme rağmen, onlara karşı hiç kin tutmadım. Tekrar yıkım yoluna düşmesinler, tövbe etsinler ve kurtuluşa nail olsunlar diye üzüntü ve gözyaşlarıyla dua ettim.

Bunun gibi birçok olaydan geçtikten sonra, Tanrı'nın sevgili baş meleği Lusifer'in kibirlenerek O'na ihanet etmesi karşısında Tanrı'nın yüreğinin nasıl hissetmiş olduğunu anlayabildim. Yahuda İskariot kendisine ihanet ettiğinde İsa'nın yüreğinden geçenleri hissettim. Sevgiliniz size ihanet edip terk ettiğinde duyduğunuz acı dayanılması çok zordur.

İsa şöyle dedi: *"Bedenden doğan bedendir, Ruh'tan doğan ruhtur."* (Yuhanna 3:6). Benliğe inanmayız çünkü benlik değişir. Yüreğimizden gerçeğe aykırı olan benliği söküp attığımızda ve onu gerçek olan ruhun yüreğine dönüştürdüğümüzde, kötülüğün olmadığı gerçek yüreklere ve mükemmel imana sahip olabiliriz.

1998 ve 1999 yılları arasında üç testten geçtiğimden, çarmıhını sırtlamış sessiz Golgata'ya çıkan İsa üzerinde tefekküre dalmaya bol vaktim oldu.

Asla masum olduğunu söylemedi ve haksızca suçlandı. Sadece Tanrı'nın takdiri ilahisini gerçekleştirmek için her türlü acıya katlandı. Rab'bin itaat ve sevgisinin sadece binde birini hissedebilmiştim.

4. Bölüm

Sadece Tanrı'nın İsteğini Gerçekleştirebilirsem

Bir Keresinde Lütuf Almıştım

Tanrı'yı tanımadan önce, 7 sene boyunca hasta yatağında yattım. Kız kardeşimin tavsiyesiyle, Shinae Hyun'u ziyaret ettim. Benim için yerle göğü değiş tokuş eden ve hayatımı değiştiren bir olaydı.

İnsanlar Tanrı'ya yakardıkları için, orada bir başıma durmaktan utanmıştım. Nasıl dua edileceğini bilmiyordum, ama yine de dizlerimin üzerine çöktüm. Tanrı'nın Kutsal Ruh'unun ateşi beni bir anda orada iyileştirdi. Bir zamanlar 'hastalık deposu' olarak çağırılıyordum, ama bir anda sahip olduğum tüm sıkıntılardan temizlendim. Hastalıklar gitmiş ve tamamen sağlıklı bir adam olmuştum.

Her ne kadar kıdemli Diyakoz Shinae Hyun'un duası yüzünden olmamış olsa da, o kilisede şifa bulmuştum ve şükranla doluydum. Ne zaman bir diriliş toplantısında konuşsam, bana dokunarak bana şifa veren Tanrı ile tanıştığım o zamanlardan bahsederim.

Şimdi vefat etmiş olmasına rağmen Shinae Hyun pek

çok kez tekerlekli sandalyesinde kilisemizi ziyaret etti. Pek çok kez kendisine yardım etmemi istedi ve ben hiçbir zaman reddetmedim. Bazen bunlardan dolayı zorluklarla yüzleşmek zorunda kaldım, ama her zaman ona yardım etmek için elimden gelenin en iyisini yapmaya çabaladım.

Yeni bir inanan olmamdan kilisemi açtığım zamana kadar farklı pederlere hizmet ettim ve hala onlara olan şükranlarımı farklı etkinliklerde gösteririm. Ayrıca peder Taekgu Son her zaman minnet duyarım. Kendisi o zamanlar benim seminer hocam ve Kutsal İsa (Birleşmiş) mezhebinin başkanıydı. Dolu programlarım yüzünden kendisini bizzat ziyaret edemediğimden, her sene saygılarımı eşimi ya da kilise çalışanlarından birini göndererek kendisine iletirim.

Başka insanlardan aldığımız lütufları onlara geri ödememiz önemlidir. Daha da önemlisi, Tanrı'nın lütufları için şükranlarımızı sunmalıyız. Nasıl ve ne ile Tanrı'nın sevgisini ve lütufunu geri ödeyebiliriz?

Tanrı, Beni sevenleri ben de severim, Gayretle arayan Beni bulur der (Özdeyişler 8:17). Ben bu ayete sıkıca tutundum, önce Tanrı'yı sevdim ve her nerede bulunabilirse oraya gittim.

Tanrı ışık olduğundan, O'nunla tanışabilmek için ışığa gitmeliyiz. İyilik olduğundan, iyilikle hareket etmeliyiz. Sevgi olduğundan, ruhani sevgimiz olduğunda O'nunla tanışabiliriz.

Tanrı'yı sevmek demek, O'nun buyruklarını tutmak demektir. O'nun sözünü uyguladığımız ölçüde, O'nun tarafından seviliriz.

Nasıl susuz bir geyik su için yanıp tutuşursa, yüreğimin derinliklerinde Tanrı'nın sözünü anlamak ve O'na itaat etmek, benim en büyük mutluluğumdu. Tüm varoluşumla, Tanrı'nın egemenliğini ve doğruluğunu gerçekleştirebilme sorumluluğuyla hep dopdolu oldum.

Güç Üzerine Güç

İman, itaat ve sevgiyle üç testin üzerinden bir kere gelince, Tanrı beni Gücünün daha derin seviyelerine yöneltti. Bu testlerden geçmek yerine hayatımdan vazgeçmek benim için daha kolay olurdu.

İbrahim, tek oğlu İshak'ı yakmalık bir sunu olarak vermeye itaat ederek testi geçti ve imanın babası oldu. Aynı şekilde Tanrı'da benim bu üç testten geçmemi diledi ve beni bir öncekinden çok daha büyük bir güçle kutsadı.

Yuhanna 14:12'de İsa şöyle demiştir: *"Size doğrusunu söyleyeyim, benim yaptığım işleri, bana iman eden de yapacak; hatta daha büyüklerini yapacaktır. Çünkü ben Baba'ya gidiyorum."* Bunun anlamı, tamamen söze göre yaşadığımız takdirde Baba Tanrı ile ruhta bir olacağımız ve İsa'nın ortaya koyduğu işleri bizlerinde koyacağıdır.

"Tanrı bir şey söyledi, Ben iki şey duydum: Güç Tanrı'nındır." (Mezmurlar 62:11). Daha önce de söylenildiği

gibi düşman şeytan, Tanrı'ya ait gücü sergileyemez. Ruhani varlıklar olduklarından, insanları Tanrı'ya karşı durmaları için kışkırtırlar. Ancak Tanrı'nın gücünü taklit bile edemezler. İnsanın yaşamını, ölümünü, talih ve şansızlığını kontrol etme gücü, insan tarihini yönetme gücü ve yoktan bir şeyi var edebilmek ancak ve ancak Tanrı'ya ait bir güçtür. Ama ışık olan Tanrı'ya ait kişilerin, kutsallaşabilenlerin ve İsa Mesih'in imanının ölçüsüne erişebilmişlerin vesilesiyle bu güç sergilenebilir.

Otorite, Güç ve Otoriter Güç Arasında ki Fark

Tanrı'nın gücü hakkında konuştuğumuzda, genellikle birbirlerinin yerine kullanılan otorite, güç ve otoriter güç gibi terimleri kullanırız. Ancak aralarında fark vardır. İnsan tarafından yapılması imkânsız, ama Tanrı tarafından imkânsız olmayan şey güçtür.

Otorite, Tanrı tarafından tahsis edilen değerli ve görkemli kuvvettir. Ruhani dünyada günahsız olmak kuvvettir. Dolayısıyla otoritenin, kutsallaşma olduğunu söyleyebiliriz. Kutsallaşan ve yüreklerinden her türlü kötülüğü ve gerçeğe aykırı şeyleri söküp atabilen Tanrı'nın çocukları, ruhani otorite sahibi olurlar.

Öyleyse otoriter güç nedir? Her türlü kötülüğü söküp atabilen ve kutsallaşanlara, Tanrı tarafından verilen otoritenin eşlik ettiği Tanrı gücüdür. Güç ve otorite bir aradadır. Ancak otoriter güce değindiğimizde, genellikle ve basitçe sadece 'güç' deriz. Bu otoriter gücün, her türlü kötü ruhu çıkarma, her hastalık ve zayıflığı iyileştirme gücü vardır.

Zayıflıklar, basit hastalıklar değildir. Bedenin bazı organlarını normal fonksiyonlarını göstermediği için kişinin normal aktivitelerine devam etmesini önleyen felç gibi hastalıklardır. Zayıflıklar, insani becerilerle iyileştirilebilecek şeyler değillerdir. Körlük, sağırlık, dilsizlik ve belli felçleri kapsar.

İyileştirme Armağanıyla Güç Arasında ki Fark

İnsanlar genelde iyileştirme armağanıyla Tanrı'nın gücünün aynı şey olduğunu düşünürler. Ancak bunlar farklıdır. 1. Korintliler 12:9'da sözü geçen iyileştirme armağanı, mikrop ve hastalıkları yakmakla ilgilidir.

Bu iyileştirme armağanıyla fonksiyonsuz vücut organlarını iyileştiremez, duymayanın duymasını, ölü sinir hücreleri yüzünden konuşamayanın konuşmasını sağlayamayız. Ancak imanla dua edip Tanrı'nın gücünü alabilen biri, bu tür hastalıkları iyileştirebilir.

Tanrı'nın gücünü bir kere aldık mı, sürekli çalışır. Ama iyileştirme armağanıyla bu olmaz. İyileştirme armağanı, kişi kutsallaşmış olsun ya da olmasın verilebilir. Canlar için duydukları sevgiyle uzunca zaman dualar edenlere veya cesur olup Tanrı tarafından kullanılanlara verilir.

Ancak ışık olan Tanrı'nın gücü sadece kutsallaşmış bir kişiye verilebilir. Bir kere alındın mı, bir daha ne zayıflar nede yok olur. Rab'bin yüreğini ne kadar yansıtıyorsak, o kadar büyük bir gücü alır ve büyük işleri ortaya koyarız.

İyileştirme armağanıyla ciddi ve nadir hastalıkları iyileştirebilmemiz kolay değildir. Hatta hasta kişinin kıt imanı varsa, bu daha da zorlaşır. Ancak Tanrı'nın gücüyle, hastanın kıt imanı olsa dahi, hemen tesirini gösterir. Burada imandan kasıt, entelektüel iman değil, ama ruhani imandır.

Işık Olan Tanrı'nın Gücünün Dört Seviyesi

Tanrı, Gücünün dört farklı seviyesi olduğunu anlamamı sağladı. Yüreklerimizde yetişen gerçeğin miktarına göre O'nun gücünün yüksek seviyelerine girebilir ya da alabiliriz.

"Ama siz, adıma saygı gösterenler için ışınlarıyla şifa getiren doğruluk güneşi doğacak. Ve çıkıp ahırdan salınmış buzağılar gibi sıçrayacaksınız." (Malaki 4:2).

Ruhani gözleri açılanlar, aşağı yağan ve hastalıkları iyileştiren lazer ışınları misali ışıkları görebilirler.

Tanrı'nın gücünün birinci seviyesi kırmızı ışıktır. Hastalıkların yakıldığı Kutsal Ruh'un ateşinin ışığıdır. Kutsal Ruh'un ateşiyle bu seviyede ki güç, mikrop ve virüslerin neden olduğu hastalıkları yakar. Bu ışıkla kanserler, tüberküloz, şeker hastalığı, kan kanseri, kalp rahatsızlıkları, artrit, AIDS ve diğer devası olmayan hastalıklar iyileşebilir.

Ancak gücün birinci seviyesi her hastalığı iyileştiremez. Kanser ya da tüberkülozun son safhalarında eğer hasta, Tanrı'nın verdiği bedenin hayat çizgisini aşmak üzereyse, gücün ilk seviyesiyle bu hastalığı iyileştirmek çok zordur. Bedenin organları ya da dokuları hasar gördüyse veya fonksiyonlarını kaybettiyse, artık bu, mikropların neden olduğu bir durumdan çıkar. Bedenin yeni doku ve organlar üretmesi gerekir. Bunu yapmak içinde bu seviyeden daha güçlü bir gücü almamız gerekir.

Ama böyle bir durumda bile eğer hasta kişi ve ailesi sevgiyle birleşir ve imanlarını gösterirlerse, Tanrı'nın işleri tesirini gösterecektir. Kilisemizin ilk yıllarında gücün birinci seviyesine ait pek çok iş meydana gelmişti.

Gücün ikinci seviyesi, karanlığın gücünü kovabilme gücüdür. Mavi bir ışıktır. Bu seviyede bir güçle, kötü ruhlara tutulmuş veya şeytanın tesiri altında olanların içinden bu güçleri kovabiliriz.

Gücün ikinci seviyesi ayrıca ruh hastalıklarını veya sinir sisteminde meydana gelen hastalıkları iyileştirebilir. Bunların arasında otizm, şizofreni, sinir krizi ve kronik akıl sağlığı bozukluğuyla depresyonun neden olduğu fiziksel yorgunluk gelir. Bu tür hastalıklar genellikle başka insanlara yoğun nefret duyan, onlara kötü hisler besleyen, özgüveni olmayan ve çabuk öfkelenen insanlarda gelişir.

Dolayısıyla ikinci seviyede ki güçle, karanlığın güçlerinin neden olduğu pek çok hastalık iyileşecektir. Ayrıca karanlığın gücü aileleri, işyerlerini terk eder. Ayrıca ölüyü diriltme veya bir kişinin ruhunun alınması meydana gelebilir.

Elçi Pavlus, Eftihos'u diriltti (Elçilerin İşleri 20:9-12). Kutsal Ruh'a yalan söylediklerinden dolayı Petrus, Hananya ile Safira'yı lanetledi ve onlarda düşüp öldüler (Elçilerin İşleri 5:1-11).

Elişa kendisiyle alay eden çocukları lanetlediğinde, iki dişi ayı belirdi ve onların pek çoğunu parçaladı (2. Krallar 2:23-24). Bu eylemlerin hepsi, Tanrı'nın gücünün ikinci seviyesiyle yapıldı.

Gücün üçüncü seviyesi beyaz ya da renksiz bir ışıktır. Yaratılışın belirtileri veya işleriyle ortaya konur. Belirti, körün görebilmesi, dilsizin konuşabilmesi veya sağırın duyabilmesi gibi net görülebilir bir belirtidir.

Ayrıca sakat yürüyebilir ve felçli iyileşir. Deforme olmuş ya da bozulmuş tüm vücut parçaları yenilenir. Kırık kemikler kaynar, olmayan kemiklerin yerine yenisi yaratılır.

Gücün dördüncü seviyesi altuni bir ışıktır ve bu seviye,

mükemmellik seviyesidir. Bu seviyede ki gücün İsa tarafında ortaya konduğunu görürüz. Bu seviyede, hava durumu koşulları değişir. Bu seviye kendini 'harikalarla' ortaya koyar. Kısaca yağmur yağdırılabilir ya da durdurulabilir. Bulutlar hareket ettirilebilir. Tanrı'nın gücünün seviyesi, tüm şeyleri kontrol edebilme ve yönetebilme gücüdür.

Hatta cansız nesneler bile bu seviyede buyruklara itaat ederler. Gazdan zehirlenenlerin içinden karbon monoksit gazı çıkar gider. Ateşle yananların içinden ısı terk eder gider. İsa incir ağacını lanetlediğinde, "ağacın hemen kuruduğunu" görürüz (Matta 21:19). Rüzgarı ve dalgaları azarladığında, sakinleşirler (Matta 8:26).

Ağaçlar, rüzgâr, deniz ve doğada ki her şey İsa'nın buyruklarına itaat ederler. Nasıl Tanrı yeri ve göğü sözüyle yarattıysa, İsa'da buyurduğu vakit, nesneler ona itaat etti.

İbraniler 11:1'de söylenildiği gibi, böyle mükemmel bir imanımız varsa, kesinlikle iman edilenlere güvenecek ve görünmeyen şeylerin varlığından emin olacağız. Her şeyi yoktan var eden gücün işleri ortaya konacaktır.

Dahası gücün dördüncü seviyesinde Söz gibi işler zaman ve mekânı aşarak ortaya konur. Tanrı gücünü tüm çocuklarına vermek ister ancak bu gücün seviyesine ulaşabilen insan çok azdır.

Markos 7:24-30 ayetlerinde kızı cine tutulmuş bir kadın İsa'nın huzuruna çıkmış ve O'ndan kızının içinde ki cinleri kovmasını istemiştir. Onun alçak gönüllüğünü ve imanını gören İsa, "cin kızından çıktı, gidebilirsin" demiştir. O anda kızı iyileşmiştir. Kadın evine döndüğünde, cinin çoktan kızının bedenini terk etmiş olduğunu görür.

Aynı şekilde İsa, hasta olanların bulunduğu yere gitmemiştir.

Buyruğuyla Tanrı'nın gücü zaman ve mekânı aşarak ortaya konmuştur.

Olağanüstü İşler

Elçilerin İşleri 19:11-12 ayetlerinde şöyle yazar: *"Tanrı, Pavlus'un eliyle olağanüstü mucizeler yaratıyordu. Şöyle ki, Pavlus'un bedenine değen peşkir ve peştamallar hasta olanlara götürüldüğünde, hastalıkları yok oluyor, kötü ruhlar içlerinden çıkıyordu."* Nasıl Tanrı elçi Pavlus yoluyla olağanüstü işler gösterdiyse, bu tür işleri benim vasıtamla da göstermiştir. Tıpkı Pavlus'un vakasında olduğu gibi, dua ettiğim peşkirler ışığın güçlerini içeriyordu ve insanlar imanlarıyla bu mendillerle başkaları için dua ettiklerinde, şifa işlemleri gerçekleşti.

Kilisemiz de pek çok çalışan ve peder, bu peşkirlerin yoluyla şifa işlerini ortaya koymuşlardır ve ayrıca diğer ülkelerde diriliş toplantıları yürütmüşlerdir.

Gücün dördüncü seviyesinde, zaman ve mekânın sınırlarını aşan Tanrı'nın gücüyle hastalıklar iyileşir ve karanlığın güçleri kovulur. Dördüncü seviyede belirtiler ortaya konur ve evrende ki her şey itaat eder. Tanrı'nın gücünün dördüncü seviyesinde ki altuni ışıkla, gücün birinci, ikinci ve üçüncü seviyede ki tüm işleri ortaya konur.

Pakistan'da ki Cynthia Adında ki Bir Kızın Hikâyesi

Pakistan'da ki peder Wilson John Gil'in Cynthia adında bir kızı vardı. 1999 yılının temmuz ayında birdenbire istifra etmeye, kanlı dışkı ve ishal olmaya başladı. Lahor'un Rasheed hastanesine kaldırıldı. Kalın bağırsağından rahatsızlanmıştı ve derhal ameliyat olması gerekiyordu. Ancak vücudu ameliyatı kaldıracak durumda değildi.

Kolon tıkanmasıyla bir arada olan hastalığının adı 'çölyak' hastalığıydı.

O sırada Cynthia'nın ablası Maria, Kore'deydi. Bana Cynthia'nın resmini getirdi. Tarih 23 Temmuz 1999'du. Tüm içtenliğimle resme bakarak dua ettim. O anda Cynthia on günde ilk kez tuvalet ihtiyacını hissetti. Çok kısa zamanda iyileşti ve bir sonra ki gün oturabildi. Üç gün sonra hastaneden çıkarıldı. Tamamen iyileşti.

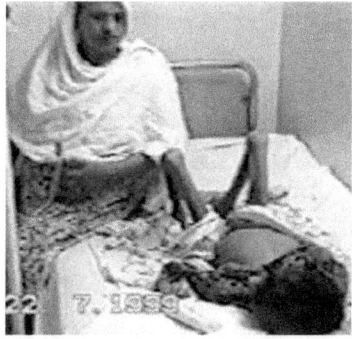

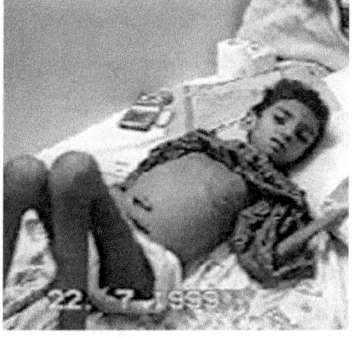

Cynthia hastanedeyken (Temmuz 22, 1999)

Sağlıklı Cynthia (2007)

Cynthia'nın resmine dua ederken

Yaratılışın En Yüksek Gücü

Tüm bu güç seviyelerinin üzerinde daha yüksek seviyede bir güç vardır. Bu güç, orijinal safhada Yaratıcı Tanrı'ya ait olan güçtür. Tanrı, "Işık Olsun" buyurduğunda, ışık olmuştu. Bu, buyrulduğunda her şeyin gerçekleşeceği güçtür.

Tanrı, kör adamın gözlerinin açılmasını buyurduğunda gözleri açılacak, sakat adamın yürümesini buyurduğunda yürüyebilecektir. İsa'nın gösterdiği işleri gücün dört seviyesinden daha yüksekte olan Yaratılışın En Yüksek Gücü yoluyla ortaya konmuştur.

Bu, bir varlığın Tanrı'dan güç alıp farklı işler ortaya koyduğu bir seviye değildir. Bu güç, yaratılış başlamadan önce Tanrı'nın bir başına sahip olduğu orijinal ışıktan gelen güçtür.

Yuhanna İncil'inin 11. bölümünde, dört gün ölü yatan ve kötü kokan Lazar'ın dirildiğini ve İsa'nın "Lazar, dışarı çık!" buyruğuyla yürüyerek dışarı çıktığını okuruz.

Bir insan her türlü kötülüğü söküp attığında, kutsallaştığında, Tanrı'nın yüreğini yansıtan bütünüyle ruh haline geldiğinde ve sınırsız ruhani bilgi edindiğinde, dördüncü seviyenin çok üzerinde ki güce erişebilir.

Yaratılışın En Yüksek Gücünü başardığında, Tanrı'nın Sözüyle her şeyi yarattığı olağanüstü işleri gerçekleşebilir.

Yeni Bin Yıl Büyük Bir Belirtiyle Başladı

2000 yılında Tanrı Kendisine adak duası etmem için yüreğime tesir etti. Dört kez adak duası sundum. Tanrı, dualara yoğun bir şekilde odaklanmamı istedi. Hiç kimseyle konuşmadan ve irtibat içinde olmadan dağlarda bir başıma dua etmek zorunda olduğumu bildirdi.

O sırada gerek kilisenin mali durumu ve gerekse başka şeylerle ilgili pek külfet altındaydım. Aslına bakarsanız dualarıma odaklanmam ve yoğunlaşmam benim için çok zordu. Eğer Tanrı ile iletişim içinde olmasaydım, çok büyük stres altında ciddi sorunlar yaşayabilirdim.

Yeryüzünde ki yaşamı sırasında İsa ne zaman vakit bulsa dua etti. Her ne kadar İsa, Tanrı'nın gücünün ta kendisi olsa da, insan bedenine sahip olduğundan Tanrı'nın gücünü tam anlamıyla sergileyebilmek için bütünüyle Kutsal Ruh ile dolu olmak zorundaydı.

21 Şubat'tan itibaren 10 günlük ilk adak duamı sundum.

Dağlarda kalıyordum ve birkaç saat uyuyor, günde iki öğün yiyordum. Yemeklerim mütevazi yemeklerdi. Dolayısıyla 10 dakika onları yemem için yeterli bir süreydi. Bu sürelerin haricinde dizlerim üzerinde tüm gün boyunca dua ediyor ve aralarda da Kutsal Kitap'ı okuyordum.

"Nasıl daha fazla güce sahip olabilir, Yaratıcı Tanrı'nın bilinmesini sağlar ve hatta tek bir canı kurtarabilirim? Nasıl Kurtarıcımız İsa'nın tanınmasını sağlayabilirim? Göksel egemenliğin ve cehennemin bilinmesini ve insanların Rab'bi kabul etmelerini nasıl sağlayabilirim? Dünyaya İncil'i nasıl yayabilirim?"

Tek dileğim Tanrı'nın egemenliği ve doğruluğunu gerçekleştirmekti. Ancak ilk adak duamdan sonra, her nedense Tanrı'nın huzurunda utanmış ve heyecanlanmış hissettim.

Elimden gelenin en iyisiyle dua ettim, ama İsa'nın Getsamene'de dua ederken terinin kan damlaları olarak yere düştüğü duayla uzaktan yakından ilgisi olmadığını hissettim. Ancak Baba Tanrı dualarımdan hoşnuttu ve bana çok büyük bir armağan verdi.

Acı Suyun Tatlı Suya Dönüşme Belirtisi

Cheonnam eyaletinin Muan ilçesinde ki Heje kasabasının Chun-Jang köyünün 153 no'lu yeri, Muan Manmin Kilisesidir. Şimdi ana karaya bağlanmıştır, ama o aslen 'Jookdo' adası diye çağrılırdı. Orada bir gençlik kampı binası bulunurdu ve Muan Manmin kilisesi ibadethane olarak kullanılmak üzere satın aldı. Çocukluğumda yaşadığım köyden arabayla beş dakika uzaklıktaydı.

1999 yılının Şubat ayında Muan Manmin Kilisesi buraya

taşındı, ama kısa zaman içinde yeterli içme suları olmadığını keşfettiler. Daha önceden kazılmış bir kuyu vardı, ama oradan deniz suyu çıkarmıştık ve ancak havuz için kullanılabiliyordu.

Muan Manmin Kilisesinin de ki Peder Myeongsool Kim, sürekli olarak bu su içme suyu olsaydı daha iyi olurdu diye düşünüyordu. Ama orada hiç içme suyu olmadığından, hortumla üç kilometre uzaktan su getiriyorlardı.

Özellikle kışın zorluklarla karşılaşıyorlardı çünkü hortum donuyor ve su hattı kesiliyordu.

Tanrı, Dün ve Bu gün Aynıdır

Muan Manmin Kilisesi Pederi Myeongsool Kim, Mısır'dan Kaçış bölümünde yazılan Mara'da ki acı suyun tatlı suya dönüşmesini okudu. Eğer benden dua alırsa, deniz suyunun tatlı suya dönüşeceğini düşündü.

Mısır'dan Çıkış 15:23-25 ayetlerinde şöyle yazar: *"Mara'ya vardılar. Ama Mara'nın suyunu içemediler, çünkü su acıydı. Bu yüzden oraya Mara adı verildi. Halk, 'Ne içeceğiz?' diye Musa'ya yakınmaya başladı. Musa RAB'be yakardı. RAB ona bir ağaç parçası gösterdi. Musa onu suya atınca sular tatlı oldu. Orada RAB onlar için bir kural ve ilke koydu, hepsini sınadı."*

Bu olay, 3500 yıl önce İsrailliler Kızıl Deniz'i geçerken meydana geldi. Şur çölünde su arıyorlardı, ama bulamadılar. Yine Musa'ya yakınmaya başladılar. Musa, Tanrı'ya yakardığında, acı su tatlı içme suyuna dönüştü.

Peder Myeongsool Kim ve kilise üyeleri sadece suyun değişmesi için dua etmediler, ama ayrıca benimde kendilerinin ziyaretine gelip dua etmemi istediler. Tuzlu suyun tatlı suya

Muan tatlı su kuyusu

dönüşeceğine dair imanları vardı.

İlk dağda ki duam esnasında özellikle Muan Manmin Kilisesi için dua ettim. 19 günlük duam esnasında, Muan Manmin Kilisesinin üzerinde gece-gündüz dairesel gökkuşakları olduğunu duydum. Daha sonra da Muan Manmin Kilisesi üyelerinin benim dağda ki duam esnasında oruç tutarak dua ettiklerini öğrendim.

Cuma gece boyu ayinin ertesine denk gelen 4 Mart tarihinde dağ dualarımdan geri döndüğümde, peder Myeongsool Kim dua başlıklarıyla bana geldi ve bunlar için dua etmemi istedi.

Muan kilisesi üyeleri oldukça sıkıntı çektiğinden, sadece bana verilen başlıklar için değil, ama ayrıca tuzlu suyun içme suyuna dönüşmesi içinde dua ettim. Tanrı bu duayı duydu. Zaman ve mekânı geçerek kilometrelerce ötede ki Muan kuyusunda işlerini ortaya koydu.

Bir sonra ki gün peder Kim, kilise üyeleriyle acı ve tuzlu suyun olduğu kuyuyu kontrol ettiğinde, içme suyuna dönüştüğünü fark etti. "Peder, bir mucize gerçekleşti! Tuzlu su, tatlı suya dönüştü. İçilmesi mümkün olmayan su, içilebilir suya dönüştü!" Peder Kim haberleri vermek için beni aramıştı. Telefonun gerisinden gelen Muan Manmin kilisesi üyelerinin heyecanlı seslerini duyabiliyordum.

Tatlı Su vasıtasıyla Şifa

Tatlı su, alkali oranı düşük, ama mineraller bakımından zengindir. Sadece içilebilir olmakla kalmamış, ama ayrıca şifa da vermiştir. Korelilerin genellikle 'katlanabilir gözkapakları' yoktur. Ama imanla sudan içenlerin pek çoğunun aniden katlanabilir gözkapakları oluşmuştu. Ayrıca pek çok insan mide ve deri sorunlarından iyileşmişti.

Kilisemizden peder Sungchil Lee, katlanabilir gözkapaklarını göstermek için üç çocuğunu bana getirmişti. Daha önce hiç birinin katlanabilir gözkapakları yoktu, ama tatlı suyla birlikte katlanabilir gözkapakları oluşmuştu. Başka ülkelerden de pek çok tanıklık geliyordu.

Muan'da ki kuyuda bir boru vardı. Ruhani gözleri açık olan bazı inananlar, Tanrı'nın tahtından gelip borunun çevresini sarmalayan ışınları görebiliyordu.

Bu ışıkların arasından geçen tuzlu su, tatlı suya dönüşüyordu. Sadece Kore'den değil, ama başka ülkelerden de ziyaretçiler

Tatlı su balığı tuzlu su da yüzemez ve tuzlu su balığı tatlı su da yüzemez. Ama her ikisi de Muan tatlı suyunda bir arada yaşarken

geliyordu. Hatta bazıları ruhani gözleriyle ışınları ve suda ki ışığın gücünü görebiliyorlardı.

29 Mart 2000 tarihinde Diyakoz Hyeonju Oh, büyük bir demir tencereden kaynar su alıyordu. Kazayla kaynar su devrilerek boyun ve omuzlarına döküldü.

Göğsünden ve boynundan ciddi şekilde haşlanmıştı. Hemen hastalar için kayıt edilmiş telefon duasını dinledi. İmanla Otomatik Yanıt Sistemini dinlerken, bedeninde ki ısının gitmekte olduğunu fark etti. Daha sonra yanıklardan sızıntı akmaya başladı, ama Muan tatlı suyunu üzerine sürdüğünde bunlar yok oldu.

Üç gün sonra benim duamı aldı. Bir hafta içinde yanıklar kabuk bağladı ve düştüklerinde cildi pürüzsüzdü. Hiçbir yan etki olmadan tamamen iyileşti.

Hayvanlar Bile Muan Tatlı Suyuyla Dirildi

Bu olay dua ettiğim Celile dua evinde gerçekleşti. Tarih Mayıs 2003'tü. Bir güvercin, alman kurdunun yanında dolanıyordu. Köpeğin havlamasına rağmen güvercin korkmuyordu. Endişelenmiştim.

"Köpek bağlı ama biraz daha yaklaşırsa güvercini ısıracak. Neden bu kuş köpeğin etrafında dolanıyor?"

Alman kurdu havlandığında güvercin bir adım geri çekiliyordu. Ama orada dolanmaya devam ediyordu. Sanırım birkaç saat bu şekilde geçti. Köpek havlamaktan yorgun düşmüş görünüyordu.

Dua evinin bekçisinden ilginç bir hikâye dinledim. Birkaç gün önce güvercin bahçeye düşmüş yerde kanat çırpıyordu. Bekçi güvercini gördüğünde, kuş çoktan tüylerinin çoğunu kaybetmiş ve ölmek üzereydi. Göründüğü kadarıyla kuş zehirli bir şey yemişti.

Güvercini kurtarmak istedi. Hem dua etti hem de kuşu Muan tatlı suyuyla besledi. Suyla bir kaç kez beslenen kuş, kuvvetini kazandı ve uçup gitti.

Ertesi günden itibaren ise, güvercin her sabah ziyarete gelmeye başladı. Bahçede oynuyor, ağaçlara konuyor ve akşam olunca gidiyordu. Bazen başka kuşları da getiriyor ve bahçede oynuyorlardı. Bu olay olana dek, dua evine gelen bir güvercine rastlamamıştım.

Bu hikâyeyi dinlemek ve bir kuşun bile şükran duyduğu gerçeği beni duygulandırdı. Kuş minnetini göstermek için oraya gelmeye devam etti. Dağlarda birçok arkadaşı olmalıydı, ama tek başına gelmeye ve orayı terk etmemeye devam etti. Böylece arkadaşlarını da alıp oraya gelmesi için bekçiye bahçeye yeterli yem koymasını istedim.

Jindol, Ölümün Kıyısından 18 Gün Sonra Geri Geldi

Adı 'Jindol' olan Jindo cinsi bir köpeğimiz vardı. Bina sorumlusu Jindol'un tasmasını çıkarır,o da yakında ki dağlara gider ve yarım saat sonra dönerdi. Ancak karlı bir gün geri dönmedi. Birkaç gün boyunca gelmedi. Onu her yerde aradık ama bulamadık.

Tam vazgeçmek üzereydik ki 18 gün gün sonra çıkıp geldi. Kapana yakalanmış olduğunu ve çok acı çektiğini görüyorduk. Boynun çevresine metal bir tel dolanmıştı. Ciddi olarak yaralanmıştı.

Kilo kaybetmiş, bir deri bir kemik kalmıştı. Boynunda hiç tüy kalmamıştı ve teller kemiğine kadar batmıştı. Çamurda bayağı bir mücadele vermiş olmalıydı çünkü baştan aşağı çamura batmıştı. Çalışanlar boynuna Muan tatlı suyunu döktüler. Ayrıca beslenmesi için balık pişirdiler. Onun için çok üzgündüm ve dua ettim.

Genelde beni pek sevmezdi. Arada sırada onu severdim, ama bu sadece dua evine gittiğim zamanlar olurdu. Dolayısıyla beni iyi karşılamazdı. Kendisini besleyenin peşinden bile gitmezdi. Ama bu olaydan sonra Jindol tamamen değişti. Arabamın sesini duyduğu anda sevincini tutamıyor ve kuyruğunu sallamaya başlıyordu. Şimdi ise kendisini besleyen kişinin arkasından gönül rahatlığıyla gidiyor ve herkes tarafından çok seviliyor.

Nasıl insanoğlu sınamalardan geçerek daha olgunlaşıyorsa, Jindol'da evinin değerini kavramış ve sahiplerine şükranla dolu görünüyor. Sahibini terk ettiği takdirde ölebileceği gerçeğini deneyim ettikten sonra, sahibini dinleyen sevimli bir köpeğe dönüştü.

FDA (Amerika Gıda ve İlaç Dairesi) Testleriyle Kanıtlandı

Bazı insanlar, Muan tatlı suyuyla ilgili yanlış anlamalara sahiptir. Kısa zaman önce Kore Medya Yayın Kuruluşu MBC'nin Muan tatlı suyuyla ilgili bir yayını oldu. Taraflı görüşleri sebebiyle, yanlış anlamalar doğdu.

FDA (Amerika Gıda ve İlaç Dairesi), Amerika Birleşik Devletleri Sağlık ve İnsan Hizmetleri Dairesine ait federal bir dairedir. Gıda, ilaç, kozmetik ve gıda katkıları konusunda güvenlik ölçüt ve standartlarını sağlarlar. Onları denetler ve onaylarlar.

FDA, Muan tatlı suyu üzerinde 5 ayrı yerden test yaptı. Bunlar mineral testi, ağır metal testi, pestisid çözelti testi, birincil cilt tahriş testi ve akut ağız zehirlenmesi testidir.

Testlerin sonuçları, Muan suyunun içme suyu ve genel insan bedeni için güvenli olduğunu göstermiştir. İnsan bedeni için gerekli olan mineraller hususunda özellikle zengin bulunmuştur. Kalsiyum oranı ise istisnai oranda zengin çıkmıştır. Bu oran Fransa ve Almanya'da bulunan kuyulardan üç kez daha fazla bir orandı.

Muan tatlı suyunun mükemmel bir su olduğu böylece kanıtlanmış oldu. Hatta ruhani açıdan Tanrı'nın gücünün su da olduğunu düşünerek içenler ilahi şifa işlerine tanık oldular.

Tenkit Edercesine "Tatlı şarapla dopdolu" Demiş Olanlar

Rab'bin dirilişinden sonra Petrus, Kutsal Ruh'u aldı. Petrus, hastaları iyileştirmek ve cinleri kovmak gibi pek çok belirti ortaya koydu. Yahudiler onu ve diğer elçileri kıskanarak zindana attılar. Pavlus'ta bir cini kovmuş, dövülmüş ve zindana atılmıştı.

Şavuot bayramında, ruhla dolu ve yeni dillerde konuşan Rab'bin öğrencilerini gördüler. Şaşkınlığa düşmüşlerdi, ama bunun Kutsal Ruh'un işi olduğunu düşünmediler. Aksine onların tatlı şarapla dolu olduğunu söyleyerek dalga geçtiler.

Aynı şekilde bazı insanlarda Kutsal Ruh'un işlerini tenkit ediyor ve bunların gizemcilik, bir çeşit oyunculuk olduğunu söylüyorlar. Bu tür şeyleri duymak beni çok üzüyor.

Tanrı, benim ilk duamdan sonra tuzlu suyu tatlı suya çevirerek ilk belirtiyi gösterdi. Dağdaki duanın ikinci bölümünden önce bana farklı boyutların bilgeliğini bildireceğini söyledi. Bu, her türlü zor sorunu çözebilme bilgeliğiydi.

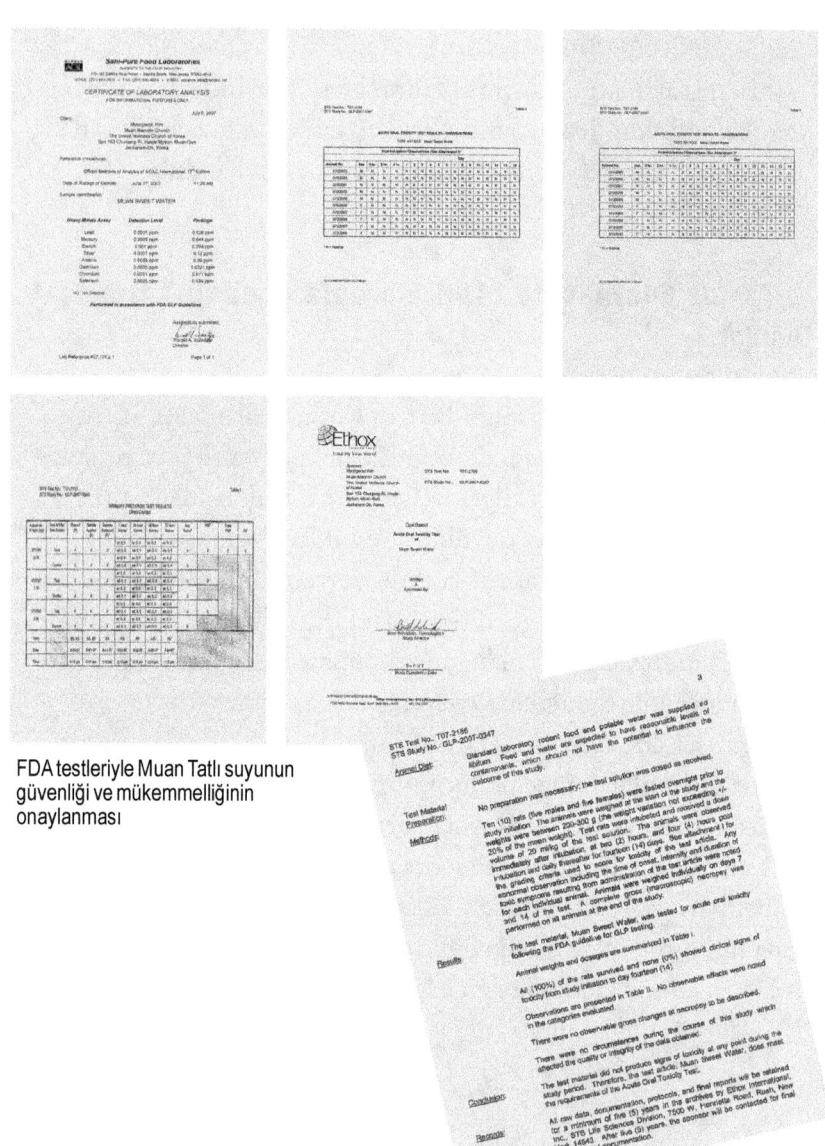

FDA testleriyle Muan Tatlı suyunun güvenliği ve mükemmelliğinin onaylanması

Dağda ki Dualar ve Hayatımı Riske Atma

Tanrı, tıpkı kalça kemiğini kıran Yakup gibi, dağda ki üçüncü dua oturumunda dua etmemi istedi. Ayrıca sanki yüreğim bin bir parçaya bölünecekmiş gibi dua etmeliydim. Tanrı, dua esnasında bana Sözünü verdi.

"Canları bu kutsal müjdeyle bir an önce kurtar. Dudakları 'Ya Rab, Ya Rab sana inanıyoruz' der ama içlerinde beni kabul eden imandan yoksunlar. Bana gerçekten inansalardı, bir şey olduğunda hastanelere güvenirler miydi? Dışarından kutsal görünürler, ama içlerinde insanları yargılar, suçlar ve onlara iftira atarlar. Onlar badanalı mezarlardır. Tıpkı bir körün bir diğerine öncülük yapması gibi, sayısız canı ölümün yoluna götüren pek çok Tanrı hizmetlisi ve öğretmenleri vardır. Tez zamanda müjdeyi tüm dünyaya duyur. Onlara kurtuluşu nasıl alacaklarını öğret. Dünyada ki tüm canları uyandır."

Bu, son günlerde çok az insanın kurtuluşu alacak ruhani imana sahip olacağı anlamına gelir.

Tanrı bana Musa'nın nasıl dua ettiğini gösterdi. Sina Dağında su bile içmeden On Emri nasıl dua ederek aldığını açıkladı. Sina Dağında ne su, ne ağaçlar, ne çiçekler ne de şakıyan kuşlar vardı. Tek bir bitkiye nadiren rastlanılan, taşlar ve kumlarla dolu bir çöldü. Musa tek başına dua etti. İlk dualarını ederken, Yeşu ile birlikteydi. Ama On Emri almak için ikinci kez dua ettiğinde, yalnız dua etmek zorundaydı.

80 günün sonunda Musa'nın iyi beslenmiş bir adam olduğunu düşünülemez. Üstü yırtık pırtıktı ve dizleri üzerinde gece-gündüz tüm içtenliğiyle dua etti. Avuçlarından kan damlıyordu ve dizleri kemiklerini ortaya koyacak şekilde aşınmıştı. 40 gün boyunca böylesi bir acıyla gece-gündüz dua etti ve Tanrı'nın yanıtı olan On Emri aldı.

Tanrı'nın emirlerini almak ve O'nun Sesini duymak kolay bir şey değildir. Kişi kendini tamamen arındırmalı ve itaat eder kılmalıdır. Dağda ki duanın üçüncü bölümünü bitirdiğimde, Tanrı bana hayatımı risk edercesine dua ettiğimi söyledi. Bana ruhani dünyanın bazı sırlarını ve gelecek şeyleri öğretti.

Yuhanna 14:12 ayetinde ki söze sıkı sıkı tutunarak, İsa'nın sözünü ettiği işlerin daha büyüklerini yapabilmek için gücün ve ilhamın iki katını almak için dua ettim.

Çünkü dünya günahlarla dolu olduğunda Tanrı'nın gücü ve net ilhamı son günlerde büyük elzem taşıyacaktır. Ayrıca putların ve tüm dünyada yayılan darvinizim düşüncesinin yıkılmasını görmelerine rağmen hala inanmayanları da kurtarmak içindir. Tanrı bu duadan hoşnut kaldı ve gerçekleşeceği vaadini bana verdi.

Mayıs 2000 Diriliş Toplantısının hemen öncesinde Nisan ayının sonlarına doğru, dördüncü adak dua oturumuna başladım. Tanrı ailem ve kilisemde dâhil olmak üzere bana hiç bir şey düşünmememi söyledi. Sadece gökleri ve Baba Tanrı'yı düşünerek gece-gündüz yakararak dua ettim.

Sıklıkla bulutları seyrederek geceleri ayı ve yıldızları ve gündüzleri ise güneşi izleyerek Tanrı'nın sevgisi ve takdiri ilahisini daha çok öğrendim. Tanrı bana ruhani dünyanın sırları ile ilgili pek çok şey öğretti. Daha derinlemesine göksel egemenliği ve cehennemin kontrolünü ellerinde tutan kötü ruhları öğretti.

Dördüncü adak duası bittikten sonra, Tanrı ortaya konacak gücü Iguaçu şelalesine benzetti. Eğer inananlar kıt bir iman gösterseler dahi onları yanıtlayacaktı. Mayıs ayı diriliş toplantısında her hasta üzerine elimi koymadım, ama kürsüden hepsi için dua ettim.

Sadece bir dua ile çeşitli hastalıklar şifa buldu, gözler iyi görmeye başladı ve pek çokları tekerlekli sandalyelerinden kalktı. Sadece şükranlarımı sunabiliyordum.

Göklerde Biriktirilen Ödülleri Mahvetmeyin

2 Haziran 2000 yılında Cuma tüm gece boyu dua ayini için evimden ayrılmak üzereydim. Kilise ihtiyarlarından Jongkyoo Lee'yi gördüm. Ciddi olarak hastaydı. Onu gördüğümde şifa bulması için değil, ama kurtuluşu için dua etmem gerektiğini anladım. Bir şeyden öylesine çok korkmuştu ama konuşamıyordu.

İlham yoluyla, meleklerle kötü ruhların onu kendi taraflarına çekmek için mücadele verdiklerini gördüm. Bu, böyle bir durumda kurtulmasının çok zor olduğu anlamına geliyordu. Şeytan, onu cehenneme almak için Tanrı'nın huzurunda ona suçlamalar getiriyordu.

Durumun ciddiyetini kavradım ve "Tüm kötü ruhlar, havanın hükümdarları hemen uzaklaşın! Baba bu ruhu kabul et!"

Çevremdekiler şaşkınlık içindeydi ve benden onun şifa bulması için dua etmemi istiyorlardı.

Bir tanesi, "Sayın peder bu adam uzun yıllar boyu gönüllüler ekibinin liderliğini yapmıştır. Gönüllüler ekibinin önümüzde ki günlerde vereceği ibadet hizmetlerine katılmak zorundadır." dedi.

Bunun üzerine, "Duamı duymadın mı? Söylenildiği gibidir." diye cevapladım.

Duayı aldıktan sonra yaşlı adamın yüzüne huzur geldi ve gözyaşları yüzünden süzüldü. Tasavvur dahi edilemez bir acının ortasında huzura kavuşmuştu. Ailesine cenaze işlemlerini başlatmalarını söyledim. Uzun yıllar boyunca gönüllüler ekibinin liderliğini yaptığını söyledikleri için tüm kilise çalışanlarından cenazesi için ellerinden gelenin en iyisini yapmalarını istedim.

İşte kilise için çalışmış, ama güç bela kurtuluşa nail olmuş bir vakaydı. Bir sonra ki gün olan 3 Haziran'da vefat etti. Tanrı bana kurtulan insanların yukarı ölüler diyarında beklemekte olduğunu gösterdi. Bir sürü insan sırada bekliyordu ve o da başını eğmiş duruyordu.

"Niçin başını eğdiğini biliyor musun? Çünkü o, senden sözün ruhani gıdasını yiyen bir Manmin üyesi."

Manmin'in bir üyesi olarak yaşam sözünü duymuştu. İhtiyar ve gönüllüler ekibinin de lideriydi. Göğün üçüncü katı ya da Yeni Yeruşalim gibi çok daha iyi bir yere gitmiş olması gerekirdi. Ama güçbelâ kurtulmuştu. Diğer bir deyişle, utanç dolu bir kurtuluşa sahip olmuş ve sadece cennete gidebilmişti. Bu sebeple başı eğikti. Tanrı bana kurtulduğu için şükranla gözyaşlarını akıttığını ve tekrar karşılaşana dek benim için dua edeceğini söylediğini bildirdi.

Öyleyse neden böylesi sadık bir çalışan son anda böylesi utanç verici bir kurtuluşa nail oldu? Tanrı bana bu durumu şöyle açıkladı:

Kilisemiz üç testle yüz yüze kaldığında, gönüllüler ekibinin lideri olarak herkesten daha çok pederlere ve üyelere yakın olması gerekiyordu. Oysa yalan yanlış beyanlar ve kötü insanların iftiraları karşısında sarsılmıştı.

Üyelere gerçeğe aykırı olan şeyleri görmemelerini, duymamalarını veya yaymamalarını öğretmiş ve bunun önemini vurgulamıştım, ama o buna itaat etmemişti. Kiliseyi yıkmaya çalışanlara kulağını tıkamadı, onları dinledi ve yüreği sarsıldı.

Hatta 1999 medya kuruluşu olayında dahi kiliseyi ve çobanını koruması gereken bir pozisyondaydı, ama o kötü insanlar tarafından kandırıldı ve vazifesini yerine getirmedi. Tanrı'yı bu şekilde hayal kırıklığına uğratmış olmasından dolayı, Tanrı'da onu korumadı. Göklerde biriktirdiği ödülleri artık yitip gitmişti ve kurtulması bile çok zordu.

Bu durumdan dolayı şeytan, onu cehenneme alabilmek için suçlamalar getirdi, ama aynı zamanda onu göklere almak isteyen meleklerde vardı. Böylesi bir durumda olmak onun için çok acı vericiydi. Düşman şeytanı uzaklaştırmak için dua ettiğimde, kötü ruhlar gitti ve böylece kurtuldu.

Aynı şekilde eğer biri Tanrı'nın sevdiği bir kiliseyi veya pederi sapkın diye suçlarsa, bu, Kutsal Ruh'a küfür etme günahıdır. Eğer biri bu tip bir günah işlerse, tövbe etse bile bağışlanmaz. Kurtulması çok zordur ve biriktirdiği ödülleri yok olur gider.

Bu yüzden, sözü tutmalı ve kurtuluşumuzu saygı ve korkuyla etkin kılmalıyız (Filipililer 2:12).

Kuzey Kore ile İlgili Kehanet

13 Haziran 2000'de Başkan Kim Daejung, Kuzey Kore Pyong-yang'da ki Soon Ahn havalimanına vardı. İlk kez bir zirve toplantısı için Kore Cumhuriyeti'nden bir Cumhurbaşkanı Kuzey Kore'yi ziyaret ediyordu.

Aralık 1983'te üç senenin bitiminde Güney Kore'nin Kuzey Kore ile iletişime geçeceği kehanetinde bulundum. Bu, tam da Kuzey Kore'nin Myanmar'da ki Kuzey Kore milletvekillerine terör saldırısı yapmasından ve tüm ilişkilerin askıya alınmasından sonraydı. Eğer biri Kuzey Kore'ye yönelik hükümet politikalarına ters düşen bir şey söylerse, bunun anlamı 'Ulusal Güvenlik Yasası' nı ihlal etmek demek oluyordu.

Terörist saldırı Cumhurbaşkanı Doohwan Chun altı ülkeyi ziyaret ederken gerçekleşti. Myanmar ilk ülkeydi. Aung San'ın mezarını ziyaret ederken büyük bir patlama olmuş ve Cumhurbaşkanının yanındakilerden 17 kişi ölmüş ve 14 kişi ise yaralanmıştı.

Bu saldırıyı planlayanın o zaman ki Kuzey Kore lideri Kim Il Sung olduğu öğrenildi. Güney-Kuzey ilişkileri tamamen donduruldu.

Ancak 3 sene sonra, 1987 yılının başlangıcında Güney-Kuzey Kore Siyasi ve Askeri Görüşmeler, Güney-Kuzey Kore Cumhurbaşkanlarının görüşmeleri ve askeri güçlerin azaltılması konularında öneriler gelmeye başladı. Ayrıca 1990 yılının ilk yarısında Güney ve Kuzey Kore ilişkilerinin çok daha iyi yönde gelişeceğini ve gittikçe de gelişeceği üzerinde kehanette bulundum.

O yılın Eylül ayında, ilk Güney ve Kuzey Kore yüksek makamları arasında görüşmeler Seul'da oldu. Ekimde Kuzey ile Güney Kore arasında bir futbol maçı gerçekleşti ve insanlar olayların beklenmedik bir şekilde değişmiş olması karşısında hayretler içindeydi. O zamandan beri Sportif görüşmelerde olmak üzere iki ülke arasında ikili görüşmeler bu yıl bile devam etmektedir.

Kilisenin açılmasının hemen ertesinde Tanrı bana Kuzey ile Güney Kore arasında zirve toplantısı yapılacağını ve durumun sonunda nasıl değişeceğini bildirdi.

Rab bana, Kuzey ile Güney Kore arasında bir Cumhurbaşkanı seçilmesi üzerine görüşmeler olduğunda, bunun Kendisinin kapıda olduğu anlamına geldiğini söyledi. Diğer bir deyişle bu olaylar, Rab'bin gökyüzünde görünmesiyle yakın ilişki içinde olduğu anlamına gelir.

Kehanet Edildiği Gibi Zirve Toplantısı

Tanrı 1983 yılında bana bildirdiği gibi, Güney-Kuzey Kore Zirve Görüşmeleri 15 Haziran 2000 yılında gerçekleşti. Bu görüşmelerden hemen önce, 4 Haziran 2000 yılında, zirve toplantısıyla ilişkili ileride neler olacağını ilan ettim. "Bu görüşmede Kuzey Kore'nin kendi gündemi var. Bizi temsil edenler aldanmamalı. Bir neden ekonomi ama bu çok küçüktür. Siz üyelerimizi dua etmeye davet ediyorum."

11 Haziran Pazar ayininde Tanrı'nın benden bilmemi istediklerini açıkladım. "Görüşmeler yürütülecek. İlk görüşmeler gayet dostane bir tavırla yapılacak. Yürüyüşe çıkacak ve hatta şakalar bile yapacaklar. Pek çok siyasi, ekonomik ve sportif takaslar olacak. Ancak ikinci görüşmelerden sonra farklı gündem maddeleri yüzünden cumhurbaşkanı zorluklarla karşılaşacak. Lütfen zorlukları önlemek için dua edin. Burada 'yürüyüşe çıkacak' sözünden kasıt, iki liderin yakinen ve dostça konuşacakları anlamına gelir."

Aslında 13 Haziran'da Cumhurbaşkanı Kim Daejung, Pyong-yang'a vardığında, Kim Jong-il Onu karşılamak üzere havaalanına gelmişti. İnsanların pek çoğu ikili görüşmelerinin zor ve güç geçeceğini ummuşlardı.

Ama cumhurbaşkanının ziyaretinde, Kim Jong-il, Cumhurbaşkanı Kim Daejung ile yürüyerek çok dostane bir tavır sergilemişti. Güney'deki insanları bu durum şaşırtmıştı. Hatta hareketleri Güney Korelileri büyülemişti. Hatta ve hatta 'Kim Jong-il şoku' veya 'Kim Jong-il Sendromu' gibi sözler havada uçuşuyordu.

Tıpkı Tanrı'nın bana söylediği gibi, ikili görüşmeler çok dostane bir havada gerçekleşti ve daha fazla görüşmeler yapılacağı vaadini verdiler. İlk görüşmeler esnasında insanlar duygulanmıştı. Bu havadan dolayı tüm ülke mutluluk içindeydi.

Saklanan Detaylı Planlar

Cumhurbaşkanı Kim Daejung, Kuzey Kore ziyaretinden 16 Haziran tarihinde döndükten sonra, 18 Haziran Cuma gece boyu ayinlerinde Tanrı'nın benden bilinmesini istediklerini açıkladım. Kuzey Kore dostane bir tavırla yaklaşmış ve Cumhurbaşkanını çok detaylı bir planın doğrultusunda karşılamıştı.

Tanrı, Kim Jong-il'in Cumhurbaşkanımız Kim Daejung'u Kuzey Kore'den gönderdikten sonra, güçle tekrar birleşme konusunda gizli bir toplantıya katıldığını söyledi. Güney Kore'den ziyaretlerine gelen her kişiyi tek tek incelediler ve hangisinin Kuzey'e daha çok yardımcı olacağını analiz ettiler.

Güneyliler, Kuzeylilerin dostane tavırlarıyla aldatılırken ve barışçıl bir birleşmenin hayallerini kurarken, Kuzeyliler güç kullanarak iki ülkeyi birleştirmenin planlarını yapıyordu.

Tanrı, Kim Jong-il'in Güney Korelilerin zihinleri Cumhurbaşkanı Kim Daejung'u karşılamasıyla tutsak aldığını bildirdi. O zamana kadar Güney Korelilerin Kim Jong-il ile ilgili olumsuz bir görüşleri vardı. Ama bu toplantıyla bu imaj olumlu bir havaya dönüşmüştü. Yani, Kim Jong-il, hedeflerini başarıyla gerçekleştirmek için Güney Kore insanlarının zihinlerini tutsak etmeyi başarmıştı.

Tanrı ayrıca bana 'Güneş Işığı Politika' sının iyi sonuçlar vermeyeceğini de bildirdi. Kuzey Kore, yardımı aldığında sadece geçici bir süre işbirliğinde bulunacaktı. Dışarıdan dost görünüyorlardı, ama içleri tamamen farklıydı. Bu söz gerçekleşti. Kuzey, kendi planları doğrultusunda nükleer silahları hazırlamaktaydı.

Kilisemi açtıktan kısa bir süre sonra, Tanrı bana Kuzey Kore'nin de bir gün açılacağını bildirdi. Ve o gün, Amerika ve diğer ülkelerin baskısıyla gerçekleşmeye yakındır. Şu an için, Kuzey Kore'de ki misyonerlik faaliyetleri için hazırlanmakta olan pederlerimiz ve peder olmayan üyelerimiz mevcuttur.

Ancak Kuzey Kore'nin açılma süresi kısa süreli olacaktır. Sistemlerinin tehdit altında olduğunu hissederek kapıları yine kapayacaklardır. Kapanmadan önce ülkelerinde ki tüm yabancıları uyaracaklardır. Pek çok misyonerlik kuruluşu ülkeyi terk edecek, ama bazıları sonuna dek müjdeyi duyuracak ve şehit olacaklardır.

5. Bölüm

Suyun Denizi
Kaplaması Gibi

Tam Anlamıyla Uluslararası Misyonerlik Faaliyetlerinin Başlangıcı

Kilisenin 70 metrekarelik küçük bir yerde kapılarını Temmuz 1982 yılında ilk açtığında, birkaç kilise çalışanıyla birlikte dünya misyonu ve Tanrı tarafından bir görüm olarak verilen Büyük Tapınağın inşası için dua etmiştim. Yeni Bin Yıl'a doğru ve Tanrı'nın takdiri ilahisinde onyedi sene sonra dünya misyonu tam anlamıyla başladı.

Kutsal Kitap'ın Elçilerin İşleri bölümünde, erken kiliseler döneminde ki Yeruşalim'in büyük dirilişini görebiliriz. Kiliseler zulümler had safhaya gelirken, inananlar her yere yayılmıştı.

Bu zulümlerle inananların imanları daha da güçlendi ve Hristiyanlığın tüm dünyada yayılmasının başlangıcı oldu. Her ne kadar düşman şeytan bozucu olsa da, Tanrı'nın takdiri ilahisi kesinlikle yerine gelecektir.

Açılmasıyla birlikte kilisemiz Kutsal Ruh ile doldu. Pek çok belirti ve harikalar ortaya kondu ve kilisemiz hızla büyüdü. Apaçık, düşman şeytan kilisemizi yıkmaya çabaladı. Her gelen testin üstesinden iman ve sevgiyle geldik ve Tanrı bize gittikçe güçleşen büyük bir güç verdi. Temmuz 2000 yılında Uganda'dan başlamak üzere dünya misyonuna tam anlamıyla başladık.

Dünya Misyonunun Başlama Noktası Olan Uganda

Uganda her ne kadar "Afrika'nın İncisi" olarak adlandırılsa da, Tanrı'nın lütuflarına öylesine çok ihtiyacı vardır. Fakirlik, hastalıklar ve iç savaşlar gibi pek çok tehlikeler kol geziyordu. İstatiksel açıdan tüm nüfusun %30'u HIV pozitifti ve çok çabuk yayılıyordu.

Uganda'da ki Hristiyanlar, İslam'ın tüm dünyada yükselişi karşısında ayrıca tetikteydi.

Uganda Birleşik Misyonunda konuşurken Tanrı'nın niçin beni bu ülkeye gönderdiğini hissedebiliyordum.

Londra-Nairobi uçağında, pencerenin gerisinde dairesel bir gökkuşağı vardı. Olağanüstü bir gökkuşağıydı. Uçağın şekli bu dairesel gökkuşağının içindeydi. O andan itibaren ne zaman misyonerlik çalışmaları için bir başka ülkeye gitsek, gökkuşakları belirdi. Üçlü dairesel gökkuşakları, düz gökkuşakları ve diğer pek çok gökkuşağı belirdi.

4 Temmuz 2000 tarihinde, misyonerlik delegesiyle Uganda'ya vardım. Cumhurbaşkanı'nın din ilişkileri Sekreteri, Kampala şehri Belediye Başkanı ve Uganda Adalet Bakanlığından Bay Jehoah Nkangi olmak üzere pek çok siyasi ve dini liderler bizi

havalimanında karşılamaya geldi. Geleneksel kıyafetleri içinde ki yerel halk, bizleri heyecanlı dansları ve alkışlarıyla karşıladılar. Havalimanından otele giderken pek çok insan bizlere el sallıyordu. Ayrıca bu seferle ilgili dev duvar posterlerinin asılmış olduğunu görebiliyordum. Televizyonda pek çok kez halka duyurulmuştu ve yerel basın da oldukça ilgiliydi.

Kampala Nile Otel'de basın konferansı düzenledik ve içinde CTV'de olmak üzere pek çok basın mensubu geldi. Onlara Tanrı'yı yüceltmek için körlerin görmeye, sakatın yürümeye başlayacağına ve pek çok mucizevî işlerin ortaya konacağına söz verdim.

Ama seferimizin reklamı yapılırken, düşman şeytan ve ibliste bunu bozmaya çabalıyordu. Bazı Koreli misyonerler yoluyla sahte söylentiler yayıldı. Ayrıca bu seferin durdurulması için bazı basın mensuplarını harekete geçirdiler.

Ancak Afrikalıların Tanrı'ya olan samimi imanı, Koreli misyonerlerin beklentisinden çok farklı etki gösterdi. Çalışmamızı durdurmayı amaçlayan işleri faaliyetlerimizin daha da yayılmasına ve çok iyi bilinmesine yol açtı. Sadece hükümet görevlileri değil, ama ayrıca pek çok basın mensubu büyük bir ilgiyle bize geldi.

Kilise Liderlerinin Konferansı

5 ve 6 Temmuz'da Kilise Liderleri Konferansı, Kampala Uluslararası Konferans Salonunda gerçekleşti. Sadece Uganda'dan değil, ama ayrıca Kenya ve Tanzanya'da ki pederlerde konferansa kayıldı. Binlerce pederin coşkusuyla dolup taştı. Hatta koridor kenarları bile dolmuştu.

'Tanrı'nın Kutsallığı' başlığı altında bir vaaz verdim.

Dikkatlice dinlediler ve vaazın ortasında Tanrı'nın belirti ve harikaları anlatıldığında, alkış ve tezahüratla Tanrı'yı yücelttiler. Tanrı'nın bu işlerini kendileri bizzat deneyim etmiş gibi sevinç içindeydiler.

Onlar Tanrı'nın işlerini dinlerken, garip bakışlarla etrafa göz gezdiren pek çok Koreli vardı ve bunların anlatılmasına mani olmaya çabaladılar. Ancak Uganda Kore'den çok farklıydı. İnsanların Tanrı'nın sözünü olduğu gibi alan saf yürekleri vardı.

Birleşik Misyon Şifa İşleriyle Patladı

Ertesi sabah üç gün olmak üzere Birleşik Misyon Nakivubo stadyumunda başladı. İlk gün 70.000 kişi katıldı. Başpapaz Grivas Musisi'nin duyurularıyla açıldı ve bende Yaratıcı Tanrı başlığında bir vaaz verdim.

Vaazım hem İngilizce'ye hem de yerel Uganda diline çevrilmişti. Aslında vaazın orijinali takribi 20 dakikaydı.

Vaazdan sonra hastalar için 5 dakika kadar dua ettim. Her ne kadar kısa olsa da, ilk günden itibaren şifa işleri gerçekleşti. Sahnenin altında yatan bir bayanı görebiliyordum ve kıpırdayamıyordu.

Aile üyeleri olduğunu düşündüğüm bazı insanlar onu sarstılar, ama o bayan bir ceset gibi durmaya devam etti. Ancak dua bittikten sonra ayağa kalktı ve sahneye çıktı. İnsanlar bunu görünce çok heyecanlandılar.

Bacağındaki yanıklardan dolayı yürüyemeyen bir kız yürümeye başladı. Bir bacağı diğerinden kısa olan bir kişi doğru düzgün yürümeye başladı. Tüm bunların yanı sıra, AIDS, cilt kanserinden iyileştiklerini söyleyen insanlar tanıklık etmek için akın etti. Tanrı'nın pek çok diğer mucizeleri de ortaya kondu.

İkinci ve üçüncü günde Tanrı'nın daha da güçlü işleri ortaya kondu. İnsanlar değnek ve bastonlarını atıp öne doğru ilerledikçe insanların kendilerine has tezahüratları salonda yankılandı. Fotoğraf ve diğer basın muhabirlerinin flaşları arka arkaya patlıyordu ve bir muhabirin sesi onca sesin arasında yankılandı.

14 yıl boyunca değnekle yürüyen biri değneklerini attı. Kör görmeye başladı. Kanser yüzünden yürüyemeyen bir adam vardı, ama artık yürüyordu. Konuşamayan ve yürüyemeyen altı yaşında ki bir erkek çocuğu artık hem konuşabiliyor hem de yürüyordu.

CNN'de Haber Yapılması

Şifa bulduklarının, tezahürat ve mutluluklarının tanıklıklarıyla stadyum adeta insanların heyecan ve duygularının kaynaştığı bir pota haline döndü. Bazıları mendillerini sallıyor ve diğerleri dans edip sandalyelerini kaldırıyordu.

Bu toplantı, Uganda ulusal televizyonu ve ayrıca WBS tarafından canlı yayın olarak aktarılmıştı. Her gün dört ayrı kanalda haber olarak verildi ve farklı radyo kanallarında yayınlandı. Hatta CNN ve İngiltere'den bir medya kuruluşu da haberleri derledi ve yayınladı.

"Dr. Jaerock Lee, Tanrı'nın gücüyle İsa Mesih'in belirti ve harikalarını göstererek Tanrı adamı olduğunu ispatlamıştır. Bunlar sadece Tanrı'dan gelen belirti ve harikalardır..."

Hatta toplantımız sona erdiğinde dahi, CNN Tanrı'nın gücüyle ilgili üç kere daha yayın yapmaya devam etti. Tanrı, işleri

CNN haberi

önce başka ülkelerde bilinsin diye böyle bir plan yaptı. İyileşenler, aldıkları şifanın tanıklığını yaparken, diğerleri Tanrı'nın işlerini görerek iman sahibi oldular. Dua almak için yanlarında pek çok peşkir getirdiler.

Dua istek ve resimlerin olduğu yığınla mektup oluştu. Her biri için dua edecek zamanım yoktu. Dolayısıyla hepsi için bir dua ettim. Ve sonra dua almak için başka bir grup başka bir mektup yığını daha getirdi.

Uganda'nın kilise liderleri, saf ve yaşayan vaazı dinleyip Tanrı'nın gücünün inkâr edilemez işlerine şahit oldular. Yeni bir imana sahip olduklarını ve güçlendiklerini dile getirdiler.

Seferimizin ertesinde pek çok peder bana geldi ve bu seferin sekteye uğraması için yaptıkları işlerden tövbe etmek

için dizlerinin üzerine çöktüler. Ayrıca seferi düzenleyen organizatörlerden, pek çok bu tür tövbe telefonları aldıklarını duydum. Tanrı adamı olduğumu anlamadıklarından ve bölmek istediklerinden, şimdi bunu düzeltmek için ne yapmaları gerektiğini öğrenmek istiyorlardı.

Tanrı'nın Gücünün İşlerini Kabullenme

22 yaşında ki bir Müslüman kız, bedeninin alt bölümü felç olduğundan yürüyemiyordu, ama bu sefer esnasında şifa buldu. Bazı İslam otoriteleri, bu kız ve sefer sırasında şifa bulması

hakkında konuşulmasını yasaklayan fetva verdi. Ancak bu kızın şöyle dediğini duydum: "Bu toplantıya katıldım ve iyileştim. Şimdi bununla ilgili konuşmalıyım."

Ugandalıların yürekleri yoksuldu ve kutsal müjdeyi ve Tanrı'nın gücünü saf yürekleriyle kabul ettiler. İster pederler olsunlar, isterse dinle ilgisi olmayan insanlar olsunlar, çevrelerinde şifa bulan biri varsa, kendileri şifa bulmuş gibi sevinç duydular. Toplantı bittikten sonra bile insanlar uzun bir süre dağılmadı. Onların saf ve iyi yüreklerinden duygulanmıştım.

Bir kişi ruhani gözleriyle bir şey gördü. Toplantının yapıldığı yerin atlılarla, ateşten savaş arabalarıyla dolu olduğunu gördü (2. Krallar 6:17). Tanrı, düşman şeytanın işlerini böyle uzaklaştırmıştı. 'Atlılar ve ateşten savaş arabaları', göksel ordunun orada olduğu anlamına gelir.

Toplantının ertesinde Ugandalılar için dua ederken, Tanrı bana onların tüm yürekleriyle ilahiler söyleyeceğini, Tanrı'nın sözünü fazla bilmediklerini bildirdi.

"Bu ülkenin insanları Tanrı'yı yüceltmek için tüm yürekleriyle ilahiler söyleyecekler. Onlar ilahilerin içinde ki Tanrı'yı biliyor ama Söz'ün içinde ki Tanrı'yı bilmiyorlar. Bu sefer onların Söz'ün içinde ki Tanrı'yı çok iyi şekilde anlamalarını sağla."

Tanrı'nın Sözü ve toplantılarda sergilenen Tanrı'nın gücünün işleri, çeşitli medya ve basın yayın organları tarafından duyurulmuştu. Uganda kiliseleri bu yolla birleşmiş ve güçlenmişlerdi.

Nagoya Seferinde On Sağır ve Dilsizin Şifa Bulması

Uganda seferinden sonra Tanrı bizi Japonya'ya yönlendirdi. Japonya'da pek çok put vardır ve Hristiyan nüfusu %1 kadardır.

Kilisemizde 1992 yılında gerçekleştirilen Kore-japon İttifak Seferi sırasında duygulanmış bazı pederler vardı. Sürekli bir paydaşlık ve misyonerlik desteği tesis etmeyi istediler. Japonya'ya ilk misyonerlik grubumuzu 1994 yılında gönderdik ve kilisemizin bir şubesini açtık. Japonya'da ki misyonumuzun başlangıcı böyle oldu.

Nagoya seferimize 14 Eylül 2000 tarihinde başlamayı planlamıştık, ama ayın 11'den itibaren tayfun yüzünden bardaktan boşanırcasına yağmur yağıyordu. Haberler, Nagoya şehrine sel bastığını gösteriyordu. Tayfunun Kore'ye doğru geldiğini söylüyorlardı.

30.000'den fazla ev Japonya'da sular altında kalmıştı. Nagoya şehri, 17.000 kişinin şehri boşaltması için tahliye kararı yayınladı. Şehrin tüm işlevleri durdu. Seferin olacağı hafta, Nagoya'da şiddetli yağmurlar olacağına dair uyarılar vardı.

Ancak 13 Eylül'de Japonya'ya vardığımızda, şiddetli yağmur kesildi ve şehirde ki su çekildi. Daha önceden planlandığı gibi 14-15 eylül tarihleri arasında gerçekleştirilecek Nagoya seferimizi tatlı bir sonbahar günü yapabildik. Kilisemizin Nissi Orkestrası, onlar için yüksek kalitede Hrıstiyan kültürü gösterisi icra etti. Bu seferin bir özelliği de, toplantıya 13 dilsiz-sağırın gelmesiydi. Onlara işaret dilinde çeviriler yapıyorduk ve vaazı dikkatle dinliyorlardı. İkinci gün ki duayla bu 13 kişiden 10'u Tanrı'nın şefkatiyle bir anda iyileşti. Onların sevinci ve kendi tanıklıklarını duyabilmeleri gerçekten çok dokunaklıydı.

Nishio Shenbiro, yüreğinden taşıp gelen sevincini kontrol edemiyordu. Doğduğundan beri hiç duymamıştı ve bu seferden iki sene önce kulaklarında çınlama başlamıştı. Ancak şimdi hem bu çınlama gitmiş hem de azar azar duymaya başlamıştı.

Bir Şehidin Ruhuyla Pakistan'dan Ayrıldım

Pakistan nüfusunun %97'si Müslüman'dır. Anayasal anlamda din özgürlükleri olsa da, Hristiyanların yüzleştiği çeşitli dezavantajlarda var.

Şiddete maruz kaldıkları gibi bazen öldürülebiliyor, ama haklarını arayamıyorlar. Müslümanların arasında ki farklı grupların bombalamaları devam ederken, bir Hristiyanın şansı ne olabilir?

Gerçekten de şehitlik için hazırlanmalıydım. Bu sefer için dua ettiğimde, Tanrı bana, *"Sefer düzenlenene dek birçok zorluklar olacak. Ama yüksek konumda bir görevliyi sana yardım etmesi için yollayacağım. Bu yüzden endişelenme. Sefer, kazasızbelasız gerçekleşecek ve Beni çokça yücelteceksin"* dedi.

16 Ekim 2000'de Pakistan'a uçuşum sırasında penceremden oldukça net 4 katmanlı dairesel gökkuşağını görebiliyordum.

Tanrı'nın bu gökkuşağını bana göstererek, 4 günlük

Pakistan seferini, Tanrı'nın gücünün ışığının dört seviyesiyle bana garantileyeceğinin farkına vardım. Bizleri havalimanında pederler, seferi düzenleyen organizatörler ve basın muhabirleri bekliyordu.

Peder Wilson John Gil'in kızı Cynthia, beni bir demet çiçekle karşıladı. (Cynthia'nın tanıklığını 3. bölümde anlatmıştım). Büyümüş ve sağlıklı bir genç bayan olmuştu.

Lahor şehrinde seferimizle ilgili birçok duvar posterleri yapıştırılmıştı. Ayrıca medya aracılığıyla duyurulmuştu. Duvar posterleri kâh orada kâh burada Müslümanlar tarafından parçalanmıştı. Hatta ve hatta bombalama tehdidi bile vardı.

18 Ekim'de organizatörler Avari Uluslararası Otelde hoş geldiniz ziyafeti düzenlediler. Aralarında S.K Tresler (Pakistan Azınlıklar Bakanlığı), Kültür Bakanlığı, Spor ve Gençlik Bakanlığı ve Kültür Bakanlığı olmak üzere pek çok yüksek konumda devlet görevlisi geldi. Ayrıca Punjab Eyaleti Adalet Bakanı ve Yargıtay eski başkanı da oradaydı.

Ziyafetten önce hayal dahi edilemez bir şey oldu. Punjab eyaletinin en önde gelen İslam lideri Bay Abdula, bacakları için dua almak için tekerlekli sandalyede geldi.

Müslümanların Hristiyanlarla temas edilmesine izin verilmez. Dolayısıyla bir Müslüman liderin yanıma gelip benden dua etmemi istemesi, bu kişinin nazarında büyük bir karar olmalıydı. Bu Müslüman lider için dua ederken, İsa Mesih'in bu seferde de ruhani savaşı çoktan kazandığına dair belirtiyi kavradım.

Müslüman bir ülke olduğundan, Pakistan hükümetinin desteği olmadan böyle bir seferi düzenlemek çok zor olurdu. Tanrı, yardım eden elleri önceden hazırlamıştı.

Sağlamca Kapatılan Kapılar

19 Ekim Pederler Konferansının ilk günü sabah 9:00 sularıydı. O sabah konferansın birden bire iptal edildiğini duydum. Tren istasyonu ve konferansın bulunduğu hatta kapatılmıştı. Hükümet için gerekli olan belgeleri çoktan almıştık. Toplantının yapılacağı yere geldiğimizde silahlı polis güçleri bizleri durdurdu. Çalışanlarımız kapıların açılmasını talep ettiğinde, sadece benim arabamın ve arkamda bana eşlik edenlerin geçmesine izin verdiler. Kapılar tekrar kapandı. Polisler, ellerinde tüfek ve el bombalarıyla arkadan gelen otobüsün stadyuma girmesine izin vermediler.

Devlet içersinde ki Müslümanlardan gelen baskı yüzünden, hükümet güvenlik nedeniyle toplantıyı iptal ettirmişti. Stadyumda kapılar kapanmadan önce gelen birkaç yerel peder vardı. İlahiler okuyor ve dua ediyorlardı.

Zaman geçtikçe polis insanlara karşı sertleşmeye başladı. Bu insanların arasında 10 ile 20 saat seyahat ederek gelmiş insanlarda vardı, ama stadyumun yanına bile yaklaşamıyorlardı. Kapıların gerisinde uzaklardan gelen ilahi ve duaların seslerini duyabiliyordum.

Sadece Tanrı'ya güvendim ve dua ettim. Tanrı beni şöyle yanıtladı: *"Bu seferi hiç kimse bozamayacak. Kapılar öğle vakti açılacak."* İnsanlara dönüp, "Konferans öğle saati başlayacak. Endişelenmeyin" dedim.

Aslına bakarsanız hala silahlı polisler dışarıda ve durumda da hiçbir değişiklik yoktu. Ama yanımdaki kişilerde, konferansın öğle saatinde başlayacağını imanla dile getirdiler.

Tanrı'nın Hazırladığı Yardım Eli

Bizler imanımızı böyle dile getirirken, kapılar tam öğle vakti açıldı. Böylece pek çok insan vakur ve elleri havada içeri girdiler. Savaştan galibiyetle çıkmış komutanlara andırıyorlardı. Azınlıklar Bakanlığı konferansın iptal edildiğini duymuştu. Bunun üzerine hükümet görevlilerini arayarak konferansa izin verilmesini istemiş ve kendisi de koşarcasına konferansa gelmişti. Aslında o gün İslamabad'a gitmesi gerekiyordu. Ama haberleri duyunca gezisini ertelemiş ve konferansın bulunduğu yere gelmişti. Konferansın başlamasını dua ve ilahilerle bekleyenlerde neşe içinde konferans salonuna girmişlerdi.

Azınlıklar Bakanı, pederler konferansı için tebrik mesajı gönderdi. İki gün boyunca kilisenin büyümesinin sırları ve 'Çarmıhın Mesajı' hakkında konuştum. Hastalar için dua ettiğimde, bir kız cin tutulmasından kurtuldu. Bir kişinin vücudunda bulunan tümör 14 sene sonra yitip gitti. Duymayanlardan bazıları duymaya başladı. Acılar zincirinden kurtulanların pek çok tanıklığı vardı. Bu haberler hızla ulusal TV kanalarında ve diğer yayın organlarında, ayrıca kulaktan kulağa insanlar arasında yayıldı.

Hatta Konferansın Yapıldığı Yerin Dışında Bile Kalabalık Toplandı

20 Ekim akşam saat 7:00 sularında toplantımız Burt Enstitüsünde başladı. Pederler konferansı başarılı geçtiğinden, insanlar alanları doldurmaya devam ediyordu. Üç gün içinde 10.000 fazla insan hemen her yerde toplandı.

Ülkenin dört bir yanından insanlar tren ve otobüsle akın ettiler. Toplantı yerleri zaten insan seline uğramıştı ve adım atılacak tek bir yer bile yoktu. Salona giremeyenler dışarıda ki hopörler sayesinde vaazı dinliyorlardı. Bazılarının hiçbir şey duyamadıkları için geri döndüklerini duydum. İkinci ve üçüncü gün çok daha fazla insan geldi. Hatta toplantının yapıldığı yerin dışı bile kalabalıktı. Toplantımızın ilk gününü durdurmayı deneyen polisin davranışı da tamamen değişti ve son ana kadar güvenli olarak etkinliğimizi sürdürmemize yardım ettiler.

Silahlı polis güçleri tüm gün boyunca sahneyi ve çalışanlarımızı korudular. Mükemmel bir güvenlik sağlamak için her yerde güvenlik hatları oluşturdular.

Pek çok hükümet görevlisi ve kilise liderleri bu toplantıya katıldı ve gerek ulusal TV gerekse diğer basın organları haber yapmak için hevesliydi. Bu toplantının haberleri hızla Ortadoğu ve diğer Müslüman ülkelerde yayıldı.

Niçin İsa'nın Kurtarıcımız olduğu mesajını duyurdum. Ayrıca ancak İsa Mesih'in adıyla dua ettiğimiz takdirde hastalıklarımıza şifa bulacağımız, göklerde sonsuz yaşamın tadına varacağımız ve tüm sorunlarımızın çözümleneceği üzerinde önemle durdum. Gelenler vaazı dikkatle dinlediler. Vaaz hem Urdu hem de İngilizce dillerine çevrildi.

Binlerce Müslüman bu toplantıya katıldı. Organizatörler bana katılımcıların 50-60% arasının Müslüman olduğunu söyledi. Toplantı da İsa Mesih'e şimdi inananların ellerini kaldırmasını söylediğimde çoğunluğu kaldırdı. Bu, sevinçli ve dokunaklı bir andı.

Üç gün süren toplantının sonunda tüm hastalar için dua

Pakistan Birleşmiş Seferi

ettim. Bir kişinin daha ilahi şifa alması için tüm enerjimle dua ettim. Duayla Tanrı, Kutsal Ruh'un işlerini gösterdi.

Duanın bitiminde ilahi şifa alanların pek çoğu sahneye tanıklık etmek için çıktı. Sahne bir anda dolup taştı. Sayısız insan Tanrı'nın şifa veren işlerini deneyim ettiler. Çeşitli bulaşıcı hastalık iyileşti ve cinler kovuldu. Göremeyenler görmeye ve duyamayanlar duymaya başladı. Doğumunda geçirdiği çocuk felci yüzünden yürüyemeyen bir kız kardeşimiz yürümeye başladı ve 5cm daha kısa olan bacağı normale döndü.

Bu misyonerlik faaliyeti, kilise üyelerimizin orucu, duası ve misyonerlik bağışlarıyla mümkün kılınmıştı. Pek çokları imanla ceplerinde ki 'İki Kuruşu' misyonerlik bağışı olarak verdiler. Tanrı bana bu insanların hem yeryüzünde, hem de göksel egemenlikte güzel ödüllerle, altın ve değerli taşlarla kutsanacağını bildirdi.

Tanrı, Pakistan'da ki seferden hoşnut kaldı ve bundan dolayı bana kilisemizin ve dünyada ki tüm şubelerimizin etrafını yaratılışın ışığıyla çevrelediğini söyledi.

Ayrıca armağan olarak ateşten kılıcı verdiğini söyledi. Yaratılışın ışığı tüm karanlığı uzaklaştırdığında, ateşten kılıç bölecek ve kıracaktır. Bu yolla sözümü garanti altına alacağını söyledi. Örneğin kemiklerin kaynamasını buyurduysam, kemikler birleşecek ve kaynayacaktı. Bunun yanı sıra bizlere yaratılışın işlerinin de olacağını bildirdi.

Tanrı'nın Ölüyü Dirilten Gücü

6 Mayıs 2001 yılında Pazar ayini esnasında güneşin çevresinde ve kilisemizin üzerinde berrak bir dairesel gökkuşağı belirdi. Bu, bir sonra ki gün başlayacak olan 9. İki haftalık Özel Diriliş Toplantımızda Tanrı'nın bizimle olacağının bir belirtisiydi.

Diriliş toplantısı boyunca, dairesel gökkuşakları ve hatta düz gökkuşağı kilisemizin üzerinde pek çok kez göründü. Ayrıca bu diriliş toplantısında oldukça çok şifa işleri ortaya kondu. Örneğin, karınzarına yayılmış kanserle kan kanseri iyileşti.

Japonya'dan Yamazaki Hiromi, diriliş toplantısından önce 10 yıl kadar sırtı 90 derece eğik gezdi. Toplantılara bir hafta boyunca Japonya'dan internet üzerinden katıldı. Hastalar için yapılan duayı aldığında, sırtı normale yakın hale gelmiş ve acısı azar azar durulmuştu.

Şaşırmış ve toplantının geriye kalan bölümlerine bizzat katılmak üzere Kore'ye gelmişti. Dua aldığı 17 Mayıs tarihinde, Kutsal Ruh'un ateşi üzerine geldi. Tüm bedeninde tatlı bir hava esti ve sırtı gayet düzleşti.

Japonya'dan Ueda Hideo'da şeker hastalığı, hepatit ve alkolizmden çekiyordu. Çevresindeki insanların tavsiyesiyle zar zor diriliş toplantısına katıldı. Duayı aldığında, başından çöp süpürülmüş gibi hisse kapıldı ve gücüne tekrar kavuşarak bir başına yürüyebildi.

Tüm Beden Sertleşti ve Buz Kesti

Jaeho Lee, kilisemizin semt pederiydi. 8 Mayıs tarihinde ona bir şey oldu. Ailesi bana durumu anlattı. Sabahın erken saatlerinde birdenbire istifra etmeye başlamıştı. Öğleden sonra saat 14:00 sularında, bedenini daha fazla kontrol edemedi. Diyare ve istifra yoluyla vücudundan sıvı kaybetmeye devam etti ve 17:00 sularında bilincini kaybetti. Sıvı hızla çıktığından, cildi de buruştu. Hatta makat yolu bile açıldı ve kabarcıklı beyaz bir su bedeninden gelmeye başladı. Tıbbi açıdan bunun anlamı ölümdü.

Aslında oldukça sağlıklı bir adamdı, ama birkaç saat içinde tüm bunlar olmuştu. Ailesi, diriliş toplantısının akşam oturumunda kendisini kiliseye getirdiler. Bu haberi duyarsam diriliş toplantısının akşam oturumu etkilenir diye endişe etmişlerdi. Bu yüzden toplantının bitmesini beklediler.

O vakit Peder Lee'nin tüm bedeni felç olmuştu. Ciddi anlamda birçok kas konvülziyonları olmuş ve tamamen bilinci gitmişti.

Gece 23:00'de haberleri duyarak derhal dışarı koştum. Peder Jaeho Lee, arabada bir ölüm sessizliği içinde yatıyordu. Gözbebekleri büyümüştü ve bedeni soğuk ve sertti. Ancak ailesinin ellerimi hatanın üzerine koyduğum anda canlanacağına

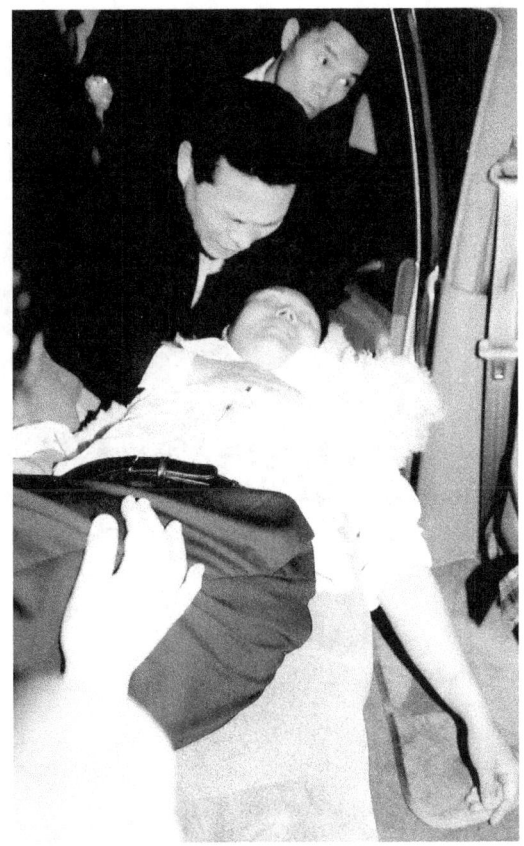

Şuuru kapalı Peder Lazarus Jaeho Lee'ye dua edilirken

dair imanı vardı.

Ölümü bile dirilten Tanrı'ya imanla dua ettiğimde, Tanrı hemen karşılık verdi. Duayı bitirdiğim anda vücudu gevşedi ve bilinci yerine geldi. Beş dakika sonra ise kendi başına kalkabildi. Peder Jaeho Lee, bonus bir hayat sürdürdüğünü söyleyerek

Güney Amerika'da misyonerlik görevinde (Cuzco, Peru'da ki Kongre salonu)

adını 'Lazar'a' değiştirdi. Bu gün bir misyoner olarak Güney Amerika'da hizmet vermektedir.

Kutsal Kitap'ın Yaratılış Bölümü ve Harikalar Üzerine Konuşmalar

Tanrı bana Kutsal Kitap'ın Yaratılış Bölümünü açıkladı. 1 Aralık 2000 tarihinde Yaratılış bölümü üzerine konuşmalar serime Cuma gece-boyu ayinleri esnasında başladım. Bu seri, altı yıl boyunca sürdü. Tanrı, evrende ki her şeyi yaratan olduğundan, zamanın başlangıcından önce ki zamanı bile açıkladı.

Bu gün böylesi seçkin ve gelişmiş bilim ve teknolojiye rağmen, hiç kimse zamanın başlangıcından önce ki şeyleri anlayamaz. Bunları ancak Tanrı bize açıkladığında anlayabiliriz.

Peki, bu açıklamanın gerçek olduğuna nasıl inanabiliriz? Tanrı, Kutsal Kitap'ta yazılan pek çok güçlü işi kilisemizde gösterdikten sonra Yaratılış bölümünü açıklamaya başladı.

İsa şöyle demiştir: *"Sizler belirtiler ve harikalar görmedikçe iman etmeyeceksiniz."* (Yuhanna 4:48). Tıpkı denildiği gibi, bu gün hatta kanıtlarla bile insanlar gerçekten inanmama eğilimindedir ve bu yüzden Yaşayan Tanrı'nın işlerine böylesi büyük bir ihtiyacımız var.

5 Nisan 2001 yılında kilisemizin Kadınlar Misyonu tarafından gerçekleştirilen küçük grup liderleri konferansı vardı. Konferansta özel bir program vardı ve bu programın adı 'Bulutları İzlemek' ti. Aynı yılın Ocak ayında bu konferansı planlamışlardı. Tanrı bizlere yıldızların ve kayan yıldızların pek çok harikalarını gösterdiğinden, aynı zamanda bulutları da izlemeyi planladılar. Bende bu etkinlik için dua ettim.

"Tanrım, konferansta bulutları izleme etkinliği olacak. Bu yüzden lütfen bize bir harika göster."

Tanrı'nın yanıtı şöyleydi: *"Sizlere çeşitli bulutlardan meydana gelen bir panorama göstereceğim."*

Duama yanıt almıştım ve 30 Mart Cuma gece-boyu ayin hizmetinde ve ertesi günkü Pazar ayini esnasında bunu üyelere bildirdim.

"Bulutları izleme etkinliği esnasında Tanrı bizlere farklı şekillerde ki bulutlardan bir panorama gösterecek."

Aslında etkinlik aylarca önce planlandığından o gün havanın nasıl olacağını bilmemizin önceden imkânı yoktu. Gökyüzünün koyu yağmur bulutlarıyla dolu olup olmayacağını bilemezdik. Ama Tanrı beni çoktan yanıtlamış olduğundan hiç çekinmeden dudaklarımla bunu dile getirdim ve etkinlik için dua ettim.

O günün sabah sekizinden itibaren, gökyüzünden berrak dairesel gökkuşağı vardı. Sabah spor salonunda bir konferansımız vardı. Etkinlik ise aynı gün saat 3:00 için planlanmıştı. Ülkenin dört bir yanından gelen binlerce inananla her yer tıklım tıklımdı. Neler olacağının beklentileriyle ayağımı yere bastığımda bulutsuz ve berrak gökyüzünü görebiliyordum.

Etkinlik, bulutları görmek için dua etmemle başladı. Açılış ayinini yapmıştık ve inananlar etrafta yürüyorlardı. O esnada bir koyunun şeklinde ki bulut güneş çevresinden süzülerek yavaşça tüm gökyüzünü kaplamaya başladı. Batıdan Doğu'ya doğru yol aldı.

Hareket eden bulutlar, etkinlik öncesi gökyüzünde zaten olan bulutlar değillerdi. Ama göklerin kapısı açılmış ve bulutlar akmıştı. Koyun şeklinde ki bulutlar tüm gökyüzünü kaplayıp yok oldu. Sonra zaferin sembolü olan 'V' şeklinde bulutlar oluştu. Peygamberlerin görüntüsünde bulutlar şekillendi ve kayboldular.

Kalın bulutlar gökyüzünü kapladığında ve güneşi örttüğünde, güneş tıpkı ay gibi göründü. Kısa zamanda etraf geceymiş gibi karardı. Tanrı bizlere Mısır'da Çıkış esnasında İsraillilere çölde nasıl rehberlik ettiğini gösterdi.

Gökyüzünün halini değiştiren bu harikalar vesilesiyle, göklerin 'pencere' ve 'kapı' ile açılmasını anlamamıza izin verdi. Tanrı tarafından bir ile bir buçuk saatliğine yaratılan öylesine harika buluttan bir panoramaydı. Büyüleyiciydi.

Endonezya'da Peşkir Duası Seferi

19-29 Nisan 2001 tarihleri arasında yardımcı pederleri ve misyoner ekibimizi, Endonezya'nın Iryanjaya eyaletinde ki dört kentte peşkir duası seferi yürütsünler diye gönderdik.

"Öğrencileri de gidip Tanrı sözünü her yere yaydılar. Rab onlarla birlikte çalışıyor, görülen belirtilerle sözünü doğruluyordu." (Markos 16:20).

Misyoner ekip, peşkir duası seferlerini yürüttü ve benim üzerine dua ettiğim peşkirleri kullandı. İnsanlar bende ne zaman peşkirler üzerine dua etmemi isteseler, şöyle dua ederim: "Bu peşkire yaratılışın gücünü aşıla ki, ne zaman birileri imanla dua edecek olsa, ölmekte olan ve hatta ölmüş olan dirilsin" İmanla birlikte bu peşkirlerle dua ettiklerinde, Kutsal Ruh'un güçlü işleri ortaya konmuştur.

Tanrı her oturumda onlara Kutsal Ruh'un ateşli işlerini

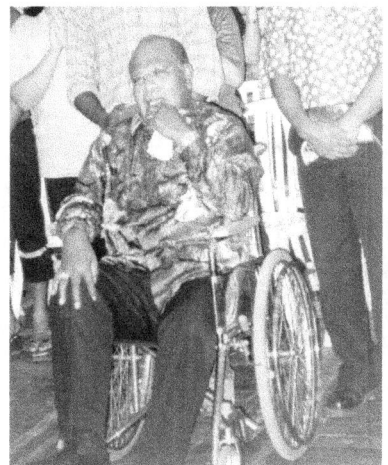

Jacob Patipi'nin tekerlekli sandalyeden kalkması ve peşkir duası sayesinde yürümesi

göstermiştir. Misyoner ekip vaaz verdikten ve peşkirlerle dua ettikten sonra, kötü ruhlar orayı terk etmiştir. Doğumlarından itibaren yürüyemeyen çocuklar yürümüş ve duyamayanlar duymaya başlamıştır. Pek çok belirti meydana gelmiştir. Yerel basında çok dikkatlice izlemiştir. Hatta bir medya kuruluşu, canlı bir programa çıkmaları için misyoner ekimizi davet etmiştir.

Vali, Tekerlekli Sandalyesinden Kalktı

Endonezya'nın Iryanjaya eyaletinin eski valisi Bay Jacob Patipi, o zaman 65 yaşındaydı. 1996 yılında yüksek tansiyon yüzünden inme geçirmiş ve vücudunun yarısı felç olmuştu.

Peşkir duamıza tekerlekli sandalyede katılmıştı. Dört kişinin yardımıyla bile zorla yürüyordu. Ayrıca ne iyi duyabiliyor ne de konuşabiliyordu.

Ama yardımcı pederimiz peşkiri üzerine koyup dua ettiğinde, tekerlekli sandalyesinden kalktı ve yürüdü. Bunun yanı sıra hem duyabiliyor hem de konuşabiliyordu. Peşkir duası seferimiz sona erdikten sonra, Bay Jacob Patipi şimdi normal bir hayat sürdürdüğü için Iryanjaya eyaletinden takdir mektubu aldık.

Uhuru Park'ını Sarsan Kutsal Ruh'un İşleri

Haziran 2001'de Doğu Afrika'nın geçit yolu Kenya'da bir sefer düzenledik. Pakistan seferimizde verilen yaratılışın gücü bu seferde de ortaya kondu. Sefer düzenlenmeden önce, Nairobi'de ki Kenyatta Konferans Merkezinde pederler konferansı yaptık. Tanrı'nın zaman başlamadan önce var olduğunu açıkladım. Ayrıca Lusifer'in isyanını, Cennet Bahçesini ve ruhani dünya hakkında da açıklamalar yaptım. Katılanlar, yaşamın sözüne olan hasretleriyle oldukça dikkatliydiler. Hatta bazıları oturdukları yeri kaybetmemek için öğle yemeğini bile atladı.

Bir sonra ki gün takribi 8000 kişi katıldı. Bu sayı bir önceki günden 2000 kadar fazlaydı. Bunun nedeni bazı pederlerin yalan söylentiler yüzünden işbirliği yapmak istememesiydi, ama bunların pek çoğu bir sonra ki gün konferansa katıldı. Orada uydurma belgeler sunan bazı Koreli misyonerler vardı ve bunlar bu belgeleri kiliselere dağıtarak seferin durdurulmasına teşebbüs

Kenya Birleşmiş Seferi (Uhuru Park)

etmişlerdi.

Sonunda toplantı 29 Haziran 1 Temmuz arasında Uhuru Park'ta gerçekleştirildi. Sahne, tam güneşin karşısındaydı. Güneşe bakarak vaaz vermek kolay değildi.

Tanrı orada da İşini gösterdi. Vaaz vermek için kürsüye çıktığımda, bulutlar hareket ederek güneşin önünü kapamaya başladı. Bulutlar güneşi kaplarken, vaazımı zorluk olmadan verebilirdim.

İnsanlar arka arkaya üç gün boyunca bunun olduğunu gördükten sonra şaşkınlık içinde kaldılar. Hatta ve hatta beni getirip götüren yerel şoför bile bu gördükleri karşısında şaşkınlık içindeydi.

İlk günden itibaren sahne, dua ile iyileştiklerinin tanıklığını yapmak isteyen insanlarla dolup taştı. Uhuru Park, yüz binden fazla insanla dolup taştı.

Bir bacağı diğerine nazaran kısa olan ve yürüyemeyen bir çocuk vardı. Bu çocuk şifa buldu ve sıçramaya başladı. Pek çok insan AIDS ve diğer hastalıklarından iyileşti. Onların çok mutlu olduğunu görerek bende çok mutlu oldum ve ödüllendirilmiş hissettim.

Bir sonra ki gün yerel organizasyon komitesi üyeleriyle öğle yemeğinde buluştuk. Başpapazların pek çoğu Tanrı'nın gücünün ortaya konması karşısında şaşkınlık içindeydiler ve bana Tanrı'nın böylesi bir gücünü nasıl alabileceklerini sordular.

Sakat bir bayanın yürümesi

Aşağıda belirttiğim gibi sayısız yorum aldım:

"Aynı anda pek çok kişinin iyileştiğini ilk kez görüyorum ve onlar için teker teker bile dua etmediniz."

"Kutsal Kitap'ta yazılan iki bin sene önce ki olayları görür gibi hissettim."

"Kutsal Kitap'a tam anlamıyla inanmazdım, ama bu seferin vesilesiyle Kutsal Kitap'ın Gerçekliğinden artık tamamen eminim."

Tanrı'nın tüm hizmetlileri, tıpkı İsa'nın belirtilerin eşlik ettiği sözü doğrulaması gibi Tanrı'nın gücünü ortaya koyma arzusu içindeydiler. Ancak böylesi kısa bir zamanda açıklanması kolay bir şey değildi.

Uçakta Kore'ye dönerken pencereden hem dairesel hem de düz gökkuşaklarını görebiliyordum.

Saçın Ölü Köklerinin Dirilmesi

2001'de kardeşimiz Heehoon Park'ın kalın saçları vardı. Ama 7. sınıftan itibaren bilinmeyen bir sebepten dolayı kel kaldı. Saçlarını azar azar kaybetti ve liseye başladığında başında tek tük saç teli kalmıştı. Öylesine berbat bir görüntüsü vardı ki başını tıraş ediyordu.

Doktorlar oldukça nadir görülen dairesel saç dökülmesinden mustarip olduğunu söylediler. Ayrıca nedenin zayıf saç kökleri olmadığını, ama aslında saç köklerinin ölmüş olmasından meydana geldiğini söylediler. Tedavisi yoktu.

Tıbbi tedaviler hiçbir işe yaramadı. Hatta bitkisel ilaç bile kullandı, ama onlarda işe yaramadı. Ayrıca kocakarı ilaçları yanı sıra oldukça pahalı ilaçlarda kullandı. Ancak bunlarda hiç bir sonuç vermedi.

Lise son sınıfta kilisemize gelmeye başladı. 1998 yılında iki haftalık diriliş toplantısına katıldı ve saçları tekrar çıkmaya başladı. Muan tatlı suyumuz olduğundan bu suyu başına serpiştirdik.

2001 yılında kaybettiği tüm saçlar yerine geldi. Saç tellerinin ölü kökleri Tanrı'nın lütfuyla dirildi ve eski sağlığına kavuştu.

Yaratılışın En Yüksek Gücünün Başlangıcı

Filipinliler, çoğunluğu Roman Katolik olan bir ulustur ve pek çok insan da Meryem Ana heykelleri vardır. İnsanlar sıklıkla Meryem Ana'dan kutsama isterler. Eylül 2001'de Tanrı, Yaratılışın En Yüksek Gücünü, Gücünün en son safhasının Filipin seferi sırasında ortaya konmasına izin verdi.

Filipin seferi için dua ettiğimde, Tanrı bana dünyada ki tüm Roman Katoliklere bu sefer vasıtasıyla nihai uyarıyı vereceğini söyledi. Bu, Tanrı'nın geçmişte onlar için 'uyarı zillerini' çaldığı anlamına gelir.

Bir keresinde Meryem Ana heykelinin gözlerinden kan aktığı haberlerini duymuştum. Ama Roman Katolikler Tanrı'nın niçin böyle bir şeyi ifşa ettiğini kavrayamamışlardı.

Tanrı'nın Bir Aracı Olan Meryem

Meryem Ana, tıpkı diğer insanlar gibi yaratılmıştır. Ama İsa yeryüzüne bir insan bedeninde geldiğinden, O'nun doğumu için Meryem kullanıldı. Ancak buna rağmen Meryem, İsa'nın annesi olamaz. Çünkü İsa, Kutsal Ruh tarafından meydana getirilmiştir ve bu süreçte ne Meryem'in yumurtası ne de Yusuf'un spermi kullanılmamıştır. Meryem'in yumurtasından oluşmadığı için Meryem O'nun annesi olamaz. Yusuf'un sperminden oluşmadığı içinde, Yusuf O'nun babası olamaz. Bu sebeple Kutsal Kitap'ta İsa'nın Meryem'i 'anne' diye çağırmadığını görebiliriz.

"Anne, işte oğlun!" (Yuhanna 19:26).

Bu, çarmıhta ki İsa'nın çok yakınında duran elçi Yuhanna tarafından kaydedilmiştir. İsa, Meryem'i 'anne' değil, ama 'kadın' diye çağırmıştır. Burada 'oğul', elçi Yuhanna'yı işaret eder. Yuhanna 2:4 ayetinde İsa, Meryem'e şöyle hitap eder: *"Anne, benden ne istiyorsun? Benim saatim daha gelmedi"* İsa'nın, 'kadın' diye hitap etmesinin sebebi, yeryüzüne Kurtarıcı olarak geldiğini anlatmak istemesidir.

Kurtarıcımız İsa, Üçlü Tanrı'dan biri ve Yaratıcı'nın ta kendisidir. Dolayısıyla asla bir annesi olamaz. Bu sebeple Meryem'i asla 'anne' diye çağırmamış ve ona 'kadın' diye hitap etmiştir.

Roman Katoliklerin Meryem Ana'nın heykellerini yapıp, ona ibadet etmeleri, bizlere herhangi bir canlıya benzer put yapmamamızı ve onların önünde eğilip tapmamamızı söyleyen On Emrin ihlalidir.

İsa'yı Meryem'in yanı başında ki bebek yapan, diğerleri gibi bir yaratılmış olan kendisine tapınan biz insanları göklerden izleyen Meryem, heykelinin gözlerinden kan gelecek kadar üzgün değil midir?

Tayfunlar Dindi

Haziran ve Ekim ayları arasında Filipinlerde tayfun mevsimi hüküm sürer ve her gün sağanak yağmur yağar. Bu sağanak yağışlar yüzünden trafik sıkışır. 24 Eylül 2001 tarihinde Manila Uluslararası Havalimanına gece 23:00'de vardık. Tayfunların etkisi yüzünden güçlü rüzgârlar ve yağmur vardı. Varır varmaz Manila Havalimanında basın toplantısı düzenledik. Muhabirler daha çok tayfunun gideceği yön ve 11 Eylül terörist saldırılarının yan etkileriyle ilgiliydiler.

"Şu anda tayfunun etkisi altındayız ve bir diğeri de yolda. Dışarıda bu seferi düzenleyebilecek misiniz? 11 Eylül saldırıları yüzünden sorunlar olmayacak mı?"

Onları, "Bundan böyle yağmurlar olmayacak ve tayfun sona erecek. Ve Tanrı bizimle birlikte olduğundan bu zaman zarfında ne savaş eylemleri ne de kazalar olmayacak. Lütfen endişelenmeyin" diye bilgilendirdim.

Her zaman Tanrı'nın bizimle olduğunu hissettiğimden bunu hiç çekinmeden onlara söyledim. Dışarıda gerçekleştirdiğimiz etkinlikte de hiç yağmurla karşılaşmayacaktık. Muhabirler bana inanmamış gibi görünüyorlardı. Ama Tanrı söylediklerimi gerçekleştirdi.

Hava durumunun aksine, saatte 130 km rüzgâr hızı olan

tayfun yönünü birden bire değiştirerek Tayland'a yöneldi. Başka bir tayfun başladı, ama sanki güçlü bir duvara çarpmış gibi zayıfladı ve dindi. Filipinlerde yaz genelde oldukça sıcak ve nemlidir. Ama biz oradayken serin rüzgarlar ve açık hava hiç eksilmedi. Yerel pederler öylesine mutluydular ki sadece hava koşullarına bakarak Tanrı'nın onlarla olduğuna emin olduklarını söylüyorlardı.

Yaratılışın En Yüksek Gücünün Gücünü Hissetme

26 Eylül 2001 tarihinde Manila uluslararası konferans merkezinde yaptığımız pederler konferansına 5000 kişi katıldı.

27 Eylül tarihinde pederler konferansını sabah yaptık ve öğleyin de Manila'nın Luneta Park'ında ilk seferimizi düzenledik. Burada da pek çok kişi şifa buldu.

Bunlardan biri Gilbert Ondinal adında bir basketbol oyuncuydu. Gilbert, basketbol oynarken çok ciddi bir talihsizlik yaşamış, bacak kemiği kırılmış ve dönmüştü. Tekrar yürüyebilmesi için iki kemiğine ameliyatla metal bar yerleştirilmesi gerekiyordu.

Ancak bu ameliyatı ödeyecek gücü yoktu. Bir senedir değneklerin yardımını alıyordu. O gün pederler konferansında dua aldığında, tüm vücudu ısındı ve acısı gitti.

Konferans bittikten sonra Gilbert, Luneta Park'ta yapılacak toplantıya katılmak istedi, ama otobüsü kaçırdı. Bu sebeple değnekleriyle yürümek zorunda kaldı. O sırada acının gittiğini ve bacağının güçlendiğini fark etti. Değnekleri fırlatıp attı ve seferin düzenlendiği yere 2 km yürüyerek ulaştı.

Tanrı, onun Tanrı'nın lütuflarına hasret eyleminden hoşnut kalmıştı ve yepyeni bir güçle yürümesini sağladı.

Daha sonra Gilbert bacağını bir hastanede kontrol ettirdi ve kırılan kemiklerin tamamen kaynadığını ve normal olduğunu öğrendi. Daha sonra bize yazarak tekrar basketbol oynamaya başladığını bildirdi.

Luneta Parkında

İlk günün ilahi ve ibadet oturumunda Kutsal Ruh'un güçlü işleri meydana geldi. Sedyede gelenlerin bazıları ayağa kalkarak yürüdü ve bazıları ise oraya vardıkları anda şifa bulduklarını dile getirdiler. Bazıları vaazı dinlerken iyileştiklerini söyledi. Seferin düzenlendiği yerin yakınlarından geçerken ilahileri duyan biri vardı. Bu kişi on senedir iyi göremiyordu, ama eski görme gücüne kavuştu.

Vaazdan sonra hastalar için yaptığım duayı sonlandırmıştım ki birkaç kişi sahnenin altından bir tahta gibi bedeni sertleşmiş bir adamı birdenbire bana getirdiler.

Ağaç kütüğü gibiydi. Kalp sorunları vardı ve birden yere düştü. Bedeni bir kütük gibi sertti ve gözbebekleri ölü insanın gözbebeklerine andırıyordu.

Oracıkta ölmesi Tanrı'yı küçük düşüreceğinden endişe duydum. Hızla aşağıya indim ve ellerimi onun üzerine koyarak İsa Mesih'in adıyla dua ettim. Duam bitmek üzereyken bilinci yerine geldi ve doğruldu.

Tanrı, Yaratılışın En Yüksek Gücüyle fevkalade güçlü çalışmıştı. Böylesi büyük bir gücün işini gösteren Tanrı'nın lütufundan dolayı şükranla doluydum. Ancak otele geri döndüğümde, gözyaşlarıma daha fazla hâkim olamadım. Tanrı'nın isteğini daha fazla yerine getiremediğim için büyük bir utanç içindeydim.

Dünya Meseleleri Üzerine Kehanetler

1982 yılında, kilisenin açılmasından hemen sonra Tanrı bana dünyada üç büyük gücün olacağını söyledi; Bunlar Amerika Birleşik Devletleri, Birleşmiş Çin ve Rusya ve Avrupa Birliğiydi.

Bana ayrıca Amerika Birleşik Devletlerinin gitgide daha çok dışlanacağını ve gücünün zayıflayacağını söyledi. Hatta ve hatta bir gün müttefiklerinin bile Amerika'ya sırtını döneceğini, karşı geleceğini ve kendi çıkarları doğrultusunda gideceklerini açıkladı.

Amerika Birleşik Devletleri ilk kurulduğunda, Tanrı'ya korkuyla karışık saygı duyacağı imana sahipti ve dolayısıyla Tanrı onları dünyanın en güçlü ulusu olmaları için kutsamıştı. Ama bu gün Amerika'da ki pek çok insan Tanrı'dan kaçınma eğilimi içindedirler.

Tanrı, Çin'in Rusya ile müttefik olacağını açıkladı. Birlikte askeri tatbikatlar yapacak ve gittikçe güçleneceklerdi. Bir zamanlar Amerika'yı izleyen ülkeler şimdi Çin'e yöneleceklerdi.

Dubai'ye ziyaret

Aslına bakarsanız bu gün Güney Amerika ve Afrika'da ki pek çok ülkenin Amerika'dan ziyade Çin'e yaklaştığını görebiliriz. Ben bu mesajları verdiğim zamanlar, Çin, uluslararası toplumda henüz su yüzüne bile çıkmamıştı. Dolayısıyla kilise üyeleri 'Âmin' diye cevap vermek yerine daha çok şaşkınlık içindeydiler.

O zamanın gerçekleri doğrultusunda bu söylediklerime inanmaları güçtü. Ayrıca Tanrı bana dünya ekonomisinin çok kötü olacağını, petrol fiyatlarının yükseleceğini ve Orta-Doğu ülkelerinin petrolü diğer ülkelere karşı koz olarak kullanacaklarını da söyledi.

Haziran 2001 yılında Tanrı bana dünyanın şimdi sınırsız bir rekabet içinde olduğunu söyledi. Yani, siyasi-ekonomik sistemlerine bakılmaksızın, ister demokratik ya da komünist olsun, uluslar kendi çıkarları için ne birleşecek ne de birbirlerine sırtlarını dönecekti.

Geçmişte müttefiklik uzun sürerken, bu gün artık böyle olmayacaktı. Çünkü artık dünya sona doğru gidiyordu.

11 Eylül Terör Saldırısıyla Başlayarak

Hristiyanların pek çoğu Rab'bin ikinci geliş zamanına ilgi duyar. Öğrencileri İsa'ya son günlerin belirtisiyle ilgili sorduklarında, İsa onlara şu cevabı verdi:

"Savaş gürültüleri, savaş haberleri duyacaksınız. Sakın korkmayın! Bunların olması gerek, ama bu daha son demek değildir. Ulus ulusa, devlet devlete savaş açacak; yer yer kıtlıklar, depremler olacak. Bütün bunlar, doğum sancılarının başlangıcıdır." (Matta 24:6-8).

21 Ekim 2001 tarihinde, "Zamanın Sonunun Belirtisi Ne Olacaktır?" başlıklı bir vaaz verdim. Aşağıdakiler bu vaazımdan alıntılardır:

"Hepinizin bildiği gibi 11 Eylül'de tüm dünyayı şoka uğratan büyük bir trajedi meydana gelmiştir. Amerika Birleşik Devletlerinin yüreğine bir terörist saldırı gerçekleşmiştir. Amerika, misilleme yapacağına ant içmiş ve savaş patlak vermiştir. Şimdi tüm dünya gerilim hattına yakalanmıştır.

Bu olay, sonun başlangıcıyla ilgili bir uyarıdır. Ayrıca

Tanrı tarafından izin verilecek Üçüncü Dünya Savaşını daha sonra getirecekte sebeptir. Elbette ki Tanrı'nın izin vermesi demek, bu savaşın meydana gelmesine Tanrı'nın neden olacağı anlamına gelmez.

Bunun anlamı, Tanrı'nın bu savaşın meydana gelmesini durdurmayacağı anlamına gelir çünkü bu savaş insanların kötülükleri yüzünden meydana gelecektir. 11 Eylül terör saldırısıyla başlamak üzere, Tanrı bizlere zamanın sonunda felaketlerin olacağını söylemektedir.

Amerika Birleşik Devletleri terörist saldırıya maruz kaldığından tüm dünyanın sempatisini kazanacak ve müttefikleri işbirliği için ant içecek, ama savaş devam ettikçe Orta Doğu ülkeleri birleşecek ve Avrupa Birliği'de Amerika'ya karşı durmak için birleşecektir. Sonunda Hrıstiyanlıkla İslam arasında bir savaşa dönüşecektir."

"Bu terörist saldırı, Üçüncü Dünya Savaşı'nın nedenini tetikleyen bir olay olarak görülebilir. Her sene kıtlıklar ve depremler meydana gelecektir.

Bir kaza esnasında binlerce insan öldüğünde, bu olayın son günlerin felaketinin başlangıcı olarak göremeyiz. Ancak Amerika Birleşik Devletlerine karşı yapılmış olan bu eşi görülmemiş terör eylemi, tüm dünyayı şoka uğratmıştır. Böylesi bir olay, felaketlerin ve afetlerin başlangıcı olarak adlandırılabilir.

Amerika Birleşik Devletlerine karşı hiçbir kişisel görüş taşımıyorum ve bunu da insanları gücendirmek niyetiyle söylemiyorum. Böylesi bir olayın olması benim büyük bir üzüntümdür. Ben sadece Tanrı'nın bakış açısından durumu izah etmeye çalışıyorum ki bir ulus olarak bundan yararlanabilsinler. Tanrı bana aşağıda yazdıklarımı açıklamıştır:

Eğer Tanrı onları korusaydı, böyle bir olay asla olmazdı. Ulusun ilk kuruluş günlerinin aksine, Amerika Birleşik Devletleri imanda değişti. Hatta bazı kiliseler eşcinsel pederleri bile kiliselere atamaktadır.

Böyle bir olay gerçekleştiğinde eğer gerçek yüreklere sahiplerse, öncelikle kendilerine dönüp bakmalı, Tanrı'nın kendilerini niçin korumadığını araştırmalı ve yanlışlarından dolayı tövbe etmelidirler.

Tanrı'nın cezaları Ninova halkına duyurulduğunda, kral ve halk oruçla tövbe ettiler. Aynı şekilde ABD başkanı başta olmak üzere tüm Amerikan halkı, Tanrı'nın huzurunda alçakgönüllülükle tövbe etmelidirler. Herkesle bağışlama ve uzlaşma yoluyla barış yapmanın yollarını aramalılardır.

Ama yeryüzünde ki en güçlü ulus olmanın kibrine düştüklerinden, sahip oldukları güçle başlarına geleni ödetmeyi düşündüler. 'Göze göz, dişe diş' sözüyle tehdit yoluna gittiler. Bu ise onlara çok daha fazla zorluk çıkardı.

ABD, güçleriyle misilleme yapma konusunda sağlam durmaya devam ettikçe hem siyasi hem de ekonomik yönden gitgide güçlüklerin içine düşmektedirler. Amerika Birleşik Devletlerinin ekonomisi tökezledikçe, dünya ekonomisi de zorluklarla karşılaşacaktır.

Orta Doğu ülkeleri, Amerika'ya karşı durmak için birleşecek ve dünya ekonomisini kontrol etmek için petrolü bir silah olarak kullanacaklardır. Pek çok ülke terörizmden korktuğundan, Amerika ile

birlikte yol almanın kendi çıkarlarına ters düştüğünü düşüneceklerdir. Böylece geri çekileceklerdir."

"Dünyada ki savaşların pek çok nedeni vardır. İran, Irak ve Suriye gibi pek çok Ortadoğu ülkesi ABD'ye düşmanca duygular beslemektedir. Dünyada pek çok terörist saldırı gerçekleşmektedir.

Zamanın sonunu getiren nedenlerden birinin Afganistan'da olmasının da bir sebebi vardır. Eğer bu savaş tüm Ortadoğu'da ciddi ihtilafa neden olacak bir yerde olsaydı, hızla Üçüncü Dünya Savaşına dönüşebilecek ve akabinde tüm dünyaya sıçrayabilecekti.

Ancak tıpkı İsa'nın dediği gibi bu tür şeylerin olması

gerek, ama bu daha son demek değildir. Son değildir, ama tam anlamıyla felaket ve afetlerin çıkış noktasıdır. Ayrıca Üçüncü Dünya Savaşının çıkış nedeninin yaratılması ve Afganistan'ın seçiliş nedenidir. Son, bulutlarla havaya alındığımız zamandır. Ve bu da sonun gelmesinin nedenini meydana çıkaran olaydır. Bu olay, tüm Ortadoğu ülkelerinde savaş tohumlarını eken olaydır."

"Öyleyse Kore'ye neler olacak? Bu zaman geldiğinde Kore, Amerika Birleşik Devletleriyle olan ilişkisinden daha fazla çıkar sağlamadığı bir noktada olacaktır ve bizlerde başka bir yöne sırtımızı dayanacağız. Çünkü petrol şoku yanı sıra ekonomik bir kaos meydana gelecek ve bizim ekonomimizde doğal olarak zorluklarla karşılaşacaktır.

Ancak son günlerde Tanrı'nın bu ülke sayesinde gerçekleştirmeyi istediği bir planı olduğundan, belli bir ölçüde bizi bu nihai sıkıntılardan koruyacaktır.

Özellikle kilisemiz vasıtasıyla bir yol açılacaktır. Tanrı bizlere Uganda, Pakistan, Kenya ve Ortadoğu ülkelerinde misyonerlik çalışmaları yapmamıza izin vermiştir.

Tanrı bize birçok kez neden bu ülkelerde böyle çalışmalar içine girmemizi istediğini bir gün anlayacağımızı anlatmıştır. Tanrı benimle ilgili haberlerin ve kilisemizin çoktan Müslüman ülkelerin otoriterlerinde derinlemesine yayılmış olduğunu anlatmıştır."

6. Bölüm

Sadece İsa Mesih'in Adıyla

Yıpranmış Ellerle Bile

Cuma gece boyu ayin hizmetinden önce kilise üyelerimiz öğleden sonra 15:00 sularında evime gelmeye başlarlar. Onlarla saat 16:00 sularında görüşmeye başlarım. Böylesi kısa bir süre içersinde bana danışır, öğütlerimi alır ve bende onlar için dua edip ellerini sıkarım. Akşam saat 18:00 sularında bu görüşmelerimiz biter. Bundan sonra kiliseye gider ve kilise üyeleriyle bir başka toplantı yaparım. Ayinin başladığı akşam 23:00'de enerjimin tükendiğini hissederim, ama güçlü bir vaaz verebilmem için Tanrı kendimi bir arada tutmam için bana yardım eder.

Hatta Pazar ayinlerinde bile sabahın erken saatlerinden itibaren kilise üyeleri evime gelirler. Hissettiğim şefkatle onların çoktan orada olduğunu ve beni beklediğini hissederek erkenden onları karşılamak için kalkarım. Bu toplantılar sabah 5:00'den erken başlar. Onların sorunlarını dinler ve onlar için dua ederim. Üç saat kadar sürer ve sonra da kiliseye giderim.

Cuma gece boyu ayinlerinden Pazar ayinlerine kadar geçen sürede takribi binlerce üyenin elini sıkarım. Öyle ki ellerim aşınır, çizilir ve hatta kanar. Her hafta ellerim çizik ve kesik içindedir, ama bu şekilde toplantıları sürdürmek içinde bir sebebim var.

Çocuktan yaşlıya kilise üyelerinin çobanlarını sevmesi Tanrı'nın bir lütufudur ve çobanlarıyla bir araya gelmek ve onu selamlamak isterler. Onlar için dua edip ellerini sıkarım ki Tanrı'nın gücü onların üzerine düşsün ve dualarının karşılığını alabilsinler.

Ciddi hastalıklarından şifa bulan üyelerin sevincini ya da dualarına karşılık aldıklarını gördüğümde ve benimle el sıkışarak sorunlarına yanıt aldıklarını ve Tanrı'yı yücelttiklerini gördüğümde, kendimi ödüllendirilmiş ve güçle dolmuş hissederim.

İsa ne yapardı? Herkes için var gücümle dua eder ve tek bir tanesini bile ihmal etmeden her bebeğin ve çocuğun üzerine ellerimi koyarım.

Amaca Doğru

2002 yılının başlangıcında Tanrı bana yeni bir amaç verdi. Bu amaç, 'Yaratılışın En Yüksek Gücünün' mükemmelleştirilmesiydi. Yaratılışın En Yüksek Gücü, Tanrı'nın sözüyle yeri ve göğü yarattığı orijinal gücüdür. Örneğin Tanrı'nın buyruğuyla kör görmeye, sağır duymaya ve sakat yürümeye başlar.

Kutsal Kitap'ta yazıldığı gibi, söylenilen söz ile yoktan var edilir. Yaratılışın En Yüksek Gücü, kurumuş kemik yığınından ordular meydana getirir. Bir eşeğin konuşması için ağzını açar. Yaratılışın bu gücü hiçbir engelleme olmadan ortaya konduğunda, mükemmel kılındığını söyleyebiliriz. Yaratılışın En Yüksek Gücü sadece fiziksel dünya üzerinde değil, ama ayrıca görünmeyen ruhani dünya üzerinde de kontrol sahibidir.

Yaratılışın En Yüksek Gücünü ortaya koymak için, Tanrı bana tıpkı İsa'nın üç testten geçtiği gibi benimde üç testten geçmem gerektiğini söyledi. İsa, Tanrı'nın Oğlu'dur, ama Kurtarıcımız olmak için bir insan bedeninde dünyaya gelmiştir. Bu yüzden aynı insanlar gibi testlere maruz kalmıştır. Ayrıca hem ruhani hem de fiziksel dünyada Tanrı'nın Sözüyle otoriteyi ortaya koymak için yol budur.

İsa her zaman yaratılışın En Yüksek Gücüne sahipti, ama bu gücü ancak üç testten geçtikten sonra ortaya koymaya başladı. Bir düğün şöleninde suyu şaraba çevirdi. Beş ekmek ve iki balıkla beş bin kişiyi doyurdu. Sözüyle rüzgârı ve dalgaları sakinleştirdi. Tüm bunlar yaratılışın işleriydi. Sözüyle buyurduğunda, felçli yürüdü ve deri hastaları tertemiz oldu. Oniki tümenden fazla melek getirebileceğini söyledi (Matta 26:53). Ama doğal yolu ve adaleti izlemek ve Baba'nın isteğini gerçekleştirmek için, ruhani ve fiziksel dünyaları yönetme gücü ve yetkisine sahip olsa da bunları yapmadı.

Şubat 2002'de dağ dualarının ikinci oturumuna gittim. Dua esnasında Tanrı, Yaratılışın En Yüksek Gücünü alabilmem için Tanrı'nın bir hizmetlisi olarak çağırıldığımdan bu yana yüzleşmek zorunda kaldığım sınamaları kavramamı sağladı. Ayrıca benim için ilginç bir alegori oynattı.

Bu alegoride ismi 'Manmin' olan bir gemiyi kullanıyordum ve Tanrı bana güçlü bir tayfun gönderiyordu. Lütfen 1998 ve 1999 yıllarında kilisenin üç testle sarsıldığını hatırlayın. Bazıları bu gemiden atlayarak suya düşüyordu. Bazıları ise atlayıp atlamamak hususunda tereddüt içindeydiler. Ve diğerleri de düşmemek için küpeştelere ve halatlara sıkıca tutunuyordu.

Ayrıca gemi sarsılıyor olsa dahi kamaralarına gidip rahatça uyku çekenlerde vardı. Tanrı bu insanları övdü.

Ruhani açıdan ben, 'Manmin' gemisinin kaptanıydım.

Atlayıp atlamamakta tereddüt edenler, Şeytan tarafından akılları çelindiğinden iki çeşit yürek arasında gidip gelenlerdi. Elbette ki Tanrı bu insanlara merhamet gösterip onları kurtardı. Kamaralarında uyuyanlar kurtuldular çünkü onlar kaptanlarına tamamen güvendiler. Bu insanların olgunlaştığını ve ruhani savaşçılar olduğunu görebiliyordum. Pek çok berekete nail olanlar işte bunlardır.

Bu üç test yoluyla, kilise üyelerimiz imanlarını test edebildi. Tanrı'nın bizlerin böyle testlerden geçmesine izin vermesinin sebebi, bizleri Yeni Yeruşalim yoluna sevk etmek, dünya misyonu için takdiri ilahisini başarıyla tamamlamak ve Büyük Tapınağın inşasını gerçekleştirmektir.

Bu takdiri ilahiyle Tanrı, şeytanın bizi test etmesine izin vermiştir, ama bizler bunun üstesinden imanla gelebildik. Tanrı benim dayanılmaz pek çok test ve sınamadan geçmeme izin verdi. Ama ben onların üstesinden geldim ve Tanrı, güç üstüne güç verdi. Ve sonunda bana yaratılışın En Yüksek Gücünü verdi. Düşman şeytanın bana suçlamalar getireceği hiç bir şey kalmamıştı. Tanrı bu testlerin olmasına izin verdi çünkü bu testler, tüm testlerin sonuydu.

İmanla El Sıkışarak Burun Kanserinin İyileşmesi

Ocak 2002'de Bayan Diyakoz Hoim Choo'dan bir mektup aldım. Mektubu aşağıda aktarıyorum:

"Aralık 2001 tarihinde kayınvalidem Mokpo'da yaşıyordu ve birdenbire burnu kanamaya başladı. Yakında ki bir hastaneye gitti ve doktorlar kendisine Seul'da çok daha büyük bir hastaneye gitmesini söylediler. Böylece Seul'a geldi ve iki hastanede teşhis konuldu. Burun kanseriydi.

Oldukça yayılmıştı. Doktorlar geniz kemiğinin ameliyatla alınmasını ve yerine yapay bir kemiğin takılmasını önerdiler. Kayınvalidemin burnu 15 günden fazla kanadı ve burnunda gazlı bezle dolaştı.

Teşhisten iki gün sonra Cuma gece boyu ayin hizmetine katıldım. Ayinden sonra kayınvalidemin hastalığının adını avucumun içine yazdım. Sonra yanımdan geçerken siz Kıdemli Pederin elini sıktım. Tanrı'nın Gücünü sizin aracılığınızla göstermesi için içten bir arzuyla doluydum. Cumartesi sabahının erken saatlerinde gece boyu ayininden sonra eve döndüm ve evde şehir dışından gelen bir akrabam vardı.

O akrabama şöyle dedim: "Kayınvalidemin hastalığının adını avucuma yazdım ve Kıdemli peder ile el sıkıştım. Tanrı ona şifa verecek."
Tanrı'nın kayınvalidemi iyileştireceğine olan imanımı dile getirdim. Sabah saat 7:30 sularında kayınvalidemi aradım. Bir mucizenin gerçekleşmiş olduğundan öylesine emindim.
Kayınvalidem bana şöyle dedi: "Hoim, sabah kalktığımda burnum hiç kanamadı."

O anda burun kanamasının sadece durduğunu düşündüm. Burun kanserinden tamamen iyileştiğini bilmiyordum. 2 Ocak 2002'de ameliyat için onu hastaneye götürdük.
Ameliyattan önce son bir kontrolden geçiyordu. Doktor şöyle dedi: "Çok garip! Sizde kanser yok." Kanseri yitip gitmişti. Hemen hastaneden taburcu edildi.
Pek imanlı olmayan kayınvalidem için imanla sizinle el sıkışmıştım. Tanrı'da ona şifa verdi. Ayrıca eşimde Yeni Yıl ibadet hizmeti sırasında hastalar için duayı aldığında, iki aydır onu rahatsız eden diyareden iyileşti. O kadar mutlu oldu ki çevresindekilere şimdi tanıklık ediyor."

Bayan Hoim Choo'nun kayınvalidesi şimdi kilisemize geliyor ve oldukça sağlıklı. Yaratılış'ın En Yüksek Gücü sadece dokunarak ya da hastanın resmine dua ederek hastalıkları iyileştirmekle kalmaz, ama ayrıca hava koşullarının değişmesini de sağlar.

Peşkir Duasıyla Kanserin İyileşmesi

Soonchang Shim, Cheonnam eyaletinin Hampyeong kentinde yaşamaktadır. Nisan 2002'de başı döndü ve yürümekte zorlandı. Oldukça ağrılı ve kanla karışık idrar geldi.

Mesane kanser, teşhisi konuldu. Kanseri bayağı yayılmıştı. Doktoru kanserin akciğerlere sıçrama şansının yüksek olduğunu söyledi ve Seul'da ki büyük bir hastanede cerrahi müdahale önerdi. Ehwa Kadın Üniversite Hastanesine yatırıldı. Kilisemize gelen Bayan Diyakoz Soollay Shim'i kilisemizden bir peder hastanede ziyaret etti.

Peder, hastaya Tanrı'nın sözüne göre yaşamadığı için tövbe ettiğinde ve O'nun sözünü tuttuğu takdirde imanla şifa bulabileceğini açıkladı. Ayrıca onun için peşkirle dua etti.

Pederin kullandığı peşkir, benim üzerine dua ettiğim peşkirdi. İnsanlar imanla bu peşkirler dua ettiğinde Tanrı, Kutsal Ruh'un ateşli işlerini göstermişti.

Duadan sonra büyük bir acı çektiği için uyuyamadı. Sabah

saat 4'de idrar için kalktığında, karnına bastıran ağır bir şey bedeninden çıktı.

Kanser ondan çıkmıştı. O zamandan beri ne ağrılı ne de kanla karışık idrar gelmektedir. Bir sonra ki gün ameliyat öncesi son kontrollerden geçerken gayet iyi olduğunu öğrendi. Hemen hastaneden taburcu edildi.

Oysa kanser yayıldığından ameliyatla bile iyileşmesi zor bir ihtimaldi. Ama peşkir duasıyla Tanrı'nın işine şahit oldu ve eski sağlığına kavuştu.

Sadece Kore'den değil, ama dünyanın her yerinden üzerine okuduğum dualar sayesinde şifa bulanların tanıklıklarını alırız. Bundan dolayı Tanrı'ya sadece şükranlarımı sunar ve O'nu yüceltebilirim.

İçten Yakarış

Senelik 2-Haftalık Özel Diriliş Toplantısı, Tanrı'nın güçlü işlerini deneyim ettikleri göksel bir şölendir. 6 ile 16 Mayıs 2002 tarihleri arasında 'Güç' başlığı adı altında diriliş toplantısı gerçekleşti.

Bu toplantı için dua ettiğimde, Tanrı bana ikinci haftanın Pazartesi günü görme bozuklukları, Salı günü yürümekte zorlananlarla çeşitli hastalıklardan çekenler ve Çarşamba günü duyamayan ve konuşamayanların iyileşmesine odaklanacağını bildirdi. Ayrıca bana pek çok insanın da şifa bulacağını söyledi.

5 Mayıs Pazar sabahı, dairesel bir gökkuşağı kilisenin üzerinde parlıyordu. Gökkuşağını görünce, diriliş toplantısında Tanrı'nın gücünün çok daha fazla ortaya konacağını umdum.

Tanrı, yaratılışın işlerini beklenilenden çok daha fazla gösterdi. Körler görmeye, dilsizler konuşmaya başladı ve pek çok hastalık şifa buldu. Her şey tıpkı Kutsal Kitap'ta olduğu gibiydi.

İnsanların benim içten dualarımla şifa bulması beni sevinçle dolduran bir duygudur. Ne zaman yakararak, 'Rab!' diye dua etsem, var gücümle yakarıyordum.

Kutsal Ruh'un güçlü ve hızla gerçekleşen işleriyle yüzlerce kişi şifa buldu ve sunağı doldurdu. İnsanlar, bedenlerinde meydana gelen mucizelerin tanıklıklarını yapmak için sunağın altına doluştular.

Tanrı vaat ettiği gibi, şifa veren ışığın ışınları vasıtasıyla pek çok insan gözlüklerini, bastonlarını attı ve diğerleri de tekerlekli sandalyelerinden doğruldu.

Ruhani gözleri açılan insanlardan bazıları, göğsümden hızla dönerek çıkan ateş topunu görebiliyorlardı. Kutsal Ruh'un gücüyle omuzlarımdan dışarı taşıyordu. Bazıları ise hastalara dokunan ve sertleşmiş kemiklerini gevşeten melekleri görebiliyordu.

Bu diriliş toplantısında özellikle görüşlerinde sorun yaşayanların durumu düzeldi. Hatta kör bile görebilmeye başladı. Katarak ya da şeker hastalığı yüzünden göremeyenlerde görmeye başladı. Ayrıca tekerlekli sandalyelerinden pek çok kişi kalktı. Çocuk felci geçirenlerde iyileşti. Onları seyreden inananlarda onlarla birlikte sevindi ve Tanrı'yı yücelttiler.

Kutsal Ruh'un Hızlı ve Güçlü Hortumu

Tanrı bize beş seviyede Kutsal İncil teolojisini, yaratılışın gücünü verdi. Çünkü onlar günahlar ve karanlıkla dolu bu dünyada dünya misyonunu gerçekleştirmek için güçlü bir silah görevini görürler. Her nereye gidersek gidelim Kutsal Ruh'un güçlü işleri pek çok insanı Rab'be yönlendirmektedir.

Cumhurbaşkanlığı Teklifini Reddetmek

Honduras, Roman Katolik bir ülkedir. Sefalet ve birçok hastalıktan halkı çekmektedir.

Honduras'a gitmeden önce sefer için oraya gidip hazırlıklar yapan çalışanlarımız bana kamu güvenliğinin çok kötü olduğunu bildirdiler. Sivil halkın silahlarla gezdiği ve çok tehlikeli olduğu bana söylendi.

Ayrıca sıcak hava hüküm sürdüğü için bazı insanların

sivrisinek ısırığından öldüğü haberlerini de aldım. Bununla ilgili dua ettiğimde, Tanrı bana çoktan şehri kuşattığını söyledi. Toplantının yapılacağı yerin Gücünün ışıklarıyla kuşatılmış olduğunu, bölgeyi göksel ordu ve meleklerin koruduğunu bildirdi. Dolayısıyla endişelenecek bir şeyim yoktu.

23 Temmuz 2002 yılında San Pedrosula Uluslararası Havalimanına vardım. Takribi 1700 yerel halktan insan bizi karşıladı. Onların arasında milletvekili Bay Esteban Handal'da bulunuyordu. Bu seferin ülkesinde gerçekleşmesi için büyük bir rol üstlenmişti.

Bay Handal, cumhurbaşkanı adayıydı. Milletvekili, iş adamı ve Hristiyan yayıncısı olarak çok iyi tanınıyordu.

2001 yılında gerçekleştirilen Filipinler seferinden ve Tanrı'nın gücüne ilk elden şahit olduğundan beri hayatı değişmişti.

Şöyle sormuştu: "Peder, cumhurbaşkanlığı seçimleri için koşmalı mıyım, yoksa Tanrı'nın işlerine mi odaklanmalıyım?"

"Eğer bu seçimi ben yapacak olsaydım, sadece Tanrı'nın işlerini yapmanı önerirdim."

Tavsiyemle siyasi etkinliklerini bıraktı ve tüm dünya da müjdenin kutsallığını duyurma kararı aldı.

Asla Diğer Dinlerle Uzlaşamayız

Otele vardığımda yedi TV kuruluşundan ve beş radyo istasyonundan muhabirler vardı. İlk soru niçin Honduras'ı seçtiğimdi.

"Tanrı'nın Honduras'a gelmemi istemesinin sebebi bu ülkeyi kutsamaktır. Seferler esnasında binlerce insanın şifa bulduğunu göreceksiniz."

Bunu detaylıca anlattım.

"Binlerce insan diyorum çünkü sadece toplantıya gelenler değil, ama seferimizi televizyonlarda izleyen ve radyolarda dinleyenler bile şifa bulacak."

Cesurca bunu ilan edebildim çünkü her seferimizde Tanrı bizlere hayretlere düşüren belirti ve harikalarını her zaman göstermişti. Böylesi inanılması zor bir şeyi kamuya açık bir yerde ilan ettiğimden, bu belirtiler gerçekleşmediği takdirde çok büyük bir yalancı konumuna düşerdim.

Ama sözlerim gerçekleşti. Canlı yayın yapan yayın kuruluşlardan, kendilerini pek çok seyircinin aradığını öğrenebildik. Seferi TV'de seyrederken şifa bulduğunu söyleyen binden fazla seyirci olduğunu duydum.

Muhabirlerin ikinci sorusu da şuydu: "Roman Katolik Kilisesi ve bazı Protestanlar birleşmeye ve farklı dinler arasında uzlaşma tesis etmeye çabalıyorlar. Siz bu konu hakkında ne düşünüyorsunuz?" Yanıtım sertti.

"Tek Tanrı, Yaratan Tanrı'dır. Hristiyanlık asla başka dinlerle uzlaşamaz. Tanrı bizlere On Emir'de net bir şekilde Kendisinin Tek Tanrı olduğunu ve Kendisinden başka bir Tanrı olmadığını söylemektedir. Dolayısıyla başka bir dinde olamaz."

Muhabirler, nüfusunun %90'ı Roman Katolik olan bir ülkede bu kadar haşin konuşmamdan bayağı bir şaşkınlığa düşmüşlerdi.

Ertesi gün 'La Tiempo' gazetesine bakıyordum. Bir yanda Papa'nın resmi vardı. Parkinson hastalığından mustarip olduğu için kendisine yardım edenler vardı.

Ama diğer yanda ise bizim seferimizle ilgili ilanla resmim vardı. Çelişen bir tezatla başlık şöyle atılmıştı; "İsa Mesih şifa dağıtıyor. Körler görecek, dilsiz konuşacak ve sağır duyacak."

Sıcak Hava Serinledi.

26 ve 27 Temmuz sabahları serin bir havada Ebenezer Kilisesinde pederler konferansını düzenledik. Görevli ekibimizin Honduras'a ayak bastığı günden sonra havaların serinlediğini duydum. Oysa 40 dereceden fazla (104+F) olurdu. Ancak bizim geldiğimiz günden beri serin rüzgârlar esmeye ve hatta bulutlar bile daha rahat hava koşulları sağlamak için güneşin yüzünü örtmeye başladı.

Honduras için yola çıkmadan önce Tanrı bana pek çok kez hava koşullarını kontrol edeceğini ve bu sebeple endişelenmemi söylemişti. Açık hava etkinliklerinde hiçbir zaman zorluk yaşamadığımızdan, bu seferde endişe duymadım. Ancak bana pek çok kez endişelenmememi söylediğinden, bir şey olacağını hissettim.

26 Temmuz akşam saat 19:00'da toplantımızın ilk gününe başladık. Ancak 18:00 sularında yağmur yapmaya başladı. Yağmur şiddetlendikçe, medya ekipman ve mikrofonlarını yayıncılar kullanamadılar.

60.000 kişiyi kaldıracak kapasitede olan stadyum zaten tıklım tıklım doluydu. Eğer yağmur devam ederse yerel halkın evlerine geri döneceklerini duydum.

Ama tam o sırada gösteri ekibimiz sağanak yağmurun altında sahneye çıktı. Üzerlerinde çok güzel geleneksel Kore elbiseleri 'Hanbok' vardı ve göz kamaştırıcı Kore yelpaze dansını sergilediler.

Sahne yağmur suyundan dolayı kaygandı. Dolayısıyla gösteriyi sergilemek için ayakkabılarını çıkardılar. Gelenler yağmura rağmen orayı terk etmediler. Yerel göstericilerde sahneye çıkarak kendi danslarıyla ellerini havaya kaldırarak Tanrı'ya ilahiler okudular.

Ben bekleme odasındaydım ve saat 18:00 gibi sahneye çıkmak istediğimi söyledim, ama organizatörler bunu yapmamamı önerdiler. Sahneye çıktığım takdirde yağmurun duracağından emindim. Ama organizatörler ıslanacağımı söyleyerek beni durdurdular.

Saat 19:00 olduğunda artık daha fazla bekleyemedim ve organizatörlerin kalmam doğrultunda ki önerilerine rağmen sahneye çıktım.

O anda sağanak yağmur çiselemeye başladı. Kısa bir süre içersinde de çiseleme durdu. Gökyüzü açtı ve serin bir rüzgâr geriye kaldı. Toplantının başlamasından önce yağan yağmur ve serin rüzgar yüzünden, zararlı sivrisinekler ve rahatsız veren güvelerin hepsi yok oldu gitti.

Dışarıda Stadyuma Giremeyen Pek Çok İnsan Vardı

Vaazdan sonra hastalar için dua ettim. Şifa bulanların tanıklıkları gece 22:00'ye kadar sürdü. AIDS, körlük, dilsizlik ve çeşitli hastalıklar iyileşti.

Yaratılışın En Yüksek Gücü yoluyla Kutsal Ruh'un ateşli işleri ortaya kondu. Pek çok görülebilir belirtiler olduğundan, görülemeyen hastalıklardan kaç kişi iyileşmiş olmalı?

İkinci gün, insanlar diriliş toplantısı başlamadan çok önce

gelerek sandalyeleri ve hatta yerleri bile doldurdular. Serin rüzgâr hala devam ediyordu. Işığın çevresinde dahi ne bir sivrisinek ne de güve vardı. Sivrisineklerle sorun öylesine ciddiydi ki San Pedrosula Belediye Başkanı Yardımcısı benden bunun için dua etmemi istedi. "Peder, içlerinde stadyuma giremeyenlerde dâhil gelen insan sayısı 100.000'dir. Hala dışarıda binlerce insanlar vardır." Sandalyeler dolunca, güvenlik nedeniyle stadyuma girmek isteyenlere izin verilmemişti. Dışarıda kalanlara üzüldüm.

Hastalar için kısa bir dua ettikten sonra pek çok insan tekerlekli sandalyelerinden kalkıp yürümeye başladı ve hastalıklarına şifa bulan pek çokları tanıklık etti.

Kutsal Ruh'un Ateşiyle İmkânsız Hiçbir Şey Yoktur

San Pedrosula'da ki Bethesda Hastanesi doktorlarından Dr. Jose Samara liderliğinde, tıp doktorları şifa vakalarını onayladı ve belgeledi. Röntgen filmleri, MRI ve kan testleri yaptılar.

Hastane çalışanları da ilk elden Tanrı'nın güçlü işlerine şahit olduktan sonra sağlam bir imana sahip oldular. Tıp doktorlarından biri olan Dr. Cruz Marin, check-up sonuçlarını 12 yaşında ki Maria Yesenia üzerinde gösterdi. İki yaşında geçirdiği bir ateş yüzünden kör kalmıştı.

Kornea nakli geçirmiş ama buna rağmen görememişti. Ama diriliş seferinde aldığı dua ile gözlerine ışık süzülmüş ve farklı nesneleri ayırt edebilmişti.

Esteban Zuninga adında ki on iki yaşında ki bir çocuğa doğduktan sekiz ay sonra HIV bulaşmıştı. TV'de ki duyurulardan sonra diriliş toplantısına katılmıştı. Hastalar için dua esnasında, vücudundan ısı çıktığını hissetmişti.

Zayıf sindirim yüzünden doğru düzgün yemek yiyemiyordu. Ama acısı tamamen yitip gitmişti ve artık gayet iyi yemek yiyebiliyordu. Daha sonra tıbbi check-up'ta tamamen iyileştiğini öğrendi.

Osman Guerra Miranda AIDS hastasıydı. Yürüyemiyordu ve sürekli yatar vaziyetteydi. Toplantıya katılıp duayı aldıktan sonra, bedeninden ateş çıkar gibi hissetti ve o anda acısı kayboldu. Ayağa kalkıp hemen yürüyebildi.

Arnaldo Batres, toplantının güvenliğinden sorumluydu. Toplantıdan bir ay önce bacağını incitmişti. Bazı hareketleri zorlukla yapıyor ve koşmayı bile düşünemiyordu. Buna rağmen ağrıyan bacağıyla toplantıda görev aldı. Ancak hastalar için dua bölümü esnasında tüm vücuduna bir serinlik yayıldığını ve bedeninin sarsıldığını hissetti. Tamamen iyileşmişti.

Öylesine mükemmel iyileşmişti ki bir sonra ki gün futbol bile oynayabildi. Sekiz yaşında ki kızı doğduğundan beri iyi duyamıyordu. Ama duadan sonra o da gayet iyi duymaya başladı.

Suiafa Liera bir Mormon'du. Toplantıyı televizyondan izliyordu. Hastalar için dua bölümünde ellerini bacaklarının üzerine koydu. Sekiz ay önce geçirdiği bir kaza sebebiyle bacaklarını kullanamıyordu. Duayı dinlerken Kutsal Ruh'un ateşi bu bayanın üzerine düştü ve hemen o anda yürümeye ve koşmaya başladı. Protestan oldu.

Yerel pederler, "Kutsal Kitap'ın içinde yaşıyor gibiyim. Artık kesinlikle Tanrı'nın her şeye gücü yeten olduğunu biliyorum" dediler. Bende bu yorumlarla fazlasıyla ödüllendirildiğimi hissettim.

Tıpkı İsa'nın zamanında olduğu gibi, imanla gelen hastalar Kutsal Ruh'un ateşli işlerine şahit olup şifa buldular.

Kore'ye döndükten sonra Honduras Başkan yardımcısından bir mektup aldım. Bana bir çok kişiyi iyileştirdiğim ve onlara ruhani açıdan yardım ve rehberlik ettiğimden dolayı Honduraslılar adına bana teşekkür ediyordu.

Gücün Yeni Boyutu

Tanrı'nın gücünün büyük işleri yurtdışında gerçekleştirdiğimiz her toplantıda ifşa edildi. Ancak ben yine de tatmin değildim. Dünya günahla dolu olduğundan bu seviyede ki bir güçle dünya misyonunu gerçekleştirmek yeterli değildi.

Honduras seferimizden sonra, Tanrı beni gücün yeni bir boyutuna yönlendirdi. Bana daha önce hiç duymadığım 'Yaratılışın Orijinal Sesi'ni açıkladı. Yaratılışın En Yüksek Gücünü mükemmelce başarmak için orijinal sesi bulmak zorunda olduğum yeni bir hedefi bana verdi.

"Göklere, kadim göklere binmiş olanı. İşte sesiyle, güçlü sesiyle gürlüyor!" (Mezmurlar 68:33).

Orijinal ses, Yaratan Tanrı'nın başlangıçta ki sesidir. Öylesine muazzam ve olağanüstüdür ki, tüm evrende çınlar. Tanrı tüm evreni ve içinde ki her şeyi bu sesle yaratmıştır. Bu orijinal ses, tüm şeylerin içinde mevcuttur. Dolayısıyla bu ses yankılandığında hemen her şey o anda itaat eder.

"RAB, 'Ruhum insanda sonsuza dek kalmayacak, çünkü o ölümlüdür' dedi, 'İnsanın ömrü yüz yirmi yıl olacak.'" (Yaratılış 6:3).

Bu orijinal sesi duyamayan tek varlık, insandır. Su ve ruh ile doğmayan benliğin insanıdır. Onları uyandırmak için Tanrı'nın gücüne gereksinimiz vardır. Dört İncil'de de İsa'nın buyruklarına uyan şeyleri okuruz.

"Gidip İsa'yı uyandırarak, 'Efendimiz, Efendimiz, öleceğiz!' dediler. İsa kalkıp rüzgarı ve kabaran dalgaları azarladı. Fırtına dindi ve ortalık sütliman oldu. İsa öğrencilerine, 'Nerede imanınız?' dedi. Onlar korku ve şaşkınlık içindeydiler. Birbirlerine, 'Bu adam kim ki, rüzgara, suya bile buyruk veriyor, onlar da sözünü dinliyor!' dediler." (Luka 8:24-25).

İsa buyurduğunda, rüzgâr ve su O'na itaat etti. Yaratılışın orijinal sesiyle buyurduğundan cansız şeyler dahi O'nu duydu ve O'na itaat etti. Çünkü İsa, Tanrı'nın orijinal sesini kullanabiliyordu.

Orijinal sesle gücün ifşa edilmesiyle, imanla dua yoluyla gücün ifşa edilmesi arasında bir fark vardır. Bu fark, ortaya konmanın hızı ve büyüklüğündedir. Orijinal ses, yaratılışın işlerini anında gösterir. Ama imanla dua önce göksel varlıkları ve melekleri harekete geçirir. Dolayısıyla daha çok zaman alır.

Kore'de olaylarla ilgili yıllar ve asırlar önce kehanette bulunmuş çok bilge insanlarımız olmuştur.

Bu insanlar tam bir ruhani disiplin içinde kendi şeytani doğalarını söküp atarak 'hiçlik' konumunu elde edebilmişlerdir. Hiçbir şeyi ne yargılamış ne de suçlamışlardır. Onlar Tanrı'nın sesini duymuşlardır. Her zaman olmasa da bazen duymuş ve anlamışlardır ve onların kehanetleri de yerine gelmiştir.

Örneğin Amiral Soonshin Lee, içinde tek bir kötülük olmayan iyi yüreğiyle kendi yaşamını kral ve halkı için feda etmiştir. Günlüklerinde Tanrı'yı tanıdığını ve iyi bir yürekle O'na dua ettiğini görebiliriz.

Ne olacağını önceden bildiğinden, Japon istilasını da önceden biliyordu. Ve tüm eleştirilere rağmen 'Kaplumbağa Savaş Gemisi'ni inşa etti ve ülkeyi kurtardı.

Orijinal Sesi Duyan İmanın Babaları

Ruha doğru gelişirken, Kutsal Ruh'un sesini duyabilir ve rehberliğini alabiliriz. Bu gelişimimizi hiçlik durumuna dönüştürdüğümüzde ve ruhun daha derin boyutlarına indiğimizde, Tanrı'nın orijinal sesini duyabiliriz. Tanrı, bütünüyle ruhun seviyesini değiştirmemi söyledi ki hiçlik seviyesini başarabileyim (1. Selanikliler 5:23).

Kutsal Kitap'ta orijinal sesi duyan insanlara rastlarız. Kızıl Deniz'i ayırmak için Musa, Tanrı'nın sesine itaat etmiştir ve uzattığı asasıyla Kızıl Deniz'in ikiye ayrılmasını buyurmuştur. Ondan sonra da Tanrı'nın büyük işi gerçekleşmiştir.

Yeşu, güneşe ve aya durmasını buyurduğunda, orijinal sesi duyarak buyurmuştur. Bu sebeple güneş ve ay durmuştur. Bunun nedeni büyük bir iman sahibi olmasından kaynaklanmamıştır. Eğer kendi başına güneşi ve ayı durduracak gücü olsaydı, bir buyruğuyla her şey olabilirdi.

O zaman güneşi ve ayı durdurmak iç buyurmak zorunda kalmazdı. Direk olarak, "Amorlu askerler! Yok olun!" derdi. O zamanda askerler yok olup gider, savaşta biterdi.

Aynı şey dört gün ölü olan ve İsa tarafından diriltilen Lazar içinde geçerlidir. İsa, çoktan Tanrı'nın sesini duymuştu. Aslında O, Baba'nın sesini her zaman duyuyordu.

Baba'nın Lazar'ın dirileceğini söyleyen sesini duyduğundan ve Tanrı yüceltileceğinden, İsa'nın endişe duymasına gerek yoktu. Orijinal sesle Lazar'a kalkmasını buyurduğunda, Lazar mezarından yürüyerek çıktı.

Tomas'ın Şehitlik Kanının Meyvesi

Hindistan'ın Madras şehir, elçi Tomas'ın müjdeyi duyurduğu ve şehit düştüğü yerdir. Orada elçi Tomas'ın adına bir katedral bulunur. Tomas, İsa'nın oniki öğrencisinden biriydi. Pek çok kuşkusu olduğundan en iyi bilinen O'dur. Ancak dirilen Rab ile karşılaştıktan sonra, gerçek bir imana sahip oldu ve Kutsal Ruh'u aldı. Müjdeyi duyururken de şehit düştü.

Ekim 2002 tarihinde, Tanrı beni nüfusça Hinduların yoğun bulunduğu Hindistan'a yönlendirdi. Bana bu seferin zaman başlamadan önce planlandığını ve yaratılışın orijinal sesinin ilk seferi olacağını bildirdi. Ayrıca müjdenin Ortadoğu ve İsrail'e yayılmasının başlama noktasıydı.

Ciddi Kuraklık

Madras, Hindistan'ın güneydoğu bölgesinde bir liman

kentidir. Hindistan'da ki dördüncü büyük şehirdir. Seferimiz, Madras Papazlar Derneğinin desteğiyle Marina Sahilinde düzenlendi.

8 Ekim'de Incheon Havalimanından ayrıldım. Singapur'a doğru uçarken, gökkuşakları kâh belirdi, kâh kayboldu. Pek çok kez misyonerlik sehayatlerimizde gökkuşaklarının bizlere eşlik ettiğini anlatmıştım. Bu sefer ise, bir gökkuşağının bir saat boyunca uçağı izlediğini görebiliyorduk.

Muhtemelen, Tanrı'nın dört günlük bu seferde bizimle olacağının belirtisiydi. Düz gökkuşakları da olmak üzere çeşitli gökkuşakları beliriyordu. Misyon ekibimizdekiler sevinç ve şaşkınlıkla bu görüntülerin resimlerini çekiyor ve video kameralarıyla kayıt ediyorlardı.

8 Ekim gecesi 10:00 sularında Madras havalimanına vardık. Yağmur çiseliyordu. Arabama binmiş havalimanından ayrılırken sağanak yağmur yağdı.

Ama bizi karşılamaya gelenler, yağmurda ıslanmalarına rağmen mutluydular. Son üç yılda kuraklık olduğunu ve dokuz ayda hiç yağmur yağmadığını duydum. Burada ki en büyük sosyal sorun buydu.

Su ihtiyacıyla ilgili sorunlar dolayısıyla tüm Madras halkı merkezi hükümete karşı grevdeydi. İşte böyle sorunların yaşandığı koşullar altında Madras'a vardım ve bundan sonra da sık sık yağmur yağdı. Beraberimde yağmuru getirdiğim için bazı insanlar beni 'Yağmur Adam' diye çağırmaya bile başladı.

Din Değiştirmeye Karşı Yasa

Tanrı, bu seferin vasıtasıyla fazlasıyla yüceltilmek istedi, ama şeytanında büyük iş ve engelleri işbaşındaydı.

Madras'ta ki bazı insanlar yalan beyanlarda bulunarak bu seferin durdurulmasına çalıştılar. Ama bundan çok daha önemli bir olay daha oldu. Zoraki yapılan din değiştirmelerine karşı emir çıkarıldı. Bu emir şöyle diyordu:

"Hiçbir kimse doğrudan ya da başka türlü, bir başka kişinin zoraki, cezp ederek ya da düzmece yollarla dinini değiştirecek veya etmeye teşebbüs edecektir. Bu emri ihlal edenler, üç seneye yakın hapis cezasına ve 50.000 Rupi para cezasına çarptırılacaktı. Eğer din değiştiren kimse azınlık, bir kadın veya kast sisteminden ya da bir kabiledense, hapis cezası beş sene ve para cezası da 100.000 Rupiydi."

Kendi istekleriyle din değiştirenler ve bu din değiştirme işlemini yapan dini liderler, yerel yönetime bildirmekle hükümlüydüler.

Bu yasa seferin ilk günü olan 10 Ekim'de yürürlüğe kondu. Müjdeyi duyurduğum için tutuklanma riskiyle karşı karşıyaydım.

Hindistan'a varana dek bu konuyla ilgili bir bilgim yoktu. Seferin hazırlıklarını yapan kilise çalışanları bana bu durumu bildirmemişlerdi. Endişeleneceğimi düşünmüşlerdi.

Bu durum yüzünden organizatörlerden benden sadece barış ve kutsama mesajları vermemi istediler.

Ama eğer Yaratan Tanrı'yı ve İsa Mesih'i duyuramayacaksam, oraya gitmemin de bir anlamı yoktu. Geri adım atmadım. Tutuklanacak olsam dahi, Yaratan Tanrı'yı ve İsa Mesih'i duyuracaktım.

Toplantının her bölümünde, İsa Mesih'i kabul ederek tüm günahlarından bağışlanacaklarını ve kurtulacaklarını vurguladım.

Ayrıca göz alıcı gökler ve dehşet verici cehennem hakkında da vaaz verdim.

Pederler Konferansı

10 Ekim, seferimizin ilk günüydü. O gün, Madras semalarında güneşin çevresinde dairesel bir gökkuşağı vardı. Sabahleyin Kamaraj Arangam'da pederler konferansını yaptık. Organizatörlerin beklentilerinin neredeyse iki katına tekabül eden 3000 kadar peder konferansa katıldı. Tanrı'nın iyilik ve kötülüğün bilgisini taşıyan ağacı neden yerleştirdiğiyle ilgili konuştum.

Onları dikkat kesilmiş, zaman zaman neşeyle el çırpar gördükçe ve vaazı dinledikçe ruhani açıdan aç olduklarını hissedebiliyordum.

Çevirmen zamanında varamadığından bir başkası onun yerine geçti. Daha sonra bu çevirmenin organizatörler komitesine eğer ruhani dünyayla ilgili konuşacaksam çeviriyi yapmayacağını söylediğini öğrendim.

İyilik ve kötülüğün bilgisini taşıyan ağaçtan bahsediyordum ve eğer Cennet Bahçesini atlayacak olsam, ana temayı atlamış sayılacaktım.

Yeni çevirmen bu durumu bilmediğinden, her şeyi çevirdi. Trafik yoktu ve asıl çevirmenin hala gecikmiş olduğunu görünce, Tanrı'nın elinin olaya el koyduğunu hissedebildim.

Marina sahiline akşam saat 18:00 sularında büyük beklentiler ve birazda endişeli vardım. Burası dünyanın ikinci uzun sahiliydi. Otelden hemen hemen 15 dakika uzaklıktaydı. Otel odamdan

Hindistan Mucizevî Şifa Duası Festivali (Marina sahilinde)

dahi toplantının yapılacağı alanı görebiliyordum.

Sahne, 45 metre genişlikte 3 katlı bir yapıydı. 2000 kişiyi destekleyecek kapasiteydi. Tanıklık etmek için gelecek hemen herkesi kaldıracak kapasiteydi. Toplantının yapılacağı yer öylesine büyüktü ki, başka yerlere de dev ekranlar yerleştirilmişti. Bunlar çaprazlama 25 metreydi. Toplantıdan bir saat önceydi, ama insanlar çoktan doluşmuştu.

Büyük Seferin Başlangıcı

O gün Yaratan Tanrı hakkında vaaz verdim. Onlara Tanrı'nın gerçek olup olmadığını, her şeye gücü yeten olup olmadığını ve gerçekten işler ortaya koyup koymadığını göstereceğimi bildirdim. Vaazdan sonra tüm gücümle hastalar için dua ettim. Pek çok kötü ruh kovuldu ve sayısız insan şifa buldu. Tüm bunlar TV kanallarında canlı olarak yayınlandı.

Şifa bulanlardan biri 16 yaşında ki Ganesh'ti. Kaza geçirmiş ve kazadan sonra hastaneye kaldırılmıştı. Kalça kemiğinde tümör vardı. Kalça kemiğinden bir kısmı çıkarırken, tümörü de almışlar ve bölgeye metal barlar koymuşlardı. Altı ay yatağında yatmak zorunda kalmıştı. Hatta bu dönemden sonra bile oturmakta ve yürümekte zorluklar çekiyordu. Ancak çevresindekilerin yardımıyla etkinliğimize katıldı. Hastalar için yaptığım duayı aldıktan sonra, elektrik şoku gibi bir şey hissetti. O zamandan sonra acı bedenini terk etti ve bir daha bastona gereksinimi kalmadı.

Diriliş toplantısının ikinci günü sabahın erken saatlerinde şiddetli yağmur yağdı. İlk günden çok daha fazla insan toplantı yerine akın etti ve daha fazla şifa işleri ortaya kondu. Yüz binlerce insan her gün aynı yerde toplandı. Ben sahnenin en yüksek yerindeydim, ama buna rağmen kalabalığın sonunu görmem çok zordu. Şifa dualarından sonra sayısız insan sahneye doluştu ve organizatörler şaşkınlık içindeydi.

Marina sahilde pek çok dirilişçi bulunmuştu, ama bu kadar çok şifa işinin ortaya konduğunu görmemişlerdi ve böyle bir şeyin olacağını ummadıklarını da söylediler.

En büyük Seferde ki Tanrı'nın Takdiri İlahisi

Diriliş toplantısının üçüncü gününden itibaren gökyüzünde hem net dairesel gökkuşakları hem de düz gökkuşağı belirdi. Yine yüz binlerce insanın akınıyla toplantımız başladı. Ancak hiç beklenmedik bir şey oldu. Vaaz esnasında birdenbire güçlü bir rüzgâr ve sağanak yağmur baş gösterdi. Aynı zamanda gök gürlüyor ve şimşekler çakıyordu. Sağanak yağmur yüzünden gözlerimi tam açamıyordum bile.

Hatta sahne bile güçlü rüzgârlarla sarsıldı. Katılımcıların bazıları huzursuzlanmaya başladı. Toplantı yerini terk etmeye hazır gibi görünüyorlardı. Onlara bu yağmur yüzünden sarsılmamalarını, ama imanla üstesinden gelip Tanrı'yı yüceltmelerini öğütledim. Kısa zamanda seslerini kesip vaazı dinlemeye devam ettiler.

Birçok şeyden endişe duymaktan kendimi alamıyordum. En büyük sorun, yayın ekipmanlarının ıslanması, kırılması veya kısa devre yapmasıydı. Canlı yayın kesilebilirdi. Ama Tanrı'nın bizi koruyacağına dair imanla tüm bunları zihnimden çıkardım.

Şaşırtıcı bir şekilde güçlü rüzgâr ve sağanak yağmur bir saat kadar sürdü. Ancak dev ekranlara, elektrikli ekipmanlarıyla yayın araçlarına bir zarar gelmedi. Bu kadar yağmur ve rüzgârla, büyük bir sorun olabilirdi.

Sahnede elektrik kabloları vardı ve yağmur bazı elektrik prizlerinin içine dolmuştu. Buna rağmen ne elektrik akımı ne de kaçağı olmadı. Tek bir kaza dahi meydana gelmedi çünkü Tanrı bizi korudu.

Vaaz verdiğim sırada, yüreğimde yağmurun durması için dua ettim. Ama yağmur daha da şiddetlendi. Son 20 yıldır tüm açık alan aktivitelerimiz için Tanrı bize iyi hava koşulları bahşetmişti.

Hatta en şiddetli yağmurlar bile duayla durmuştu. İlk kez yağmurdan sırılsıklam oluyordum.

Kaygı içindeydim ve bacaklarımın takati kalmamıştı. Sadece bir yere çöküp oturmak ve ağlamak istiyordum. Ama bunu yapamazdım. Sağanak yağmur altında sırılsıklam kalarak vaazımı vermeye devam ettim. Ve tüm bunları şemsiyesiz yapıyordum. Sanırım bu durum insanları duygulandırmıştı ve hiç biri yerlerinden kıpırdamadı.

Tanrı o gün büyük şifa işleri ortaya koydu ve pek çok insan gerek televizyonda gerek ise internette bizi izledi.

Duadan sonra insanların tanıklıkları başladı. Onları izledim. Sahnenin altına gelen bazıları, gözyaşları içinde bana şükranlarını göstererek bakıyorlardı.

Otele döndükten sonra Tanrı'ya niçin böylesine şiddetli bir yağmur olduğunu ve neden dua ile bile durmadığını sordum. Bana gerek şiddetli rüzgârların, gerekse sağanak yağmurun takdiri ilahisi olduğunu söyledi.

Tanrı'nın takdiri ilahisi sebebiyle yağmur yağdığından, dualarımla bile dinmemişti.

"Bu yolla Tanrı ve İsa, Hint halkının zihinlerinin derinliklerine ekilmiştir. Sende artık onların zihinlerinde ekilisin."

Yerel pederler ve pek çok insan gerçek imanı anlasın ve Tanrı'nın sevgisini yüreklerinin derinliklerine kazısın diye sağanak yağmur verdiğini açıkladı. Ayrıca bunu imanla geçtiğimiz için, kutsamalarında yağacağını söyledi.

Sağanak yağmurda hastalar için dua

2001 yılından beri Tanrı bana Hindistan'da ki bir seferin zaman başlamadan önce planlandığını ve bu seferin pek çok açıdan en büyük sefer olacağını anlatmaktadır. Tanrı insanların yüreklerini bildiğinden, ne kadar çok insanın akın edeceğini de biliyordu.

Bu seferimiz 4 televizyon kanalında ve internette canlı olarak yayınlanmıştı. Özellikle Hindistan gibi bir ülkede oldukça nadir gerçekleşen bir Hristiyan etkinliğiydi.

Sağanak yağmura rağmen devam eden bu toplantıyı sayısız Hintli televizyonlarından seyretti ve çok derinden etkilendi. Mesihin gerçek sevgisini gördüler ve Tanrı'nın sevgisi yüreklerinin derinliklerine kazındı.

"Böylesine muazzam bir adamayla Hint halkını böylesine çok

seven zat kimdir?"

En Büyük Kalabalık

Bir sonra ki gün olan 13 Ekim tarihinde, 1.5 milyon gibi rekor sayıda insan Marina sahiline akın etti. Seferi televizyonlarından izleyen pek çok insan etkilenmiş ve Marina sahiline gelmişlerdi. Kalabalığın sonunu göremiyordum. Bazıları sahilde ki tüm kumların insanlara dönüştüğünü söylüyordu. O gün hastalar için dua ettiğimde, pek çok cinin haykırışlarını duyabiliyordum.

Bu kötü ruhlar, kendilerine uzaklaşmalarını buyuracağımı biliyorlardı ve haykırıyorlardı. Pek çok Hintli kötü ruhların etkisi altındaydı çünkü çok uzun zamandır putlara tapınmaktaydılar.

Cinlere çıkmalarını buyurduğumda, haykırışları son buldu ve sessizleştiler. Bazıları ruhani gözleriyle geriye bakmadan kaçan cinleri görebildi.

Orijinal sesin gücü gerçekten çok büyüktü. Cin çarpmışlar normale döndü, duyamayanlar duydu ve konuşamayanlar konuştu.

Bazıları sedyelerde geldi, ama yürüyerek çıkıp gittiler. Çaresi olmayan pek çok hastalık şifa buldu. Özellikle seferimizin son gününde Kutsal Ruh'un ateşli işleri kendini gösterdi ve pek çok iz bıraktı.

Her şey bu saydıklarımla da kalmadı. Bazı Hintliler büyücülükle uğraşırlar. Evlere yumurta ya da bazı meyveleri asar ve insanlara lanet ederler. Kore'ye döndükten sonra kara büyüyle ilgili pek çok mektup aldım.

İnanmayan bir adam, evlerinin pek çok yerine yumurtalar

asmıştı. Ama bu adamın eşi inananlardandı ve diriliş toplantımızı televizyondan seyretmişti.

Benim hastalar için ettiğim dua başladığında, asılı yumurtalar birer birer yere düşüp kırılmıştı. Şaşkınlığa düşen adam, kiliseye gideceğini ve bir daha Hrıstiyanlığa müdahale etmeyeceğini söyledi.

Yerel pederler, seferimizin pek çok açıdan en büyük sefer olduğunu dile getirdiler. Yaratan Tanrı ve İsa Mesih'in tam bir ahenk içinde duyurulduğunu ve Söz'ün ise kendisine eşlik eden belirtilerle tasdik edildiğini söylediler. Kısaca, mükemmelce mesaj verilmiş ve hiçbir suçlama da getirilmemişti.

Organizatörler, katılımcıların %60'nın Hintli olduğunu söyledi. Ayrıca bunların pek çoğu İsa Mesih'i kabul ederek dinlerini değiştirmişlerdi.

Sadece Marina sahilinde değil, ama 9 ayrı şehirde dev ekranlar konmuş ve seferimiz eşzamanlı olarak yayınlanmıştı. Ayrıca binlerce kişi bu yerlerde de bir araya gelmişti. Vaazı dinlemiş ve şifa bulmuşlardı. Hindistan'ın Hrıstiyan tarihinde büyük bir hareketti. Tomas'ın şehitlik kanının meyve verdiği bir sefer olmuştu.

Din Değiştirmeye Karşı Yasa Sonunda Kaldırıldı

Seferimizin ilk gününden itibaren pek çok polis memuru sert bakışlarla beni izliyordu. Ama zaman geçtikçe yüzlerinde ki bu ifade de değişti. Pek çok insanın şifa bulduğunu gördükçe, benim huzuruma geldiler ve hatta dua almak için diz çöktüler.

Polis, 4-günlük süre boyunca 3 milyondan fazla insanın akın ettiğini ve kazasız belasız, barış içinde bir Hrıstiyan etkinliği

Sayısız insanın mucizevî bir şekilde şifa bulduklarına tanıklık etmesi

yapıldığını Tamil Nadu hükümetiyle merkezi hükümete rapor etti. Bu, Hint toplumda Hristiyanlığın tekrar değerlendirilmesi için bir şanstı. Baskı altında yaşamakta olan pek çok inanan, kendilerinden gurur duymaya başladılar.

Ayrıca sayısız insan Hristiyanlık dinine geçti ve Hristiyanlık güçlendi. Hristiyan liderler birbirleriyle birleşti ve din değiştirmeye karşı yasanın kaldırılması için bir demeç yayınladılar. Hristiyan okulları ve hastaneleri kapandı ve Hristiyanlar oruçla ilgili devleti protesto ettiler. Geçmişte bunlar hayal dahi edilemeyecek şeylerdi.

Sonunda, 2004 seçimlerinde, Hindistan Anna Dravida Munnetra Kazhagam (AIADMK) partisi büyük oranda oy kaybetti.

AIADMK partisi, Tamil Nadu Eyalet Valisi Bayan Jayalalitha'nın bağlı olduğu partiydi. Onların yerine Hristiyanlığa karşı daha dostane olan Demokratik Yenilikçi Birlik (DPA) partisi oy çoğunluğunu aldı.

Eyalet Valisi Bayan Jayalalitha, insanların kalplerini kazanmak için pek çok politikaya imza attı. Bunlardan biri de 18 Mayıs 2004 tarihli din değiştirmeye karşı yasanın kaldırılması oldu.

Bu seferimize pek çok peder ve basın muhabirleri ayrıca katıldı. Amerika Birleşik Devletleri, Ortadoğu, Rusya, Avustralya, İsrail ve diğer ülkelerden geldiler. Sadece Kutsal Kitap'ta var olduğunu düşündükleri Tanrı'nın gücüne şahit oldular ve bu seferleri onların ülkesinde de düzenlememizi istediler.

Otuzdan fazla ülke bu seferlerin kendi ülkelerinde yapılmasını istedi. 2000 yılından bu yana Hindistan 7. seferimiz olmuştu, ama hangi ülkelere gideceğime asla kendi başıma karar vermemiştim. İnsani düşüncelerden tamamen azat, sadece Tanrı'nın buyruğunu izledim.

7. Bölüm

Uluslar, Işığına ve Krallar, Doğuşunun Parlaklığına Gelecek

Dubai'de Ne Oldu?

Uganda seferi bittikten sonra, Tanrı bana Dubai'ye gideceğimi bildirdi. O zamana dek Dubai ismini hiç duymamıştım.

Bundan sonra, Kenya seferimizden dönerken, Dubai'de aktarma yaptık. İlk kez ayağımı bu topraklara o zaman bastım. Havalimanında beklerken, "Baba, bu topraklarda fazlasıyla yüceltil!" diye dua ettim.

Dubai, Birleşik Arap Emirliği içersinde ki en büyük ikinci emirliktir. Kore'nin en çok petrol ithal ettiği yerdir. Tanrı, önce ki seferlerin daha çok nicel ölçüde seferler olduğunu, ama bu seferin daha çok nitel açıdan bir sefer olacağını söyledi.

Tanrı, düşüncelerimizin çerçevesini yıkmamız gerektiğini çünkü seferin kendisinin amacının gerçektende Dubai olmadığını söyledi. Bunun nedeni, Büyük Tapınağın inşasının takdiri ilahisini gerçekleştirmek için kendimi yüksek mevkide ki insanlara tanıtmamdı.

Toplantı yapmak için yetkililerden onay aldık ve Hyatt

Otel'in uluslararası toplantı salonunda 2 Nisan'dan 4 Nisan 2003 tarihine kadar 'Kore Hristiyan Kültürü Festivali' için hazırlandık. İki ülke arasında ki işbirliği ilişkilerini daha da iyileştirmek için geleneksel Kore dans ve müzikleri tanıtılacak ve ayrıca daha yumuşakça müjde duyurulacaktı. Toplantıyı bir kilisede yapabilirdik. Ancak o zaman Müslümanlar toplantımıza katılamazdı. Bu sebeple oteli uygun bulduk. Bu toplantının gerçekleşmeyeceğine dair yüreğimde bir kıpırtı vardı, ama yanımdakilerden hiç birine bunu söylemedim. Sadece imanla bu olaya hazırlanmalarına izin verdim.

Her ne kadar Dubai, diğer Müslüman ülkelerden nispeten daha açık bir ülke olsa da, hala bir Müslüman ülkesidir ve yerel Araplara vaaz vermek tamamen yasaktır.

Dubai'ye seferden bir gün önce vardım ve bana güvenlik nedenlerinden dolayı toplantının iptal edildiği bildirildi.

Irak savaşının hemen ertesiydi ve dünya koşulları istikrarlı bir çizgi üzerinde gitmiyordu. Ama tam sebebi bu değildi. Kilise çalışanlarımızdan biri, oteli kontrole gelen Dubai prenslerinden biriyle tanışma fırsatını yakalamış ve kendisini de toplantıya davet etmişti. Bir Hristiyan etkinliği olduğunu öğrenen Prens, toplantının derhal iptal edilmesi emrini vermişti.

Polisin Yakın takibi Altında

2 Nisan günü yüzden fazla polis memuru otelin çevresinde teftiş yaptı. Toplantıya gelen herkesi geri yolladılar. Ayrıca misyon ekibi olan bizlerden de gözlerini ayırmadılar.

Düşman şeytan, ülkenin yüksek yetkilileri yoluyla toplantı durdurulduğunda oyunun sona ereceğini düşünüyordu, ama

Tanrı'nın takdiri ilahisi sessizce yerine geldi.

Bir sonra ki gün Dubai Engelliler Kulübünden bir davetiye aldık. Üç-beş kişilik gruplar halinde bu yere gittik. Birdenbire düzenlenmiş olduğundan, orada sadece yüz kadar insan vardı. Pek çoğu ciddi olarak engelliydi ve kendi güçleriyle yürüyemiyorlardı. Pek çok kadın kara çarşaf içindeydi. 15 dakikalık bir vaazdan sonra İsa Mesih'in adıyla dua ettim. Tanrı'nın büyük işleri ortaya kondu. Yürüyemeyenler yürümeye başladı. Bazılarının işitme sorunları geçti. Çocuk felci yüzünden sertleşmiş bedenleri olanlar, eğilebilmeye, gerinebilmeye ve hareket etmeye başladılar.

Bu toplantı ve bundan önce ki seferlerimiz, bölgede 16 ülkeyi kapsayan ZEE TV kanalı aracılığıyla tüm Dubai'de yayınlandı.

Ben otelde kalırken, Tanrı'nın gücüne özlem duyanlar benimle tanışmak için geldiler. Bir şekilde polis hattını aşmayı başarmışlardı. Eğer toplantıyı yapmış olsaydık, pek çok insanla tanışamayacaktım. Ama şimdi Tanrı'nın bana gönderdiği insanlarla tanışabiliyordum.

Sheila Diwakar adında ki bir bayan geçirdiği trafik kazası yüzünden tekerlekli sandalyeye mahkûm olmuştu. Hareket etmesi bile öylesine zordu. Ama duamı aldıktan sonra hemen ayağa kalktı ve azar azar yürümeye başladı. Sevincini gizleyemiyordu.

Basından bazı insanlarda bize ayrıca yardım ettiler. Dr. Ömer Yasin, eşi ve kızıyla geldi. Ensefalomenenjit yüzünden, kızının 30 senedir konuşma bozukluğu vardı.

Ama duamı aldıktan sonra bana, "Teşekkür ederim" dedi. Çift, kızlarının konuştuğunu böylece ilk kez duydu. Oldukça derinden etkilenmişlerdi.

Dr. Ömer, kızının şifa bulmasını kaleme alacağını söyledi. O kısacık zaman içinde Ortadoğu'da ki misyonumuz için yardımcı olacak pek çok kişiyle tanışmıştım. Bu insanlar, Tanrı'nın takdiri ilahisini gerçekleştirmek için birleştiren bir bağ oldular.

Rusya Seferi, St. Petersburg'un 300. Yıldönümünün Resmi Etkinliği

27 Mayıs 2003 tarihinde Rusya Cumhurbaşkanı Putin, St. Petersburg şehrinin 300. kuruluş kutlamaları için 50'den fazla ülke liderini davet etti. Pek çok ülkenin lideri bir yerde toplandığından, dünyanın ilgisi St. Petersburg şehrine çevrildi.

Rusya'da ki seferimizde aynı yıl gerçekleşmişti ve hükümet yetkililerinin işbirliğini de alarak kutlama etkinliklerinin resmi etkinliklerinden biri olarak tasarlanmıştı. 12 Kasım 2003 yılında seferimizin ilk gününden itibaren, St. Petersburg Olimpik Stadyumu insanlarla dolup taştı.

Kasım'da orası oldukça soğuktur ve çok kar yağar. Ama seferimiz esnasında normal seyrin aksine, donma noktasının üzerinde bir ılıman havayla karşılaştık. Yaratan Tanrı, İsa'nın niçin Kurtarıcımız olduğu ve Kutsal Ruh'un gücüyle ilgili vaazlar verdim.

Hastalar için her dua edişimde, stadyum Kutsal Ruh'un ateşiyle doldu.

Rusya Mucizevî Şifa Festivali (St. Petersburg Olimpik Stadyumu)

Duyamayanların duydukları, yürüyemeyenlerin yürüdüklerine dair haykırışlarıyla stadyum doldu. Çarpılmış ya da deforme olmuş bacakları yüzünden destek bastonlarıyla yürüyenler, kendi başlarına yürüyebildi. Göz sorunları düzelenler ise gözlüklerini attılar. Bazıları da konuşma sorunlarına şifa buldular. Tüm bunlar canlı olarak tüm dünyada yayınlandı.

St. Petersburg'da ki toplantı yeri dışında, Penza, Izhevsk ve Ukrayna gibi beş farklı yerde daha eşzamanlı olarak seferler canlı olarak yayınlandı.

Toplantıdan sonra gittiğim veda partisinde, Izhevsk'te ki eşzamanlı sefere katılan pederlerden biri bana yaklaştı. 20 derecenin altında ki soğuk havaya rağmen, binden fazla insan toplandığını ve pek çok kişinin şifa bulduğunu söyledi. Engelliler kulübünden sorumlu bir peder, işitme ve görme sorunları olanların şifa bulduğunu söyleyerek sevincini ifade etti.

Bu sefer, 27 kanal, çeşitli kablolu yayınlar ve 12 farklı uydu kullanılarak sadece Rusya'da değil, ama ayrıca 150'den fazla ülkede canlı olarak yayınlanmıştı. Estonya gibi komşu ülkelerde ki insanlar televizyonda diriliş seferini izleyerek ilahi şifa işlerine şahit olmuşlar ve yayın kuruluşlarına hikâyelerini göndermişlerdi.

Yerel doktorlar seferler katılarak iyileşme vakalarını belgelediler. Bir doktor şaşkınlığını, "Sadece dua alarak pek çok insanın şifa bulduğunu hayretler içinde izledim" diyerek ifade etti.

Moskova Pentakost Kilisesi Derneği başkanı, Kutsal Ruh'un ateşli işlerini ve Tanrı'nın varlığını hissettiğini söyledi. Rus kiliselerinin dirilişi için büyük bir dönüm noktası teşkil ettiğini de ekledi.

Pederlerin, ruhani uykudan uyandıklarını, Tanrı'nın gücünün sadece Kutsal Kitap'ta olmadığını, ama gerçekte de olduğunu ve bu günde bunların gerçekleşebileceğine inanmalarını sağladığını da belirtti. Bu yolla Tanrı'nın gücüne özlem duymaya başlamışlardı ve kiliselerde birleşmişti.

Ruhani Çalışmaların Başlangıcı

Tanrı, ruhtur ve bizler gerçeğe ve ruha dönüştüğümüz ölçüde, 'ruhani boşluk' un akıntısında yol alabiliriz. Ruhun içine girdiğimiz ölçüde, Tanrı'nın boşluğunda O'nunla bir olabilir ve O'nun gücünü alabiliriz. Bu şekilde, vaazda ki yetkinlikte farklı olacaktır.

Vaaz ile dinleyicilerin üzerine etki bırakmak hiç te zor olmaz. Ama bir dinleyicinin canının ve ruhunun, eklemlerinin ve iliklerinin içine delip geçerek onda değişiklik yaratmak için, Tanrı'dan yetkinlik almalıyız.

Ruhani dünyanın derinliği sınırsızdır. Beni Gücünün daha yüksek boyutlarına sevk etmek için, Tanrı Ocak 2003 yılında ruhani çalışmalara başlamama izin verdi.

Yüzde yüz Tanrı'nın yüreğinden gelen Tanrı'nın orijinal sesini duymam ve tamamen Yaratılışın En Yüksek Gücünü ifşa etmem için bu benim için gerekli bir süreçti.

Tanrı beni zamanın başlangıcının ruhani yasalarıyla ilgili bilgilendirdi. Ayrıca bana adaletin kanunlarını açıkladı. İbrahim, Musa, İlyas ve elçi Pavlus gibi 'bütünüyle ruh' olarak bilinen ruhun seviyesini başaran Tanrı'nın peygamberlerini de bilmemi sağladı. Ayrıca bana Yaratan Tanrı'yı, Rab İsa'yı ve Tanrı'nın gücünü ifşa eden peygamberlerle elçileri öğretti.

Ruhani Açıdan Hizmet Vermelerini Pederlerle Öğretme

Tanrı'dan derin ruhani dünyayla ilgili öğrendiklerime dayanarak, senede birden fazla pederler konferansı düzenledim.

Kilisemiz ve yurtdışı misyonerliklerimizde ki pederleri ruhani açıdan büyümeye ve Tanrı'nın sevgili ve güçlü hizmetlileri olmaya yönlendirmek için, tüm gücümle onlara öğrettim ve onlar için Tanrı'ya sıkıca sarılarak gözyaşları içinde onlara dua ettim.

Elçi Pavlus şöyle demişti: *"Bunun için uyanık durun. Üç yıl boyunca, aralıksız, gece gündüz demeden, gözyaşı dökerek her birinizi nasıl uyardığımı hatırlayın"* (Elçilerin İşleri 20:31). Bende onlara Tanrı'dan öğrendiğim her şeyi öğrettim ki, imanın daha olgun seviyelerine ve bütünüyle ruhun seviyesine gelebilsinler.

Başka pederler benden daha fazla güç aldılarsa ne mutlu! Böylece Tanrı'nın egemenliği genişler ve pek çok can daha kurtulur. Temmuz 2003 tarihinde gerçekleşen 21. Pederler Konferansında, 'Ruhun Akışı' başlığında bir konuşma yaptım.

Bu konferansta pederlere, Tanrı'dan öğrendiğim 'boşluk' hakkında konuştum. Nasıl ruhun yüreğine sahip olabileceğimizi, boşluk akışı içersinde nasıl yol alabileceğimizi ve Yeni Yeruşalim'de ki 24 ihtiyar hakkında öğrettim. Ayrıca onlara ruhani hizmette daha büyük güç sahibi olmalarını ve göklere umut beslemelerini öğütledim.

1. Krallar 8:27 ve Yeremya 10:12 gibi Kutsal Kitap'ın pek çok ayeti bizlere sadece bir değil ama birden fazla gökler olduğunu söyler. Hatta Yeni Ahit'in Efesliler 4:10 ayeti, "göklerin çok üstüne" yazarak çoğul bir ifade kullanır.

Gökler sadece bir değil, ama birden çok fazladır. Genel olarak, fiziksel boşluk ve ruhani dünya olan ruhani boşluk olarak sınıflandırılır. Ruhani boşluğun büyüklüğüyle kıyaslandığında, fiziksel boşluk çok küçük bir bölümdür.

Fiziksel boşluk, göğün ilk katıdır. Göğün ikinci katından itibaren göğün tüm katları ruhani dünyaya aittir.

Cennet Bahçesi ve kötü ruhlar, göğün ikinci katındadırlar. Göksel egemenlik, göğün üçüncü katındadır ve göğün dördüncü katı, Tanrı'nın orijinal tahtına ev sahipliği yapar. Tanrı'nın Yeni Yeruşalim'de ki tahtından farklı bir boyuttadır.

Boşluk

Tanrı'nın yüreğinde, evrende ki tüm boşluklar barınır. Bu boşluğa sahip olmak, yürekte hepsini barındırmaktır. Kısaca, boşluğun detaylı bilgisine sahip olmak, ruhani bir bilgi olarak onu yetiştirmek ve kişinin yüreğinde onu tamamlamaktır.

Mezmurlar 68:33 şöyle der: *"Göklere, kadim göklere binmiş olanı. İşte sesiyle, güçlü sesiyle gürlüyor!"* Güçlü sesten kasıt, Yaratılışın Orijinal sesidir.

Göğün dördüncü katında ki boşlukta bile, hükmetme ve kontrol etme seviyesindedir. Ancak bu seviyede olan bir kişi orijinal sesle seslenebilir ve buna da 'güçlü ses' denir. Ama bizler bu sesi duyamayız.

Yaratılışın bu orijinal sesi seslendirildiğinde, her boşlukta ki tüm şeyler itaat eder. Otorite ve saygınlığı tüm gökleri sarsar.

Eğer gerçekten bir insan bu sesi duyacak olsaydı, kulak zarı patlardı. Bu güçlü sesi ancak Tanrı ruhani kulaklarımızı açtığında duyabiliriz.

Tanrı önce göğün dördüncü katında ki boşlukla ilgili ruhani bilgiyi bana öğretti. Bir kişi sadece 'ruh' un seviyesine ve Tanrı'nın ruhunun saf seviyesine girdiğinde, göğün dördüncü katında ki boşluğa tamamen sahip olması mümkündür. Böylece bu kişi ruhta göğün ikinci ve üçüncü katlarını da kontrol edebilir.

İlyas, Musa ve elçi Pavlus gibi bütünüyle ruhun seviyesini başaranlar, göğün ikinci katında varlıklarını sürdüren kötü ruhlara kontrol edebilme seviyesine ulaşmışlardır. Kötü ruhlar bütünüyle ruhu başaran bu insanların önünde korkuyla titrerler ve aslına bakarsanız bu insanların yakınına dahi gelemezler.

Ama bütünüyle ruha sahip olan bu insanlar yeryüzünde yaşarken, düşman şeytan onların karşısına engeller çıkarmak ve onlara zulmetmek için kötü insanları kışkırtır. Bu yetki, yeryüzünde insanın yetiştirilmesi süreci bitene kadar Tanrı'nın kötü ruhlara verdiği bir yetkidir. Düşman şeytanda bu yetkiyi kullanır ve Tanrı'nın egemenliğinin gerçekleşmesi için yapılan tüm işleri engellemeye ve eziyet vermeye çalışır.

Bu sebepledir ki, bütünüyle ruh seviyesini başardıktan sonra, yeryüzünde ki görevimiz sona erene dek karanlığın güçlerine karşı savaşmaya devam etmeliyiz. Bir kişi göğün dördüncü katında ki boşluğa sahipse, her şey tıpkı orijinal sesin çıktığı gibi yapılır. Böylece düşman şeytan bu işleri bozamaz.

Bazıları şöyle sorabilir: "Eğer Tanrı kötü ruhlara yetki verdiyse, onlarda güçlü işler ortaya koyamazlar mı?" Kesin bir dille söylememiz gerekirse, düşman şeytan kendi yetkisi dâhilinde gücün işlerini ortaya koyamaz.

Düşman şeytan, Tanrı'nın sözünü terk edenlerin ve günah işleyenlerin önüne test ve sınamalar çıkarır. Ve tüm bunlar ruhani dünyanın yasasına göre yapılır. Tanrı, yılana tüm yaşantısı boyunca toprak yiyeceğini söylemiştir (Yaratılış 3:14), ancak yılanlar toprak yemez. Onlarda kurbağa ve fare gibi yaşayan canlıları yerler.

Burada toprağın mecazi bir anlamı vardır. Topraktan yaratılmış insana işaret eder. Tanrı, Tanrı'nın sözüne itaat etmeyen ve günah işleyen 'benliğin insanlarını' şeytanın yutmasına izin verir.

Ölüyü dirilten, sakat adamı ayakları üzerinde doğrultan ve kör gözlerin açılmasını sağlayan yaratılışın gücü, sadece Tanrı'ya aittir. Şeytanın böyle bir gücü yoktur ve bu sebeple Kutsal Kitap'ın hiçbir bölümünde bu işleri gerçekleştiren kötü ruhlardan bahsedilmez.

Göğün dördüncü katında ki boşluğa gitmek için eğitilme sürecinde, Tanrı bedenimden fiziksel enerjiyi alıp, onu ruhani enerjiyle doldurdu. Bu süreç esnasında vücudumda bazı anormallikler oldu. Çünkü bedenim üç boyutlu bir dünyaya aitken, ben göğün dördüncü katında ki dördüncü boyutta ki boşluğa sahip olabilmek için eğitiliyordum.

Dördüncü boyutun ruhani boşluğu, Tanrı'nın orijinal ses ve ışıkla bir başına var olduğu boyuttur. Bu seviyede ki şeyler, onları yürekte barındırmakla gerçekleşir.

Tanrı'nın Takdiri İlahisinde İzin Verilen Üç Sınamayla Kutsamalar

Farz edin ki İsa'nın gücü 100 olsun. Bu durumda, bütünüyle ruhun insanının gücü en fazla 50 olur. Elçi Pavlus, Kutsal Kitap'ta adı geçen pek çok kişi arasında en güçlü işleri ortaya koyan kişidir. Tanrı ile etkin olarak iletişim kurabildi ve İncil'in 14 kitabını yazdı. Böylesine büyük olmasına rağmen, İsa'ya kıyasla gücün sadece %50'ne sahipti.

Bu sebeple körün görmesini, dilsizin konuşmasını sağlayamadı. Zaman ve mekânın sınırlarını aşan işler ortaya koyamadı.

Bazıları Musa'nın gücün işlerini, Pavlus'tan çok daha büyük oranda ortaya koyabildiğini düşünebilir. Ancak Musa, Kızıl Deniz'i ortadan ikiye ayırma gibi belirti ve harikaları Tanrı'nın sözüne itaat ederek göstermiştir.

Ancak elçi Pavlus'un vakasında, Tanrı'nın buyruğu olmadan kendi imanıyla bu belirti ve harikalar ortaya konmuştur.

Böylesine günahla dolu bu zamanda dünya misyonunu gerçekleştirmek için, Tanrı, Pavlus'un sahip olduğu güç seviyesinin bile yeterli olmadığını söylemektedir.

Eğer kiliseyi açtığım sırada gücüm 1 ise, Tanrı geriye kalan 99'u doldurmuş ve bizlere büyük belirti ve işaretler göstermiştir. Başlangıçtan bu yana yüzleştiğim imanın çeşitli sınamalarıyla, sahip olduğum güç azar azar yükseldi ve 1998 yılında başlayan üç testin hemen öncesinde 50'ye ulaştı.

Ancak %50'lik bir güç, Tanrı'nın takdiri ilahisini gerçekleştirmek için yeterli değildir. Bu sebeple Tanrı bu üç testle çok daha büyük bir güce sahip olmam için beni yönlendirmiştir. Pek çok insanın ihanetiyle yüz yüze gelmek zorunda kaldım ve sebepsiz yere zulüm gördüm. Ama sevinçle, şükranla, duayla, sevgiyle ve iyilikle bunların üstesinden geldim.

Düşman şeytan bu üç testle ve diğer hilekâr planlarla beni yıkmaya çalıştı, ama başarılı olamadı. Ruhani dünyanın yasası, günahın ücretinin ölüm olduğunu dikte eder. Bu sebeple şeytan, günah işlemeyen bir kişiyi öldüremez ve onu yıkamaz. Şeytan, kötü insanları kışkırtmış ve İsa'yı çarmıha gerdirmiştir. Ama İsa günahsız olduğu için, ölümün otoritesini yıkarak göğe yükselmiştir.

O üç testten sonra şeytan ne karşıma çıkabilmiş, ne de misyonumuzu kösekleyebilmiştir. Ben bu üç testten geçerken, Tanrı'da bana gücün dört seviyesinin ışığını bahşetmiştir. Bundan önce dua ettiğimde, güç bana göklerden gelir ve benim üzerimden çıkardı. Ama o zamandan beri, Tanrı'nın gücünün ışığı benden çıkmaya başladı.

Böylesine günahla dolu bu dünya da insanın yetiştirilme sürecini bitirmek için, yaratılışın gücüne gereksinimiz var.

Bu sebeple Tanrı, her türlü teste izin vererek beni bu seviyeye yönlendirmiştir. Böylece şeytan daha fazla ne suçlama getirebilir ne de herhangi bir şeye daha fazla karşı koyabilir.

Testlerin üstesinden geldiğim için, Tanrı bana Gücünü verdi ve şeytanda karşı koyamadı. Böylesi bir sürecin üstesinden gelemeseydim, şeytan Tanrı'ya, "Hizmetline böylesine büyük bir güç verdiğin için pek çok insanın inanmasına sebep oluyor. Bu gerçek bir insan yetiştirmesi mi?" diyerek karşı koyacaktı.

Tanrı, hiçbir lekenin olmadığı mükemmel adaletle çalışır. İnsanoğlunu uzun zamandan beri yetiştirmektedir, ama adaletin önünde doğru olamayan bir şeyi asla yapmamıştır. Tanrı bana gücün dört seviyesini verdi ve daha mükemmel seviyelere girmem için beni eğitti.

Çünkü bizler dünya misyonunu gerçekleştirmek ve tüm dünyaya yaşayan Tanrı'yı ilan etmek zorundayız. Böyle bir süreçle, Tanrı'nın iyilikle kötü insanları bile anlayan, onlara inanmayı isteyen insanlığını ve kötü insanları ayırt edebilen ilah, yönünü derinden kavradım. Tanrı'nın sevgi ve adaletinin yüreğime işlenmesi süreciydi.

2000 yılında gücün seviyesi oldukça yükseldi. Uganda seferinden başlamak üzere, yurtdışı misyonerlik faaliyetlerimizin kapısı olduğu gibi açıldı ve yaratılışın gücü ortaya kondu. Ama bir kişinin insan bedeniyle dördüncü boyutun boşluğuna gitmesi kolay değildir.

Uzay boşluğunun farklı çevresine uyum sağlamak için kendilerini eğiten astronotları düşünün. Dünyanın atmosferinden çıktıklarında baskı nasıl büyükse, bende dördüncü boyutun boşluğuna sahip olmaya çabalarken ciddi kasılmalar geçirdim.

Kasım 2003 tarihinde eğitimim Rusya seferi esnasında

doruk noktasındaydı. Kasılmalarda ayrıca doruk noktasındaydı. Uyuyamıyordum çünkü gece-gündüz bu kasılmalarla mücadele etmek zorundaydım. Ama 2004 yılında kasılmalar büyük çapta yok oldu.

Hatta şimdi bile, dünya misyonunun verdiği sorumluluk, tapınağın inşası ve tüm bu şeyler için mali meseleler beni baskı altında tutar. Tüm endişeler yok olduğunda ancak nefes alabilirim ve kasılmalarda o esnada doğal olarak yok olur.

15 Nisan 2004 tarihi ruhani çalışmalarımın bittiği gündü. O zamandan beri öğrendiklerimi uygulamamı bekleyen bir eğitimim var. O gün dua evindeydim ve güneşin etrafında oldukça net dairesel bir gökkuşağı vardı.

Ruhani çalışmalarımın sonlandığı zamandan bu yana gücün arttığını hissedebiliyordum. Şifanın işleri öncesinden çok daha çabuk meydana geliyordu. Ben bile hayretler içindeydim. Ciddi şekilde yanmış bir kişi bir hafta içinde iyileşti ve tüm yanık izlerinden tertemiz oldu.

Kilise üyeleri çok daha çabuk kutsamalar alıyordu. Her şey çok çabuk oluyordu. Bu ruhani eğitimi tamamen bitirdiğimde, gerek fiziksel gerekse ruhani boşluğun sınırlarını aşmakta hiç engel olmadan, Tanrı'nın güçlü işlerini Tanrı'nın sevgi ve adalet yasası çerçevesinde ortaya koyabilecektim. Ekim 2004'te beni gücünün derinliklerine yönlendiren Tanrı'nın elleriyle ruhani bir eğitime başladım.

İnternet Üzerinden Servise Katılarak Depresyondan İyileşti

Tayvan'da yaşayan Wei Iran, Mayıs 2004 tarihinden itibaren

işinin verdiği yoğun stres nedeniyle depresyon ve uykusuzluk hastalıklarına yakalandı. Öğleden sonra 4 ile 5 sularında hastaneye kaldırılma noktasında nefes almakta zorluk çekiyor ve oksijen maskesi takıyordu. İlaçlar bir işe yaramıyordu.

Depresyonunun en önemli nedeni strestir ve bir kişinin kendi iradesiyle tek başına bunun üstesinden gelmesi de çok zordur. Ciddi durumlar da hastalar intihara teşebbüs eder. Artık tüm dünya çapında bir fenomen haline gelmiştir.

Durumu kötüleşmeye devam etti ve Temmuz'da hastalık sebebiyle işinden izin aldı. Sadece depresyondan değil, ama ayrıca baş dönmesi ve dengesizliğe sebep olan Meniere hastalığından da çekiyordu. Gözbebekleri odaklanamıyordu. Bedeni sertleşti ve ancak başkalarının yardımıyla yürüyebiliyordu.

Böyle bir durumdayken bir arkadaşının kendisine duyurduğu müjdeyi kabul etti ve Tayvan Manmin kilisesini ziyarete gitti. Pazar günleri internet üzerinden ayinlere katılmaya başladı ve Tanrı'nın lütufunu aldı. Ayrıca orada ki pederin tavsiyesiyle önceki vaazları ve dualarda ki yakarmaları dinledi. Bu vaazları dinleyerek günahlarını keşfetti ve gözyaşlarıyla tövbe etti. İmanı azar azar büyüdü.

Tayvan Manmin Kilisesinin pederi bu bayan için dua ricasında bulunarak resmini gönderdi. 17 Eylül Cuma gece boyu ayin hizmetinde ellerimi resmin üzerine koyup tüm içtenliğimle dua ettim. Tanrı duamı yanıtladı ve bu bayan hem depresyon hem de Meniere hastalığından şifa buldu.

O andan itibaren huzur içinde uyumaya ve normal nefes alıp vermeye başladı. Kısa zamanda işine döndü ve Kore'de ki merkez kilisemizi birçok kez ziyaret etti. Şimdi ise sadık bir Hrıstiyan hayatı sürdürmektedir.

Hac

2004 yılının Mart ayında hacca gittim. Pek çok kez hacca gitmiştim, ama bu kez farklıydı. Çok özel hislerle dopdoluydum. Celile, İsa'nın hizmete başladığı ana yerlerden biriydi. On iki öğrencisinin çoğunluğunu çağırdığı ve pek çok belirti gösterdiği yerdi. Ekibimiz, Celile Gölünde yol alan bir gemide ilahiler okuyarak, dua ederek ve tefekküre dalarak çok özel bir zaman geçirdi.

İsa Üzerine Tefekkür

İsa'nın öğrettiği pek çok söz, parlak taşlara dönüşüp gölün yüzeyinde ışıldadılar. İsa bu yoldan geçmiş miydi? İsa, müjdeyi duyuruyor ve belirtiler ortaya koyuyordu. Yemek yemek ve rahatça dinlenmek için yeterli zamanı olmuyordu.

Celile'de ki bir ağacı, bir kayayı ya da tek bir bitkiyi bile atlamadan geçmedim. Celile kasabasına bakarken Rab'bi o kadar özledim ki, bunu düşünerek yüreğimi bile dağladım. Şafakta Celile Gölüne bakarak içten dua ettim ve İsa'nın eylemlerinin üzerine tefekküre daldım. Rab'be olan özlemim kısa zamanda gözlerimden oluk oluk akan gözyaşlarına dönüştü. Celile'de dua ederken, Tanrı bana Kutsal Kitap'ta geçen bir sahneyi esinleme yoluyla gösterdi.

İsa, pek çok yeri ziyaret ediyor, insanlara öğretiyor ve hastaları iyileştiriyordu. Dinlenmek için yeterli zamanı yoktu. İsa ve öğrencileri sürekli yürüyor ve bazen kısa bir süre için oturuyorlardı. Sonra, on iki öğrencinin lideri gibi olan Petrus, İsa'ya sıkı sıkı tutunma ve O'na hizmet etme isteğiyle doldu. Petrus en önde yürüyordu. Kaftanını çıkardı ve İsa otursun diye bir taşın üzerini sildi.

Toprakla dolu sokaklarda yürümekten İsa'nın ayakları kirlenmişti. İsa oturduğunda, Yuhanna İsa'nın ayaklarını ve sandaletlerini kendi giysileriyle sildi. Öğrenciler yakında ki evlere giderek biraz yiyecek aldılar. Bunlar düz, ince ve yuvarlak somun ekmeklerdi.

Petrus, içlerinden en iyisini seçip İsa'ya verdi. Yol kenarlarında oturan ve ekmeği paylaşan öğrencileri gördüm. İsa, Kendisine hizmet eden öğrencisinin yüreğini tüm yüreğiyle kabul etti ve ekmeğin hepsini yedi.

İsa'nın dilinden dökülen sözler, Celile Gölü'ne dökülen su damlaları gibi bir şekle büründü. Modern bilime rağmen İsa'nın sesini tekrar duyamayız, ama eğer Tanrı ruhani gözlerimizi ve kulaklarımızı açsa, bu şeyleri hem görebilir hem de duyabiliriz. Ruhani gözlerle görüldüğünden, İsa'nın oturduğu veya geçtiği yerlerden güçlü ışıkların izleri vardı.

Celile Gölünde

İsa'nın Görünümünün Değiştiği Dağ

İsa'nın Görünümünün Değiştiği Dağ, İsa'nın Petrus, Yakup ve Yuhanna ile gittiği ve dua ettiği yerdi. Burada üç öğrenci, İsa'nın ruhani bedene dönüşmesini izlemişler, Musa ve İlyas'la tanışmışlar ve onlarla derin ruhani sohbet içine girmişlerdi. Petrus, oraya üç çadır kurmak istediğini söylemişti.

Oraya çıktığımda, üç çadır kurulacak bir yerden çok daha büyük bir alan olduğunu gördüm. Bu dağa tırmanmak İsa ve öğrencileri için zor olmamış mıydı? Ruhani ışığı, sesleri ve enerjiyi hissedebiliyordum.

Ruhani gözlerle bir kişi kısa zamanda İsa'nın Musa ve İlyas'la bir araya geldiği yeri tanıyabilir çünkü bu yer güçlü ışıklarla kaplıydı. Olayın anısına kurulan kilise, bu alandan 50-60 metre uzaklıktaydı.

Ayrıca Getsemani ve İsa'nın çarmıhını yüklenmeden önce teri kan damlalarına dönüşene dek dua ettiği Tüm Uluslar (Kore diline Manmin diye çevrilen) kilisesini de ziyaret ettim.

Via Dolorosa (Haç Yolu)

Yeruşalim, kasvetli bir şehirdir. Çünkü orada ki insanlar İsa'yı Kurtarıcıları olarak tanımadı, ama aksine O'nu çarmıha gerdiler. İsa'nın Yeruşalim için tuttuğu yası ve gözyaşlarını hissedebiliyordum. Ağlama Duvarının yanında, Müslüman Camisi olan Mescidi-i Aksa vardır.

Yeruşalim'e vardığımız günün ertesinde, CNN'den beklemediğimiz bir haber duyduk. İsrail hükümeti, Filistin Lideri Ahmet Yassin'i bir suikastla öldürmüştü. Şehirde gerilim vardı.

Filistinliler, protesto mahiyetinde dükkânlarının kepenklerini indirmişlerdi. Genellikle Haç yolu, dükkânlarla çevrili kabalık bir yerdir ve Arap esnaf, müşterileri dükkânlarına davet eder. Bu sebeple hacı adayları için çarmıhını sırtlanıp taşıyan İsa üzerinde tefekküre dalmak kolay değildir.

Ama o gün Arap esnaf dükkânlarını protesto etmek için kapattıklarından, Haç Yolu sessiz bir yola dönüşmüştü. Pek çok hacı adayı güvenlik nedeniyle planlarını iptal ettirmişti ve hatta yerel halktan bile hemen hiç kimse etrafta yoktu. Bizler ise böylesi sessiz ve sakin bir atmosferde haccımıza devam edebilirdik. Tanrı bana net bir esinleme yoluyla İsa'nın zamanında ki görüntüleri verme lütufunda bulundu.

Çarmıhını taşırken ruh yoluyla Tanrı ile sürekli iletişim halinde olan İsa'yı hissedebiliyordum. Çarmıhını taşıyordu.

İsa, Tanrı ile iletişim kurarak her anın verdiği acının üstesinden geliyordu. İsa bu şekilde yürürken, göklerde ki Baba'da aynı acıyı hissediyordu.

Ayrıca Petrus, İsa'nın gerisinde gelen kalabalığın içinden hayal meyal seçiliyordu. Büyük bir pişmanlık ve tövbe ruhu içinde gözyaşları döküyordu. "Rab'bi nasıl üç kez inkâr edebildim?" diyerek İsa'nın yanına yaklaşmaya cesaret edemiyordu.

Petrus, İsa'yı üç kez inkâr ettikten sonra, hemen üzüntüyle tövbe etmişti. Çarmıhını taşıyan İsa'nın peşinden gitmek, Petrus için doğal bir şey gibi görünüyordu. Kutsal Kitap'ta bunun yazılmamış olmasının sebebi, Petrus'un uzaktan kalabalığı izlemesi ve öğrencilerinin de onu görememesidir.

Sonuna Kadar İsa'nın Yanında Olan Kadınlar

Bakire Meryem'de İsa'nın peşinden yürüyordu. Yüreği parçalanmıştı. Fiziksel ve zihinsel açıdan öylesine afallamış bir vaziyetteydi ki vücudunun tüm kontrolünü kaybetmişti. Mecdelli Meryem ona destek oluyor, şefkat gösteriyor ve aynı zaman da kederli duygularını paylaşıyordu. O anda kanamalarından şifa bulan kadın cesurca İsa'nın önüne gelip terini sildi.

Romalı bir asker onu uzaklaştırmak için itti, ama o, insanların arasından hızla sıyrılıp İsa'nın terini silebildi. Nereden geldiği görülmeyen kamçı hızla kadına vurdu. Kadın yere düştü. Askerler, mızraklarını ve kalkanlarını kullanarak insanları uzak tutmaya çalışıyorlardı.

Bu kadınlar Romalı askerler tarafından yakalanıp öldürülebilirlerdi. Ama korkmadılar ve çarmıha gerileceği yere varana dek İsa'yı izlediler.

Ayrıca bu kadınlar, İsa'nın mezarına gidenler arasında da ilktiler. Golgota, deniz seviyesinden 800 metre yüksekliktedir. O zamanlar bu gün ki gibi asfalt yollar yoktu ve yollar taşlıydı.

Şabat günün şafak vakti Mecdelli Meryem ve Bakire Meryem Golgata'ya çıktılar. Ayakları incinmiş, giysileri taşlara takılıp yırtılmıştı, ama umursamadılar bile. Yetkin sevgileri korkuyu silip attı (1. Yuhanna 4:18).

Kutsal Ruh'un Almanya'da ki Ateşi

Dünya misyonunu gerçekleştirmek üzere Tanrı'nın elleri bizleri Almanya'ya yönlendirdi. Dirilişin durduğu Almanya ve Avrupa'yı uyandırmanın altında Tanrı'nın takdiri ilahisi yatar. Almanya, reformun doğuş yeridir, ama pek çok kilise boştur. Tıpkı diğer Avrupa ülkelerinde olduğu gibi, kiliselerde genç nesle rastlamak çok zordur. Kısmen bunun nedeni, dünyaya ödün vermenin ve Kutsal Kitap merkezli bir hayat sürdürmemenin sakıncası olmadığını öğreten felsefe ve liberal ilahiyatın gelişimidir.

Ruhsal açıdan Avrupa'da ki pek çok kilisenin, Rab'bin, "... *Yaşıyorsun diye ad yapmışsın, ama ölüsün*" (Vahiy 3:1) diye azarladığı Sart'ta ki kiliseden bir farkı yoktur.

Bir bilgi olarak Tanrı'nın sözünü taşıyanların, inançları peşi sıra giden eylemleri yoktur. Yani onların imanı ölü imandır ve kurtulamazlar (Yakup 2:26).

Almanya'da ki gençler kiliseyi çok uzun zamandır terk

etmişlerdir. Pek çok insan saf imanlarını kaybetmiştir. Kutsal Kitap'ta ki mucizelerin şimdi de meydana geldiğini duyduklarında, yüzlerini garip bakışlar ve kuşku dolu ifadeler kaplar. Almanya'yı böylesi bir ruhani uykudan uyandırmak için, 1 ile 3 Ekim arasında Duesseldorf yakınlarında ki Oberhausen arenasında bir sefer düzenledik.

Sefer için hazırlıklar yapan Peder Alexander Yepp ve diğer pederler, en ünlü şifacılar için bile iki veya üç bin kişiyi toplamanın çok zor olduğunu söylediler. Bin kişilik katılımın bile bir başarı sayılacağını ifade ettiler. Bu sebeple sadece 1500 kişi taşıma kapasitesi olan bir yeri kiralamayı istediler.

Onlara imanla hareket ettiğimizi söyledik ve böylece 12.000 kişilik oturma kapasitesi olan Oberhausen arenasını kiraladık. Almanya'da ki sefer için binlerce Kilise üyemiz her gece dua toplantılarında dua etti.

Tanrı, Avrupa'da ki kiliseleri uyandırmak için üyelerimizin misyonerlik sunuları, dualar ve orucundan duygulanmış olmalıydı. Bize Kutsal Ruh'un işlerinin infilak edişini gösterdi.

Yerel pederlerin tahminlerinin aksine, ilk günden itibaren arena insanlarla dolup taştı ve katılımcılar vaazları çok dikkatli izledi. Vaazı dinleyerek, iman sahibi oldular ve hastalar için dua ettiğimde, tüm arena içersinde şifa işlerinin infilak edişine şahit oldular.

İlk günden itibaren, tekerlekli sandalyelerle gelen pek çok kişi kalkıp yürüdü; sağır kulaklar duymaya başladı. Bazılarının görme sorunları iyileşti ve gözlüklerini fırlatıp attılar. Pek çoğu da çaresi olmayan hastalıklarından şifa buldular ve sahneye çıkarak tanıklık ettiler. Tıp doktorları bu şifa olaylarını yerinde belgeledi ve onayladı.

Oberhausen Arenasında Almanya Mucizevî Şifa Festivali

Dua ile şifa bulduklarına tanıklık edenler

Dr. Geoffrey, spor tıbbı okumuştu. Ensefalomenenjit geçirdikten sonra şeker hastası olmuştu. Kalp krizinin de eklenmesinden sonra tansiyonu 180'e fırlamıştı. Yapılan teşhise göre fazla uzun yaşamayacaktı. Ama ilk günden diriliş seferine katıldı ve üçüncü gün hastalar için yapılan dua yoluyla Kutsal Ruh'u aldı. Kalp hastalığı iyileşti. Tansiyonu da normale döndü ve diğer hastalıkları da daha iyi oldu. Dr Geoffrey bizlere iyileştiğini destekleyen tıbbi belgelerin yanı sıra çaresi olmayan hastalıklardan da şifa bulduğu için bir teşekkür mektubu gönderdi.

Sokak afişlerini görenlerin pek çoğu toplantıya katıldı. Diğerleri de televizyondan seyrettikten sonra geldiler. Şifanın işlerine şahit olmuşlardı. Bu toplantı, 4 uydu yoluyla 75 ülkede naklen yayınlandı ve televizyonda seyrederek iyileştiklerini söyleyen pek çok tanıklık aldık.

Yerel rahipler, kendi kilise ve aile üyelerinin şifa bulduğuna şahit olduklarından hayretler içersindeydiler. Kutsal Ruh'un işlerini gördükçe, tıpkı İsa'nın zamanında olduğu gibi Tanrı'nın işlerinin bu günde gerçekleşmekte olduğuna gerçekten inandıklarını dile getirdiler. Ayrıca kendi hizmetleri için daha çok fikir ve güven kazandılar.

Bir Zamanların İnka İmparatorluğunun Peru'sunda

Peru, olağanüstü kadim bir medeniyet olarak doğan İnka İmparatorluğunun hala nefesini taşır. Machu Picchu, deniz seviyesinden 2280 metre yükseklikte bulunan Urubamba vadisinde, İnka harabelerinin olduğu bir yerdir.

Keskin dağlarla çevrelenmiştir ve dağın aşağısından bakıldığında seçilmez. Bu yüzden ona 'bulutların üzerinde ki şehir' denir.

15. yüzyılda İnkalar tarafından inşa edilen tapınakları, oturma yerleri ve bir saray vardır. 6 metre yüksekliğinde ve 1,5 metre genişliğinde gayet pürüzsüzce kesilip düzeltilmiş uçsuz bucaksız kayadan bloklar uzanır.

Kayaların her biri tonlarca ağırlıktadır. Bu kayaları dağın tepesine nasıl taşıdıkları ve bizlerin soya peynirini kesip aralarında hiçbir açıklık bırakmadan doldurmamız gibi nasıl böylesine pürüzsüzce kesip şekil verdikleri dünyanın merak konusudur. Machu picchu 'yaşlı zirve' anlamına gelir ve 1911 yılında Amerikalı tarihçi Hiram Bingham'ın 20. yüzyıl başlarında ki keşfiyle dünyaya tanıtılmıştır.

Aralık 2004 tarihinde, Peru'ya vardım ve Tanrı'nın niçin Peru'yu seçtiğini hissedebiliyordum. Perulular, İnkalıların torunları olmaktan gurur duyuyorlardı, ama ayrıca bir koloni olarak pek çok acı çekmişlerdi. Yürekte fakir ve saftılar ve pek çok ülkeden daha fazla Tanrı'nın gücüne hasret olduklarını hissedebiliyordum.

Cumhurbaşkanı Toledo ile Tanışma

Peru seferinden bir gün öncesi olan 1 Aralık 2004 tarihinde,

Peru Cumhurbaşkanı Toledo ile Cumhurbaşkanlığı Sarayında bir araya gelme

Cumhurbaşkanı Toledo tarafından cumhurbaşkanlığı sarayına davet edildim. Onun üzerimde bıraktığı ilk intiba, muhtemelen ülkesinin yönetiminden gelen stres yüzünden pek çok kaygı ve ıstırapla dolu olmasıydı.

Pek çok şey hakkında konuştuk ve bana, "günlük yaşamda ruhani ihtiyaçları doyurmak hiç te kolay değil. Ruhani yaşamlar sürenlere ve diğerlerine ruhani açıdan rehberlik edenlere saygı duyuyorum" dedi.

Ayrıca benden kendisi için dua etmemi istedi. "Lütfen bu ülkeyi gayet iyi yönetebilmem ve gelişmesini sağlamam için göksel bilgeliği ve gücü almam için dua edin. Ayrıca tüm Peruluların birleşmesi içinde dua edin." Ekonomik gelişimden, Peru'da ki siyasi istikrara kadar pek çok konuda dua ettim.

Kısa bir zaman içinde görüşmüş olsakta, bana teşekkürlerini sundu. Belki de dua ile biraz gönül rahatlığına kavuşmasındandı. Seferden sonra ülkeden ayrılırken, teşekkürlerini bildirmesi için iktidar partisinin başkanını gönderdi.

Uçsuz Bucaksız Kalabalık

2 ile 4 Aralıkta seferimizi Lima'da 'Campo de Marte' de düzenledik. Bu seferimiz, siyasilerin, iş adamlarının ve basının desteğiyle düzenlendi. Üç günde 500.000'den fazla insan bir araya geldi.

Kutsal Ruh'un güçlü işleri sadece katılanları değil, ama televizyonda seyredenlerin bazılarını da iyileştirdi ve onlarda sefere katıldılar. Önceden yürüyemeyenler tekerlekli sandalyelerini itti, değneklerini atıp yürüdüler.

Bazıları kanser hastalığından iyileşti ve diğerleri de görmeye başladı. Sahne şifa bulduklarının tanıklığını yapmak isteyen insanlarla dolup taştı. Sadece mucizelere şahit olanlar değil, ama ayrıca onların aile üyeleri ve komşuları da sevinç içinde gözyaşları döküyorlardı. Bu seferimiz 3 kanal üzerinden Peru'da naklen yayınlandı. 20 istasyon, kablolu yayın ve internet vasıtasıyla da tüm dünyada yayınlandı.

Sahnede ülkenin pek çok siyasi, iş, basın ve dini liderleri oturuyordu. Eski Başbakan Maximo ve iktidar partisinin başkanı Bayan Rosa Graciela Yanarico'da oradaydı. Dünyadan pek çok parlamento üyesi, pederler ve muhabirlerde katılmıştı.

Toplantı alanının köşesinde 'tanıklık kaydı' için bir masa yerleştirilmişti. 20'den fazla yerel doktor ve hemşire şifa vakalarını belgeleyip kayıt altına aldı. Victor Callo Yerena (San Hernando Tıp Fakültesi Profesörü), "Gerçekten Tanrı'ya hiç inanmadım. Ama seferin sayesinde orada meydana gelen şifa vakalarını görerek Tanrı'nın mucizelerinin doğruluğunu kabul ettim" dedi.

Bay Arce adında ki bir İşadamının Hikâyesi

Bay Vicente Diaz Arce adlı bir işadamı bu seferin aktif bir katılımcısıydı. Kendisi, etkili ve hayırsever işleriyle tanınan bir işadamıdır. Peru'da seferimize hazırlık yapan çalışanlarımıza yardım etmesini söyleyen Kutsal Ruh'un sesini duyunca onlarla tanışmaya gitti. Bizleri iktidar partisinin başkanıyla tanıştırdı ve ayrıca başarılı bir sefer düzenlememiz için bize yardım etti.

Ancak bazı yasal sorunlar yüzünden aranılanlar listesindeydi. Eski iş ortağı tarafından haksızca suçlanmış ve hâkim de kendisini suçlu bulmuştu. Yakalandığı takdirde 3 yıl hapis yatması gerekiyordu ve polisten kaçınmak için evinden

Peru Birleşmiş Seferi

çıkmıyordu. Çalışanlarımızla bir kere dışarıda buluştu, ama polis tarafından yakalanmadı.

Peru'ya vardığım 30 Kasım günü benimle tanışmak için otele geldi. Sorunlarıyla ilgili onun için dua ettim. O anda 3 günlük seferimize katılma kararı aldı. Sadece Tanrı'ya güvenilerek alınmış bir karardı.

Ertesi gün Tanrı harıl harıl çalışıyordu. Diğer ülkelerin tersine, Peru'da hâkimler toplantısı vardır ve vakayı tekrar gözden geçirebilirler. Ek olarak diğer hâkimlerde düzeltme ve değişiklikler yapabilir. Böylece Bay Arce'nin belgelerini bir başka

Sayısız insanın şifa bulduklarına tanıklık etmesi

hâkim daha inceledi. Bu hakim onun suçlu olmadığı kanaatine vardı ve kendisine bunu bildirdi.

2 Aralık günü hâkimden mektubu aldığında, Bay Arce duanın gücü karşısında çok duygulandı. Sorunu çözüldüğünden sefere katılmakta serbestti. Pek çok idari iş ve başka meselelerle ilgilenerek seferimizin başarılı geçmesi için bize yardım etti.

Seferimiz bittikten sonra şifa alan pek çok kişi bizlere tanıklıklarını gönderdi. Pek çok insan mucizelere şahit olduğundan, birçok kilisenin diriliş haberlerini duyuyordum.

Üç günlük seferimize 500.000'den fazla insan katıldı ve

başarıyla sonuçlandı. Seferimiz, sivil toplum diplomasisinin gelişmesinde etkili oldu. Bu gün siyasiler, iş adamları ve yayın kuruluşu üyeleri Kore'yi hala ziyaret etmeye devam ederler.

25 Mayıs 2005 tarihinde, Başkan Yardımcısı David Waisman ve eski Başkan Yardımcısı Maximo San Roman; Seul'da ki kilisemizin Pazar ayinine katıldı. O vakitler Başkan Yardımcısı Waisman, Cumhurbaşkanı Toledo'ya yardım ederek Peru'nun imajını düzeltmek için çalışıyordu. Eski Başkan Yardımcısı Maximo San Roman ise, kamunun yararı için sosyal hizmetler üzerinde çok çalışmaktaydı.

Bir sonra ki yıl Başkan Yardımcısı David Waisman ve eşi, Bay Vicente Arce ve iktidar partisi Başkanıyla kilisemizi ziyaret etti. Manmin'in vaizliği karşısında çok etkilenmişlerdi ve iyi birer destekçimiz oldular. Bu seferden sonra peder Lazarus Jaeho Lee, Latin Amerika'ya misyoner olarak atandı. Lima'da bir kilise kuruldu ve gerek medya gerekse peşkir dualarıyla aktif olarak misyonerlik çalışmalarında bulunmaktadırlar.

Dünyanın Yeni Yedi Harikasından Biri Seçildi

Dr. Esther Kooyoung Chung, tüm dünyada ki pek çok pederi, Manmin Uluslararası Seminerinin(M.I.S. Manmin International Seminary) Başkanı olarak uyandırmaktadır. Aynı zamanda kendisi kilisemizin çeviri işlerinin idaresi ve denetlenmesinden sorumlu Manmin Tercüme Bürosu Yöneticisidir. Bayan Chung, Kore'de ki en genç üniversite başkanı unvanını aldığı Seul Kadınlar Üniversitesinin eski başkanıdır. Mayıs 2007'de pek çok ülkede Pederler Konferansı düzenlemek için Latin Amerika'ya bir misyon gezisi için gitti. Cusco Peru'da bir başka konferans

Cuzco, San Antonio Devlet Üniversitesi Başkanının Dr. Esther Kooyoung Chung'a Fahri Profesörlük takdim ederken

daha planlanmıştı.

Ancak bazı yerel pederler, diğer Koreli misyonerlerden yalan yanlış duyumlar almışlardı ve konferans neredeyse iptal edilecekti. Bu noktada Tanrı'nın işi bizlere çok daha büyük ölçüde gösterildi.

Cusco Devlet Üniversitesi başkanı bu haberleri almış ve Dr. Chung'u konferansı kendi üniversitesinde yapması için davet etmişti. Ayrıca kendisi Peru'da ki sefere de katılmıştı ve Manmin'in vaizliği hakkında bilgi sahibiydi.

Dr. Chung, Miami'de katıldığı bir konferanstan sonra Cusco'ya vardı. 'Ruhani Yasalar: Yaratılış ve Bilim' başlığı altında vaaz verdi. Konferans basın toplantısıyla başladı ve iki gün

MIS Konferansları dünyada ki pederleri uyanışa çağırıyor (Honduras)

sürdü. Tüm Cusco eyaletini kaplayan CTC üzerinden naklen yayınlandı. Konferans oldukça beğenildi ve pek çok kişi bu konferansın bir videosunu rica etti.

Konferans bittikten sonra, San Antonio Devlet Üniversitesi başkanı, Peru Hükümeti tarafından onaylanan onursal profesörlük unvanını Dr. Chung'a takdim etti.

Aynı zamanda Cusco şehri, Machu Picchu harabelerinin Dünyanın Yedi harikasından biri seçilmesi için ellerinden gelen her türlü çabayı gösteriyordu. Oylar, internet ve telefon gibi çeşitli yollarla verilecekti. Nüfusun çoğunluğunun internet erişiminin olmaması Peru için bir dezavantajdı. Cusco Belediye Başkanı, Dr. Chung oradayken bu sorun için kilisemizin dua etmesini istedi.

İkinci gün, konferans Cusco şehrinin kongre salonunda gerçekleşti ve neyse ki Cuma gece boyu ayin hizmeti de Kore'de ki ana kilisemizde gerçekleşti. Bizden dua istediklerinden bende Machu Picchu'nun dünyanın Yedi Harikasından biri seçilmesi için bu ayin esnasında dua ettim. Cusco yerel idarecileri, internetten yapılan naklen yayınla bu duayı birebir aldılar.

7 Temmuz 2007 tarihinde, oyların sonucu açıklandı. Machu Picchu, dünyanın ilgisini Peru'ya yönelterek Yedi Harika'dan biri seçildi.

"Manmin Merkez Kilisesi üyelerinin dua ve destekleriyle, Machu Picchu, Yedi Harikadan biri seçilmiştir. Çok teşekkür ederiz."

Cusco'nun Belediye Başkanı Marina Zequeiros, kilisemize bu mesajla birlikte teşekkür plaketi de gönderdi.

Kongo Demokratik Cumhuriyetinde Sefalet ve Hastalığa Karşı Zorla Verilen Savaş

Kongo Demokratik Cumhuriyeti, Afrika'nın üçüncü büyük ülkesidir. Doğal kaynakları olsa da, iç savaşlar ve bulaşıcı hastalıklarla fakirleşmiştir. Yaşamın sözü ve Tanrı'nın gücüne büyük ihtiyaçları vardı. Senelerce pederler bu ülkeye sefer düzenlememiz için bize ricalarda bulunmuştu.

Tanrı'nın gücüyle ilgili haberler, medya-yayın, internet ve yazılı yayınlarla duyuruldu. Seferler için pek çok istekler alıyorduk. Ancak sefer yerini ben kendi kararımla belirlemiyordum. Sadece Tanrı'nın benden gitmemi istediği ülkelere gitmiştim. Kongo için dua ettiğimde, Tanrı bana 2006 yılında bir sefer düzenleyeceğimi ve bu seferin de Afrika'da ki son sefer olacağını söyledi.

Ancak Şeytan Engellemeye Kalktı

Sefer için vakit yaklaştıkça, ulusal televizyonda her gün yayınlandı. Şeytan, Kongo'ya olacaklardan korkuyordu ve bizi engellemeye çalıştı. Kongo Cumhuriyetinde kiliseler iki gruba bölünmüş durumdaydı. Evangelist kiliseler, sefer için bizimle işbirliği içindeydi, ama diğer grupla iyi ilişkiler içersinde değillerdi. Her zaman olduğu gibi yine yalan yanlış haberler yayan Koreli misyonerlerin etkisinde kalan ve işbirliği yapmayan pederler çıktı.

Ayrıca Kongo Demokratik Cumhuriyeti Cumhurbaşkanına yardım eden büyücüler vardı ve onlarda bir Hristiyan seferinin gerçekleşmesini istemiyorlardı. Kore'den gönderilen yanıltıcı belgelerle birlikte cumhurbaşkanına bazı saçma sapan şeyler rapor edildi.

"Peder Jaerock Lee, buraya nüfuz alanını genişletmek için geliyor."

"Bu Cumhurbaşkanımız için hiçte hoş kaçmayacak. Bunun gerçekleşmesine engel olmalısınız."

Kongo'nun genel seçimleriyle cumhurbaşkanlığı seçimleri Nisan ve Haziran aylarında olacaktı. Cumhurbaşkanına olumsuz raporlar sunan pek çok kişi vardı. Dolayısıyla cumhurbaşkanında doğal olarak bizlerle ilgili olumsuz bir düşünce oluştu.

İyiliği İzleyerek

Kore'den ayrılmadan bir gün önce, Spor Bakanlığından seferimizi gerçekleştireceğimiz yeri bir başka yere taşıma ricasını aldık. Pazar günü çok önemli bir futbol karşılaşması olacağından, buna cumartesi gününden hazırlanmaları gerekiyordu.

Kongo Demokratik Cumhuriyetinde Sefalet

Son günde sahneyi taşımamız bizim için çok zordu. Bir gün içinde dev sahneyi, ışıklandırmayı, video ekranlarını ve ses sistemiyle birlikte her şeyi taşıyıp tekrar kurmamız gerekiyordu.

'Şehitler Stadyumu' anlamına gelen 'Stade des Martyrs' üç gün kullanmak için kontrat yapmıştık, ama Tanrı'nın sözü bizden istenildiğinde onlara vermemizi söyler. Elbette ki başkalarının isteğiyle her şeyi vermek her zaman doğru olmayabilir, ama iyiliği izleyerek verirsek, Tanrı hoşnut kalır. Çalışanlara bu isteğe uymalarını öğütledim.

"Ne istiyorlarsa sadece verin. Eğer kontrata uyulmasında ısrar edersek, böylesine büyük bir etkinliği unutup bizlerle kontrat imzalayan sorumlu kişinin ne kadar zorluk çekeceğini düşünebiliyor musunuz? Son günde yerin değiştirilmesinde

Tanrı'nın takdiri ilahisi olmalıydı."

Ricalarını kabul ettik ve üçüncü gün seferi başka bir yerde düzenlemeye karar verdik. 'Zafer Bulvarı' anlamına gelen 'Boulevard Triomphal' anlamına gelen yerin çevresinde caddeleri ve açık alanları kullanmayı istedik, ama ihtiyaç duyulan izni almak kolay değildi.

Ancak Cumhurbaşkanı için ulusal bir etkinlik düzenlendiğinde yolları kapıyorlardı. Seferin gerçekleşmeyen üçüncü gününde çok önemli politik bir etkinlik vardı. Parlamentoya bu kadar yakın olan yolları kapatmak hemen hemen imkânsızdı.

Cumhurbaşkanıyla Hadiseli bir Toplantı

15 Şubat 2006 tarihinde Kongo'ya geldiğimden beri politikacıların neden ziyaretime pür dikkat kesildiklerini anladım.

Seferin son gününe rast gelen günde, hükümet anayasayı değiştirme töreni düzenliyordu. Hükümetin düzenini ve hatta ulusal bayrağı bile değiştirmişlerdi. Ayrıca cumhurbaşkanlığı seçimleri öncesi çok hassas bir zamandı. Dolayısıyla seferimizin kendilerine olan etkisinin nasıl olacağını düşünmekten kendilerini alamıyorlardı.

Seferin ilk günü 16 Şubat'ta cumhurbaşkanlığı sarayına Cumhurbaşkanı Joseph Kabila tarafından davet edildim. Bazıları bu toplantıyı durdurmayı denedi, ama cumhurbaşkanının yüreğine Tanrı tesir ettiğinden mucizevî şekilde toplantı gerçekleşti. Hoş sohbetimiz esnasında Cumhurbaşkanı Kabila kendisine sunulan raporlarla gerçeklerin birbirinden çok farklı

Demokratik Kongo Cumhuriyeti Cumhurbaşkanı Joseph Kabila'yla bir araya gelme

olduğunu gördü.

Hiçbir siyasi amaç gütmeden geldiğimi ve tek amacımın Kongo'ya barış ve şifa olduğunu anladı. Tutumu dostane bir tavıra değişti.

"Lütfen barışçıl bir genel seçim için dua edin. Seferle ilgili bir sorununuz var mı? Size yardım edeceğim" dedi.

Seferin organizasyonunu yapan komitenin yöneticisi Piskopos Kienza, "Seferin üçüncü gününde yerimizi değiştirmek zorunda kaldık ve şu anda da yer bulmakta zorluk çekiyoruz" diye cevapladı.

"Niçin diğer spor salonlarına bakmıyorsunuz?"

"Diğer spor salonlarında tamirat var. Lütfen bize parlamento binasının yakınında ki caddeleri kapatmak için izin verin."

Cumhurbaşkanı ricamızı kabul etti. Cumhurbaşkanlığı sarayından ayrıldığımızda, bizlerin yolları kapatması için gereken belgeleri imzaladı. Bu ancak cumhurbaşkanının yetkisiyle mümkündü. Birinci ve ikinci gün stadyuma 100.000 kadar kişi gelmişti. Cumhurbaşkanı meşgul olduğundan gelememişti, ama başkanın eşi sıfatıyla hareket eden ikiz kız kardeşi Dr. Janet Kabila geldi. Başbakan Bay Bemba'da eşiyle oradaydı. Diğer ülkelerden katılan pek çok insan daha vardı.

Afrika'nın ünlü ve popüler bir şarkıcısı olan Bay Werasson'da sefere katıldı ve Tanrı'nın görkemi için şarkılar söyledi. Seferden sonra duamı almak için ailesiyle birlikte bana geldi. İki kızı vardı, ama eşi yedi senedir hamile kalamıyordu. Ricasıyla bir oğlu olması için dua ettim.

Bu sefer, Kongo ulusal televizyonuyla diğer laik kanallarda ve 10 uydu aracılığıyla 150'ye yakın ülkede naklen yayınlandı. Tanrı gücünü akıtarak, sefalet ve hastalıklardan çeken pek çok insana şifa verdi. Pek çoğu çaresi olmayan AIDS hastalığından şifa bulduğuna dair tanıklık etti. Tanıklık etmek için öylesine çok insan sahneye geldi ki, sahne çökecek diye endişe ettik.

Uçsuz Bucaksız Kalabalık

Üçüncü gün öylesine çok insan geldi ki, sonunu görmek mümkün değildi. Tahminlere göre 500.000 kişiydi. Eğer yerimizi değiştirmemiş olsaydık, bu kadar çok insanı stadyumda ağırlayamayacaktık.

Kalabalık yüzünden stadyumda kazalar olabilirdi. Ama bunu bilen Tanrı, bizleri daha geniş bir yere yönlendirmişti.

Kör ve dilsiz olanlar, baston ve tekerlekli sandalyelere mahkûm olanlar ve kanser ile AIDS gibi çaresi olmayan hastalıklardan çeken insanlar hemen şifa buldu. Tanrı onları İsa Mesih'in adıyla, Kutsal Ruh'un ateşli işleriyle iyileştirdi.

Masudi Lisongi Bosongo adında balıkçılık yapan yaşlı bir adam vardı. 64 yaşındaydı ve birkaç balık tutarak geçimini sağlıyordu. Kataraktan dolayı iyi göremediğinden gözlük kullanıyordu. Tek mutluluğu radyosunu dinlemekti. Seferle ilgili haberleri radyodan duymuştu, ama ulaşım parasını bir araya getiremedi.

Tıpkı sahip olduğu tek şey olan iki bakır parasını atan dul gibi, o da sahip olduğu tek şey olan radyosunu 9 dolara satıp sefere katıldı. Tanrı onun bu imanla dolu eylemini hoşnutlukla kabul edip iyileştirdi.

Ateşin boynunun arkasından gelip başına çıktığı ve oradan da gözlerine indiğine dair tanıklık etti. Gözleri iyileşti ve gözlük takmasına gerek kalmadı.

Afrika ve Tüm Dünyaya Uydularla Yayın

Peder Peter Kim'i Kongo'ya misyoner olarak atadık. Açılışının üzerinden bir sene geçmeden binden fazla insan Pazar ayinine katılmaya başladı.

Ayrıca eski bir vekil olan Başpikos Paul Musafiri, seferimizden duygulanmış ve kilisemizi ziyarete gelmişti. Şu anda ise aktif olarak Kongo'da çalışarak bize yardım etmektedir. Sizlere onun mektubunu aşağıda aktarıyorum.

"Size tüm içtenliğimle Kongo'dan selamlarımı gönderiyorum. Hep birlikte Peder Dr. Jaerock Lee ile birlikte olan Tanrı'ya inanıyoruz ve dua ettiğiniz bu ülkede Tanrı'nın hayretlere düşüren işlerinin gerçekleştiğine tanıklık ediyorum.

Ocak 2008'te birçok savaştan sonra doğuda barış anlaşması imzalandı. Ülkenin doğusunda bulunan Goma'ya görevli olarak gönderildim ve bu barış anlaşması için orada bir ay kaldım. Afrika kıtası başpiskopos Peder Myong-ho Cheong'un da konferansına katıldım ve vaazından oldukça duygulandım.

Hatta barış anlaşmasının imzalanmasından sonra bile Kongo'nun batısından doğusuna, ülkeyi karmaşaya düşürmeye çabalayan bazıları kötü dedikodular yaydılar, ama duanızın hala Kongo'da olduğuna inanıyorum.

Bizim için daha çok dua etmeniz için size yazıyorum. Cumhurbaşkanı Joseph Kabila, politikacılar ve Cumhurbaşkanının tüm grubu için sevgiyle dua etmenizi rica ediyorum. Meslektaşım Peder Peter Kim'de gayet iyi çalışıyor. Ailevi kandan çok daha büyük bir kardeşliğimiz var ve aynı hayali, yani Manmin'in görüsünü paylaşıyoruz.

Yabancı bir misyoner olduğu için polisle pek çok zorluk yaşadı, ama her zaman Rab'bin adıyla bunların üstesinden geldi. Kilise kurmak için iyi bir yer buldu ve kilise üyelerinin pek çok tanıklığı mevcut. Tüm Manmin üyelerine bende selamlarımı gönderiyorum."

Başpikos Paul Musafiri,
İsa Mesih'te ki sadık oğlunuz.

İlk Halka Açık Yayında Haçın Görünmesi

Kilisemi kurduğumda, Tanrı bana Yeşaya 60:1'de ki görüyü verdi. *"Kalk, parla; Çünkü Işığın geliyor, RAB'bin yüceliği üzerine doğuyor."* O zamandan beri, Kutsal Ruh'un ateşli işleri dünyaya doğru yol almaya başladı.

Tanrı, dünyada ki tüm insanları kurtuluş ışığıyla aydınlatmayı planladığından Global Hristiyan Network (GCN-Global Christian Network) kurmamıza izin verdi. Beş seviyede Kutsal İncil teolojisinin yayınlanması, ABD'nin New York şehrinde başladı. GCN yoluyla dünyada ki pek çok yayın kuruluşu, Tanrı vergisi görüleriyle hizmetlerini başarıyla yapmaktadırlar.

GCN Yayınları New York Şehrinde Başladı

Mayıs 2004'te, içinde ABD, Britanya, Rusya ve Avustralya'da olmak üzere, 8 ülkeden Hristiyan yayıncılar bir araya geldi

Empire Binasının üzerinde görülen haç

ve GCN'i kurdu. Yayın kuruluşu uzmanlarımız, teknik personelimiz ve mali kaynaklarımız yoktu.

Tek yatırımımız, dualarla imandı. Birçok hazırlık aşamasından geçtikten sonra, ilk test yayınımızı New York şehrinde 1 Eylül 2005 tarihinde kanal 17 üzerinden yapmaya başladık.

GCN'in yayın odası, New York Şehrinin merkezinde olan Empire State Binasındadır. GCN'nin ilk yayını için yapılan kutlamalara tüm dünyadan yaklaşık 20 yayın kuruluşu geldi.

Bir süreliğine, şehrin gece manzarasını seyretmek için Empire binasının en üst katına çıktılar. O anda biri aniden gökyüzünde beliren büyük bir haç gördü ve bu haç parlıyordu.

Orada bulunanlar Tanrı'nın GCN televizyonundan hoşnut olduğuna ve kendilerine bir işaret gösterdiğine emindiler. Orada bulunan Bay Dan Wooding, bununla ilgili bir makale yazarak resimle birlikte web sitesine koydu.

GCN, Manmin televizyonunun işbirliğiyle 24 saat Hristiyan programlarını yayınlamaktadır. Kısa bir zaman içersinde global bir yayıncılığa doğru gelişmektedirler. İzleyicilerin Tanrı ile tanışmasına rehberlik ederek yaşamlarının dirilmesine ve çeşitli programlar aracılığıyla sorunlarına çözüm bulmaya odaklanır.

GCN yoluyla Şifa Vakaları

Sadece Kore'den değil, ama dünyada ki pek çok izleyiciden, GCN TV izleyerek hastalıklarına şifa bulduklarına ve şimdi yeni yaşam sürdürdüklerine dair sayısız mektup aldık. Tanrı'nın gücünün zaman ve mekân sınırlarını aştığı, bu yayın sayesinde ortaya konur. Amaç, dünyada ki pek çok canı kurtuluş yoluna sevk etmektir.

Elizabeth Goodall, New York Şehrinde yaşayan bir GCN izleyiciydi. Tanrı'nın Peder Jaerock Lee'i kullanarak hastalara şifa dağıttığına, onları tövbe etmeye çağırdığına ve onları göksel egemenliğe yönlendirdiğine inandığını söyledi. Kendisi New York Şehrinde ki GCN TV yayınlarını izliyordu. Dile getirmeyi istediği bir tanıklığı vardı. Bir bölümü aşağıda aktarılmıştır:

"Benim adım Elizabeth Goodall. 2005 yılından beri karnımda ve ayaklarımda şişlikler ve ayrıca dilimin altında da bir beze vardı. Bana gönderdiğiniz peşkiri karnımın ve yüzümün üstüne koydum. Ertesi gün

dilimin altında ki bezenin kaybolduğunu gördüm.
Ayrıca ayaklarımda ki ve karnımda ki şişliklerde gitmişti.
Yaptıklarından dolayı Tanrı'ya şükranla doluyum. Size
çok teşekkür ediyorum."

9 Kasım 2007,
Elizabeth Goodall

Kanada'dan gelen bir tanıklıkta aşağıdadır:

"Televizyonda Dr. Jaerock Lee'nin programını
seyrediyordum ve Kanada'ya gelme planları olup
olmadığını öğrenmeyi istedim. Ottowa yakınlarında
oturuyorum ve New York'ta yaşayan kocamı
ziyaretteyim. Dün gece GCN'i izliyordum ve Dr.
Lee hastalar için dua ettiğinde, iyileştim. Ben bir
hemşireyim ve geçen sene hastalara yardım ederken
omuzlarımı incitmiştim. Acı sürekli nüksediyordu, ama
dün gece duayı dinledikten sonra hiçbir acı kalmadı.
Şimdi kollarımı yukarı kaldırabiliyor ve omuzlarımı
eğebiliyorum. Tanrı'ya övgüler olsun! Bu sabah saat
4'te Kanada'ya gitmek için ayrılacaktım, ama hala niçin
burada olduğumdan emin değilim. Belki Tanrı bu gün
sizinle konuşmamı planlamıştır."

29 Kasım 2007,
Marie Lenie Saint Loth

GCN imza töreni

GCN'nin işe başlaması

WCDN, Dünya Hristiyan Doktorları Ağı

İlahi şifa vakalarına tıbbi açıdan bir netlik kazandırmak için bir organizasyon kuruldu. Mayıs 2004'te WCDN- Dünya Hristiyan Doktorları Ağı kuruldu. İlk konferanslarını Seul'da düzenlediler ve ikincisi Madras, Hindistan'da Mayıs 2005'te yapıldı. Tıbbi açıdan ilahi şifa vakalarını sunan 500'den fazla tıp uzmanı vardı.

Bir sonra ki konferanslar ise 2006 yılında Filipinlerin Cebu şehrinde, 2007 yılında ABD'nin Miami şehrinde ve 2008 yılında Norveç'in Trondheim şehrinde, ilahi şifa vakalarını sunan tıp uzmanları tarafından yapıldı. Miami konferansıyla ilgili bir makale, Kore'nin önde gelen gazetelerinden birinde konferansın ardından kaleme alındı.

4. Uluslararası Hristiyan Tıp Konferansı, 'Ruhaniyet ve Tıp' başlığı altında Amerika'nın Florida Eyaletinin Miami şehrinde 13 ve 14 Temmuz 2007 tarihleri arasında Hyatt Otelinde yapıldı ve 40'tan fazla ülkeden 150'den fazla doktor katıldı. İlk gün olan

Filipinler Cebu'da 3. Uluslararası Hristiyan Tıp Konferansı

13 Temmuz tarihinde konferans, WCDN'nin Yönetim Kurulu Başkanı Dr. Jaerock Lee'nin ekranda beliren selamlamasıyla başladı. Verdiği mesajda Dr. Jaerock Lee, izleyicileri sadece insanların fiziksel hastalıklarına şifa vererek değil, ama ayrıca onlara, ruhani yaşam veren Rab'bin elçisi olabilecekleri yaşama yönlendirmelerini de öğütledi.

WCDN Başkanı Dr. Alvin Hwang ve WCDN Amerika Yöneticisi Dr. Armando Pineda konuşmalarıyla doktorları, pederleri ve seçkin ziyaretçileri selamladılar. Bundan sonra doktorlar tıbbi verilerle ilahi şifa vakalarını destekleyen raporları

ABD, Miami'de gerçekleştirilen 4. Uluslararası Hristiyan Tıp Konferansı

sundular. Bunların arasında Dr. Mark Miller'in kötü huylu melanom, Dr. Brian Sanghoon Yeo'nun Spina Bifida, Dr. Gilbert Yoonseok Chae'nin kendi kendine olan pnömotoraks, Dr. Junseong Kim'in zatürree ve Dr. Pancheta Wilson tarafından sunulan iki adet göğüs kanserinin iyileşme vakası raporları vardır.

Kuzeydoğu Teksas'da ki Sulphur Springs'ten Yargıç Robert E. Newsom'a, Houston Teksas'ta ki kanser hastanesinde melanom kanseri teşhisi konulmuştu. Doktorlar melanom kanserinde ölüm oranının yüksek olduğunu söylerler. Yargıç Newsom radyasyon tedavisini almak yerine Yargıç Newson sorununu

Tanrı'ya teslim etti ve tedaviyi almayı istemedi. Tüm içtenliğiyle Tanrı'dan kendisini iyileştirmesini istedi ve gittiği Güney Baptist Kilisesi üyeleri onun iyileşmesi için dua ettiler. İki ay sonra kontrole gittiğinde bir mucize oldu. Melanom kanser tamamen iyileşmişti. Newsom'un doktoru olan Dr. William Mark Miller, tıbbi verilerle şifa bulmuş olduğunu izleyicilere anlattı.

Palm Beach Gardens Florida'da ki Palm Beach kardiyovasküler kliniği doktorlarından Dr. Chauncey W. Crandall IV, 13 Temmuz Cuma günü çarpıcı bir sunum yaptı. "Ağır bir kalp krizi vakasıyla acil servisimize elli üç yaşında bir adam geldi ve acil serviste kırk dakika bu kişiye müdahale ettik. Ancak sonunda öldüğünü duyurduk. O anda Kutsal Ruh bana bu hasta için dua etmemi söyledi ve bende adamın yanına çöküp, 'Baba, Tanrım, Seni Rab'bi ve Kurtarıcısı olarak bilmeyen bu adamın canı için sana yakarıyorum. Lütfen onu İsa'nın adıyla ölümden dirilt!' Birkaç dakika sonra hayretler verici bir biçimde monitöre bakıyorduk ve kalp atışlarını görebiliyorduk. Ve birkaç dakika daha sonra el ve ayak parmaklarını kıpırdatmaya başladı. Bir şeyler mırıldandı." Dr. Crandall, bu vakayı tıbbi verilerle sundu.

Kyunghe Üniversitesi Tıp Fakültesinin eski dekanı Dr. John Youl Chun, Manmin Merkez Kilisesinin Cuma gece boyu ayin servisinde şifa bulan Tayvanlı Peder Chen Tsen Man'ın vakasını sundu. İki yaşından beri çocuk felcinden çekiyordu ve 14 sene önce geçirdiği trafik kazasından dolayı baston kullanmak zorunda kalmıştı. Yakın bir zaman da ise bacaklarında hissettiği acıdan dolayı tekerlekli sandalye kullanmaya başlamıştı. Ama Manmin Merkez Kilisesini ziyaret ettiğinde, Peder Jaerock Lee'nin duasıyla şifa buldu ve bastonla tekerlekli sandalyeye ihtiyaç duymadan yürümeye başladı.

Günahların yaygınlığı ve bilimin gelişmesinden dolayı Tanrı'ya inanmanın zor olduğu modern dünyamızda, WCDN, Kutsal Kitap'ın gerçek ve Tanrı'nın ise yaşayan bir Tanrı olduğunu kanıtlamak için şifa vakalarını tıbbi açıdan yakından inceleyerek hizmet vermektedir.

Amerika Birleşik Devletlerinin Yüreğinde Kutsal Ruh'un Ateşi

Tanrı, GCN'nin yayınına başlamamızdan sonra bizi New York'ta bir sefere yönlendirdi. Madison Square Garden muhtemelen dünyada ki pek çok yorumcunun sahne almayı istediği bir yerdir.

Amerika Birleşik Devletlerini uyandırmak ve İsrail'de ki misyonuma başlamak için, Temmuz 2006'da New York seferimizi Madison Square Garden'da düzenledik. Tüm programlar bir-iki sene önceden yapıldığından, kısa bir zaman zarfında Madison Square Garden'da yer ayarlamak çok zordur.

New York'ta sefer düzenlememizin en önemli nedeni yeriydi. Programdan birkaç ay önce bile yer ayarlamamız çok zordu.

En iyi yeri ararken, Madison Square Garden'da gösteri yapacak bir grup programlarını iptal ettirdi. Bunun üzerine bizlerde onay olmak için işlemlerden geçtik ve onayı aldık. Tanrı'nın bir lütufuydu.

Amerika Birleşik Devletleri, Püritenlerin imanıyla kurulmuştu. Ayrıca dünyanın pek çok yerine misyoner gruplar gönderenlerde onlardı. Ama bu gün Darvinzmi öğreterek ve eşcinselliği yasallaştırarak kendilerini Tanrı'dan uzaklaştırıyor görünmektedirler.

Madison Square Garden'a gelenler dikkatlice üç gün boyunca mesajı dinlediler ve Kutsal Ruh'un ateşli işlerine şahit oldular. Kötü ruhlardan çekenler azat edildi. Ayrıca çaresi olmayan hastalıklardan çeken pek çok kişi şifa buldu ve tanıklık etti.

Madison Square Garden'da Şifa İşleri

Maria Andrea Morang, AIDS' ten iyileşti. Yüksek ateş, baş ağrısı ve istifra yüzünden sürekli hastaneye kaldırılıyordu. Vücudu felç olmuştu ve yürüyemiyordu. Ellerini güçbelâ oynatabiliyordu.

Seferin bitiminden bir ay sonra, onu tekrar ziyaret ettik ve kendi başına yürüyebiliyor ve normal bir yaşam sürebiliyordu.

Bir başka kişi spina kanserinden iyileşti. Altı noktada çatlak vardı. Kemiklerinin eridiği hissine kapıldığını söylüyordu. Belli bir süre oturamıyor ya da bedenini eğemiyordu. Ama sefer esnasında tamamen iyileşti. Sinir hücreleriyle ilgili sorunları bitti ve kendi başına yürümeye başladı.

Doktoru, onun yürümesinin hayal bile edilemez olduğunu söyledi, ama Tanrı'nın gücü onu tamamen iyileştirmişti.

Mikhail, 12 seneden beri mustarip olduğu şizofreniden iyileşti. Kötü ruhlar tarafından ele geçirilmişti ve sürekli depresyondaydı.

New York Seferi (Madison Square Garden)

İnsanlardan korkma anlamına gelen antropofobisi vardı ve dışarı çıkamıyordu. Ayrıca baş ağrıları oluyor ve normal bir yaşam sürdüremiyordu. Ağır ilaçlar aldığından doğru düzgün konuşamıyordu, ama ilaçta almazsa nöbetler geçiriyordu. Sefer esnasında tamamen iyileşti. Sevinçle artık okuluna dönebileceğini ve yepyeni bir hayat sürdürebileceğini söyledi.

Şifa bulanlar WCDN doktorları tarafından kontrolden geçti. Dr. Vitaliy Fishberg, "Bu sefer benim tüm yaşamımı değiştirdi. Üç günlük vaaz, tüm sorunların çözülmesi için bir anahtardı. Pek çok ünlü dirilişçinin seferlerine katıldım, ama kürsüden yapılan tek bir duayla pek çok kişinin şifa bulduğunu hiç görmedim" dedi.

Üç günün sonunda, New York Eyaleti Senato ve kongresiyle New York Şehri Konseyinden Takdir Plaketi aldım. Şükranlarımı ancak bizlere müjdeyi ilk duyuran ülkede müjdeyi duyurmamı sağlayan Tanrı'ya sunabilirim. Seferimize engel olmaya çalışan bazı pederler, bu ülkede de karşımıza çıktı. Pek çok kiliseye yalan belgeler dağıttılar. Bazı medya kuruluşları da buna dâhil oldu ve Madison Square Garden'da ki seferimizi boykot etmeye çalıştılar. Bu sefere en çok karşı gelen pederlerden biri, New York'ta ki belli bir kilisenin pederiydi. Daha sonra kilisesinden olumsuz bir olay yüzünden istifa ettiğini ve o bölgede bir daha çalışamayacağını öğrendim. Bu haberleri duymaktan üzüntü duydum.

Bir kişi Kutsal Ruh'un işlerine karşı bir şey yaparsa, bu dünyada ne ektiyse onu biçecektir. Ancak gelmekte olan yargı günü onun için çok daha korkutucu olacaktır. Bazı Kore Misyonerleri, kilisemizin işlerini kesintiye uğratmak ve engellemek için çalışmaktadırlar. Ne zaman yabancı bir ülkede bir sefer düzenlesek, aktif bir şekilde hakkımızda yalan beyanlar ve dedikodularla, uyduruk belgeler yaymaktadırlar. Ama gerçek, kendisi için konuştuğundan, ne kadar çok etkinlikleri engellemeye çalışırlarsa, seferlerimizde o kadar geniş çapta yankı bulmaktadır. Sonunda onların çabaları bizim için çok daha iyi sonuçlar sağlamıştır. Dünyanın çeşitli yerlerinde bizimle çalışan pederlerin bolca kutsandığını görürüz. Kiliseler dirilmiş ve daha sağlam durmaya başlamışlardır. Onların kişisel durumu ve konumları yükseltilmiştir.

İsrail'de ki Misyonun Başlangıcı

2000 yılından beri, Tanrı bizlerin 12 devasa boyutta seferle müjdeyi duyurmamıza izin vermiştir. Temmuz 2006 New York seferiyle de Tanrı buna geçici bir ara vermiştir. Hatta bu gün bile dünya genelinde sefer düzenlememiz için ülkelerden istekler almaktayız. Şu anda bu ricalara yanıt veremediğim için çok üzülüyorum, çünkü misyonumu İsrail'de gerçekleştirmeliyim.

"Göksel egemenliğin bu Müjdesi bütün uluslara tanıklık olmak üzere dünyanın her yerinde duyurulacak. İşte o zaman son gelecektir. Peygamber Daniel'in sözünü ettiği yıkıcı iğrenç şeyin kutsal yerde dikildiğini gördüğünüz zaman-okuyan anlasın-Yahudiye'de bulunanlar dağlara kaçsın." (Matta 24:14-16).

Kilisemi açtıktan hemen sonra, Tanrı bana Rab'bin ikinci gelişi yaklaştığında Büyük Tapınağın inşa edileceğini söylemiş ve

Dr. Mikhail Morgulis (Ruhani Diplomasi Hareketi Başkanı), Ağlama Duvarı önünde bir hahamla konuşurken

misyonerlik çalışmalarının Kuzey Kore ve İsrail'e kaydırılacağını bildirmişti. Bana Kuzey Kore'nin kısa bir süreliğine açılacağını söylemişti. Bu gün o günün çok yakın olduğunu hissediyorum. Temmuz 2007'de İsrail'de ki misyonumuza başladık. Müjdeyi Musevilere duyurmak için Tanrı'nın gücüne ihtiyacım var. Müjde aslında İsrail'den çıkmadır, ama kendileri onu kaybetmişlerdir. Tanrı, İbrahim'e, Davut'a ve diğer Tanrı adamlarına, Halkı olan İsrail'i terk etmeyeceğine dair söz vermiştir.

Tanrı'nın sözü gerçekleşmelidir. Peki, İsrail'de müjdeyi kim duyuracak? İsa, müjdeyi duyururken, insanın gerçekleştirmesi mümkün olmayan güçlü işler ortaya koymuştu, ama buna rağmen inanmamışlardı. Bir kişi müjdeyi duyurabilir, ancak Tanrı'nın gücünü göstermeden insanların müjdeye inanmaları zordur.

Bu sebeple Tanrı bana şöyle demiştir: *"Onları güçle uyandır. İsa Mesih'in adıyla müjdeyi duyur ve körlerin görmeye, sağırın duymaya ve dilsizin konuşmaya başladığını görünce iyi yürekleri olalar inanacak ve sözünü kabul edeceklerdir. Ama hepsi böyle olmayacak."*

Hala Mesih'in gelmesini bekleyen, içtenlikle Tanrı'yı arayan ve Tanrı için hazırlanan Musevilerin yüreklerini açacağını ve Tanrı'nın gücünün ifşa edilişini gördüklerinde de tövbe edeceklerini söyledi.

Kutsal Kitap bizlere Rab'bin havada görüneceğini ve bizlerin bulutlar içinde alınıp götürüleceğimizi söyler (1. Selanikliler 4:16-17). Bulutlar içinde alınıp götürülecek ve Rab ile tanışacağız. Burada 'hava' fiziksel gözlerimizle gördüğümüz gökyüzü değil, ama ruhani dünyadır. Tanrı ruhani dünyayı birçok alana ayırmıştır.

Onların arasında ki göğün ikinci katı, Cennet Bahçesinin bulunduğu ışığın alanıyla kötü ruhların yaşadığı karanlığın alanı olarak ikiye ayrılmıştır. Cennet Bahçesinin bir köşesi, Yedi Yıllık Düğün Şöleni için hazırlanmıştır. İnsanın yetiştirilme sürecinin sonunda Rab bizi çağırdığında, bir anda bulutlarla alınacağız.

Nasıl büyük bir mıknatıs metal parçaları kendine çekiyorsa, 'buğday' misali inananlar da ruhani bedenlere dönüşecek ve Rab ile havada o anda karşılaşacaklardır. Onlar Yedi yıllık Düğün Şöleninin keyfini sürerken, yeryüzünde de Yedi Yıllık Büyük Sıkıntı hüküm sürecektir.

Bulutlarla Alındıktan Sonra Yeryüzünde Başlayan Sıkıntı

İsrail halkı, Tanrı'nın seçilmiş insanlarıdır ve bu zamanının sonuna dek Tanrı'nın takdiri ilahisidir. Kutsal Kitap'ta ne zaman dünya günahla dolmuş ise, cezalarda gelmiştir. Sodom ve Gomora'nın üzerine ateşli kükürt yağmış ve Nuh'un zamanında büyük tufan gerçekleşmiştir. Aynı şekilde dünya bağışlanmayacak noktada günahla dolduğu zaman, son yargı günü gelecektir. İnananlar bulutlarla alınacak ve yeryüzü de savaşlarla doğal afetlerin eşlik ettiği yedi yıllık büyük sıkıntının içine düşecektir. Bu, Üçüncü Dünya Savaşının başlangıcı ve Kutsal Kitap'ta bahsedilen de 'son' dur.

Öğrencileri İsa'ya Rab'bin gelişi ve zamanın sonu ile ilgili sorduklarında, İsa onlara şöyle cevap vermiştir: *"Savaş gürültüleri, savaş haberleri duyacaksınız. Sakın korkmayın! Bunların olması gerek, ama bu daha son demek değildir."* (Matta 24:6).

Burada 'savaşlar' sadece bir bölge için geçerli değildir. Tüm dünyayı etkileyecek bir şeydir. 'Savaşlar' ve 'savaş haberleri', 1. ve 2. Dünya Savaşlarıdır. Ama bu 'son' değildir, çünkü birde Üçüncü Dünya Savaşı olacaktır.

Vahiy'in altıncı bölümü, Rab geldiğinde bulutlarla alınmamızdan sonra meydana gelecek Yedi Yıllık Büyük Sıkıntı hakkında yazar. Yedi yıllık Sıkıntı esnasında yeryüzünde Üçüncü Dünya Savaşı olacaktır.

"Bakınca beyaz bir at gördüm. Binicisinin yayı vardı. Kendisine bir taç verildi ve galip gelen biri olarak zafer kazanmaya çıktı." (Vahiy 6:2).

Burada 'beyaz at', İsraillileri simgeler ve 'binicisi', kaderleri üzerinde kontrol sahibi liderleri temsil eder. Burada 'at', otoriteyi, saygınlığı ve ayrıca savaşı simgeler. İsrail Ulusu 'Tanrı'nın seçilmiş insanları' olduklarının bilincindedir.

Bu bilinçlik, kibirlik ve inatçılığa yol açar ve sürekli komşu ülkelerle savaş halinde olurlar. Bu yüzden Ortadoğu'da her zaman gerilim vardır. İsrail'in kurulmasından sonra, pek çok Arap ülkesi onlarla savaşmıştır. Ancak söylendiği gibi, 'galip gelen biri olarak zafer kazanmaya çıkmış' ve hep kazanmıştır.

Ama tam anlamıyla da kazanmış sayılmazlar. Bunun anlamı savaşın hala devam ettiğidir. Üçüncü Dünya Savaşı olacaktır. Birinci ve İkinci Dünya Savaşlarında olduğu gibi, Üçüncü Dünya Savaşı'nın da İsrail'le çok yakın bir ilişkisi olacaktır.

Üçüncü Dünya Savaşı

*"Kuzu ikinci mührü açınca, ikinci yaratığın 'Gel!'
dediğini işittim. O zaman kızıl renkte başka bir at çıktı
ortaya. Binicisine dünyadan barışı kaldırma yetkisi
verildi. Bunun sonucu olarak insanlar birbirlerini
boğazlayacaklar. Atlıya ayrıca büyük bir kılıç verildi."*
(Vahiy 6:3-4).

Burada 'kızıl at', Rusya'dır ve büyük kan döküleceğine
işaret eder. Sovyetler Birliği'nin 1991 yılında çökmesinden
sonra, gücünü kaybeder gibi görünmektedir, ama Rusya tekrar
dünyanın güçlü bir ülkesi olarak yükselmektedir. Gelecekte
Rusya ile Çin ittifak yaparak büyük bir güç haline geleceklerdir.

Rusya güçlendikçe komşu ülkelerde daha fazla etkili olacak
ve bu da çekişmelerin bir kaynağı haline gelecektir. Yedi Yıllık
Büyük Sıkıntı esnasında bu çekişmeler, ırklar arasında bir savaş
olarak kendini gösterecektir. Bu savaşlar kolayca sona ermeyecek,

ama daha da büyüyecektir. Bu yüzden ona 'büyük bir kılıç' verilmiştir. Rusya, komşu ülkeleriyle ve ırklar arası savaşa girecek ve İsrail ile Ortadoğu'da savaşa da karışacaktır. Böylece Hezekiel'in 38. Bölümünde peygamberlikle bildirildiği gibi, Üçüncü Dünya Savaşı oluşacaktır.

'Yağ' ve 'Şarabın' Anlamı

Vahiy 6:6 şöyle der: *"zeytinyağına, şaraba zarar verme!"* 'Zeytinyağı', İsraillilerdir ve 'şarap' Rab'be inanan, ama uygun Hristiyan yaşantıları sürdürmeyenlerdir. Bu yüzden Yedi Yıllık Sıkıntı döneminde yeryüzünde kalırlar.

'Zeytinyağı', daha sonra kurtuluşa sahip olacak İsrail arasından çıkacakları temsil eder. Yani, Rab'bin ikinci gelişinden sonra olayların nasıl geliştiğini görecek, İsa'nın gerçek Mesih olduğunun farkına varacak ve tövbe edeceklerdir.

'Şarap', toplanıldıktan sonra toprağa düşen canları temsili eder. Onlar kiliseye gitmiş ve inanmışlardır. Ancak eylemsiz imana sahip olmuşlardır. Gerçek imana sahip olmayanlar Rab geldiğinde bulutlarla göğe alınamazlar.

Ve dünya da kaldıklarında nasıl da şoka uğrayacaklar! Bazıları canavarın sayısı 666'yı almamak için şehitler olarak ölerek, 'arta kalan kurtuluşa' sahip olmaya çalışacaklardır.

Tanrı üçüncü mühre kadar onları tutacak (Vahiy 6:5) ve zamanı geldiğinde ise, onlara şehitlik mertebesine erişerek kurtuluşa sahip olma fırsatını verecektir. Bu yüzden 'zeytinyağına, şaraba zarar verme!' denir. Ama sıkıntı esnasında herkesin kurtulacağı anlamına gelmez. Tam anlamıyla zulüm ve şehitler olana dek acının ve zorlukların azaltılacağı anlamına gelir.

'Soluk Renkli At': Avrupa Birliği

Vahiy 6:8, Üçüncü Dünya Savaşında büyük rol üstlenecek Avrupa Birliği hakkında yazar.

"Bakınca soluk renkli bir at gördüm. Binicisinin adı Ölüm'dü. Ölüler diyarı onun ardınca geliyordu. Bunlara kılıçla, kıtlıkla, salgın hastalıkla, yeryüzünün yabanıl hayvanlarıyla ölüm saçmak için yeryüzünün dörtte biri üzerinde yetki verildi."

Burada 'soluk renkli at', Avrupa Birliği tarafından yapılacak şeyleri temsil eder. 'Binicisinin adı Ölüm'dü. Ölüler diyarı onun ardınca geliyordu.' Bu, karanlığı kontrol eden Mesih karşıtını simgeler. Çok yakın bir gelecekte dünya da üç süper güç olacaktır. En güçlü ülke olarak Amerika Birleşik Devletleri, dünya toplumunda kendi çıkarları için savaşlar yapmaktadır.

Amerika Birleşik Devletlerini kontrolde tutmak için, başka güçler meydana gelecektir. Bu güçler Çin ve Avrupa Birliği'dir. İlk güç, Amerika Birleşik Devletleridir. Çok uzunca bir süre dünyanın en güçlü devleti olmanın tadını çıkardılar, ama azar azar güçlerini kaybedeceklerdir.

İkinci güç, Çin ve Rusya çevresinde toplanan eski Komünist ülkeleridir. Üçüncü güç ise Avrupa Birliği'dir. Ortadoğu ülkeleri de petrolü bir silah olarak kullanmaya ve kontrolü ele almaya çabalayacak, ama bu üç gücün yanında zayıf kalacaklardır.

İnananlar bulutla göğe alındıktan sonra, dünya muazzam bir kaosun içine sürüklenecektir. İnananlar olmamalarına rağmen, İsa'nın tekrar gelmiş olduğunu bilecek ve "Gerçekmiş! Şimdi ne yapacağız?" diye korkuyla düşüneceklerdir. Dünya kaosun içine sürüklendikçe, doğal afetler, hastalıklar ve muazzam enflasyon olacaktır.

Bu arada üç gücün her biri kontrol sahibi olmaya çabalayacak ve özellikle en büyük güç olarak yükselen Avrupa Birliği, Mesih karşıtının kontrolü altında olacaktır.

Şaşkınlık büyüdükçe, insanlar yaşamlarında düzen olması için daha güçlü liderleri arzulayacaklardır. Bu şekilde Avrupa Birliği çok kolayca güç elde edecektir. Yedi Yıllık Büyük Sıkıntının başlangıcında askeri güçlerine güç katacaklardır. Bu güç, sahip oldukları seçkin bir sistemle varlıklarına dayalı olacaktır.

Bu şekilde sadece Avrupa ülkelerini değil, ama dünyada ki pek çok ülke onların sistemleriyle birleşecektir.

Dışarıya, "Eğer bizi izlerseniz, istikrar içinde olacak ve menfaatlerden birlikte yararlanmanın tadına varacaksınız" diyecekler, ama onların bu hilekâr sözlerini izlemeyen bir ülke olursa, saldırıp o ülkeyi yok edeceklerdir. Gıda ve diğer ihtiyaçları mükemmelce kendi kontrolleri altında tutacaklardır.

Bilgisayar, Yeryüzünün Yabanıl Hayvanı

Öyleyse "Bunlara kılıçla, kıtlıkla, salgın hastalıkla, yeryüzünün yabanıl hayvanlarıyla ölüm saçmak için yeryüzünün dörtte biri üzerinde yetki verildi" ne anlama gelir?

'Kılıç', askeri güçtür ve 'kıtlık', yer yer kıtlıkların ve yüksek enflasyonun olacağı anlamına gelir. Ancak Avrupa Birliği, imkânlarını istismar edecek ve çok büyük bir zenginlik biriktirecektir.

'Salgın hastalıkla, yabanıl hayvanlarla' demek, kendi sistemleri içine girmeyenlere baskı uygulayacakları ve zulüm edecekleri ve hatta öldürecekleri anlamına gelir. 'Yeryüzünün yabanıl hayvanları', bilgisayarlardır. AB, yeryüzünde ki herkesin bilgisini içeren verilerini süper bilgisayarlarla tutacağı bir sistem kuracaktır. Bilgisayarlar vasıtasıyla insanları kontrol edecek ve onları izleyebileceklerdir. Herkesi kontrol edebilmek için barkod olarak canavarın sayısını insanların sağ eli veya alnında taşımaya zorlayacaklardır. Canavarın sayısı, Mesih karşıtı iktidara geldiğinde tüm insanları kontrol edeceği anlamına gelir. İnsanların kişisel bilgilerini bu barkoda yerleştirip ellerine veya alınlarına mühürleyecek ve böylece onların her birini kontrol edebileceklerdir. Nereye gittiklerini ve ne yaptıklarını izleyebileceklerdir.

Başlangıçta sadece bunu tavsiye edecek, ama Yedi Yıllık Büyük Sıkıntının ortalarına gelindiğinde, insanları bu işareti almaya zorlayacaklardır. İşareti almayı reddedenleri, toplumun istikrarına tehlike arz ettiklerini söyleyerek suçlayacaklardır. O andan itibaren işareti almayı reddedenler şehit düşeceklerdir.

Sıkıntı esnasında canavarın işaretini almak, Mesih karşıtının gücüyle işbirliği yapmak ve putlara tapınmak anlamına gelir. Rab'bi inkâr etmekle aynıdır.

İmanlarından vazgeçmek istemeyenler, işareti almamaya çabalayacak, ama Mesih karşıtı buna izin vermeyecektir. Onların her birini yakalayacak, çeşitli yollarla onlara işkence yapacak ve işareti almaları için onlara tehditler savuracaktır. Ancak bu gaddar ve acımasız işkencelerin üstesinden gelip şehit düştüklerinde 'arta kalan kurtuluşa' sahip olabileceklerdir.

Hasattan sonra çiftçi yerde kalmış arta kalan buğdayı arar. Aynı şekilde Tanrı'da her ne kadar insanın yetiştirilme süreci bitmiş olsa da, insanlara bir şans daha tanır. Ama o zaman imanları olduğunu kanıtlamak kolay değildir.

Dehşet dolu işkencelerin, açlığın ve tehditlerin üstesinden

gelmek zorunda kalırlar. Kutsal Kitap'ta ki kehanetler çoktan gerçekleşmiş olduğundan, imanların onanması için, imanlarını çok daha büyük bir şekilde kanıtlamak zorundadırlar.

Şeytan bir kişiyi dahi cehenneme almak için, Mesih karşıtına tesir edecektir. Bu sebeple inananları, insanın dayanamayacağı işkencelere tabi tutacaklar ve böylece onlarda Rab'bi inkâr edeceklerdir. Bir inanan Rab'bi inkâr etmediğinde, aile üyelerini veya çocuklarını getirecek ve o kişinin gözleri önünde ona işkence yapacaklardır.

İnanan pes ettiğinde, canavarın işaretini alır. İsa'yı inkâr ettiği takdirde sonsuza dek cehennemde yanacağını bilir, ama acı üstesinden gelemeyecek kadar fazladır.

O vakitler Kutsal Ruh çoktan yukarı alınmış olduğundan, irade gücüyle ölene dek bu acılara dayanmak kolay olmayacaktır. Rab'bin geleceği güne çok yakın bir zamanda yaşıyoruz ve nasıl bir imanımız olduğunu çok iyi ayırt edebilmeli ve Rab'bin gelinleri olarak kendimizi süslemeliyiz.

Büyük Tapınak, İnsanın Yetiştirilmesinde ki Zaferin Sembolü

Kiliseyi açtıktan hemen sonra Rab bana dünya misyonunun ve Büyük tapınağın bir görümünü verdi. Temmuz 1984'te yeni bir tapınak için kilise üyeleriyle oruç tutuyor ve dua ediyordum. Bizlere son günlerde ki vazifemiz ve Büyük Tapınağın inşasıyla ilgili detaylı bilgi verdi.

"Sevgili kulum, gelmeden önce sana yeryüzünde ki tüm insanların elleriyle Büyük Tapınağı inşa etmeni söyleyeceğim.

Tapınağı inşa edeceğini söylediğinde Tanrı'nın yüreğini anlamayan ve imanları olmayanlar, 'Bunca parayı misyonerlik işleri yerine, bir bina inşasında kullanmak niye?' diye soracaklar.

İnsan ırkının arasında bulduğun en güzel ve en iyi şeylerle inşa edilecek. Kendi kuvvetinle inşa etmeyeceksin. Ama sen tüm dünyada tanınacaksın ve krallar bile önünde olacak.

Yetenekleri olanlar yeteneklerini, hikmeti olanlar hikmetini ve diğerleri de bağışlarını sunacak. Hiçbir eksiklik olmayacak ama aksine bolluk olacak. İnsanlar, insanlar ve şeytan için pek çok güzel bina inşa etmiştir. Ancak henüz Tanrı için hiçbir şey inşa etmemişlerdir."

Bir kilise, büyük ve olağanüstü bir tapınak inşa etmeye kalktığında bazıları, "Misyonerlik çalışmaları ve hayırsever işler için parayı harcamak daha iyi olmaz mı? Niçin bir bina için bu kadar çok para harcansın?" diye sorarlar.

Yeryüzünde insanın keyfi için pek çok bina inşa edilmiş ve bunların yapımında çok para harcanmıştır. Ama Süleyman'ın Tanrı'nın tapınağını inşa etmesinden bu yana, gerçekten Tanrı için hiç bir tapınak inşa edilmemiştir.

Süleyman Tanrı'nın tapınağını inşa ettiğinde Tanrı kendisine tapınağın ölçüsünü, yapısını ve hatta eşyaları bile detaylıca anlatmıştı. Süleyman komşu ülkelerden tahtanın iyisini, altını, gümüşü ve çeşitli değerli taşları getirtti. Bina bunlarla kaplandı ve hatta küçük altın parçacıklarla daha güzel ve göz kamaştırıcı olması sağlandı.

Tacın Şekli

Tanrı, çadırı yaptığında Musa'ya görümler ve vahiyler verdi. Ayrıca bizimde Büyük Tapınağı detaylıca bilmemizi sağladı. Genel olarak evrenin sonsuz olduğu anlamına gelen dairesel bir yapıdadır.

Tanrı'nın görkem ve saygınlığını ifşa etmek için, Büyük Tapınak insanlık tarihinde ki en iyi ve en güzel tapınak olacaktır. Bodrum katından çatıda ki haça kadar yüksekliği 70 metre

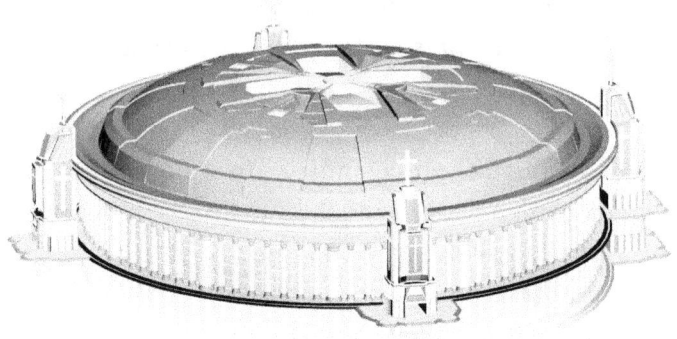

ve çevresi de 600 metre olacaktır. Tek bir süs bile Tanrı'nın güzelliği ve gücünü gösterecektir. Ayrıca Yeni Yeruşalim Şehrinin görkemini içerecek ve Tanrı'nın yaratışının işlerini de gösterecektir.

Yeni Yeruşalim'in on iki temel taşını simgeleyen dev oniki mermer sütun, tapınağın dış cephesinde olacaktır. Her sütunda çiçekten oymalar olacak ve her çiçeğin merkezinde ise on iki temel taşın değerli taşlarından biri konacaktır.

Sütunların arasında Yeni Yeruşalim'in inciden kapısını anımsatan dev bir kapı olacaktır. Bu dev kapıların her birinde iki devasa melek heykeli bulunacaktır. Ayrıca on iki dev sütunun arasında yedi adet küçük sütun daha olacak ve bu her sütunda yaratılışın günleri betimlenecektir.

Örneğin ilk sütun öyle bir şekilde yapılacaktır ki, parlak bir ışık altında ışığın yaratılışını göstermek için gökkuşağının renklerini yansıtacaktır. Altıncı sütunda ineklerin, koyunların, diğer hayvanların ve Âdem ile Havva'nın oymaları yer alacaktır. Büyük Tapınağın kürsüsü kendi etrafında dönebilir şekilde yapılacaktır. Çatısı bir haç şeklinde açılıp kapanacak tarzda olacaktır. Tapınağın koltuklarında video monitörleri yer alacak ve tapınak en ileri düzeyde teknolojiyle donatılacaktır.

Kuş bakışı bakıldığında Büyük Tapınak bir taca benzeyecektir. Tıpkı başarıyla galip gelene defne dalından çelenk takıldığı gibi, bu da Tanrı'nın galibiyetiyle son bulan insanın yetiştirilme sürecini simgeler.

Tanrı, yürekte ki kutsal tapınak olan Büyük Tapınağı, yüreğin kutsallaşmasını başaran Çocukları yoluyla inşa etmeyi arzular. Bizlere beş seviyede kutsal İncil teolojisini vermiş ve günahla dolu dünyada yüreklerimizi temizlememiz ve her türlü kötülüğü atmamız için rehberlik etmiştir.

Kilisemiz günahı söküp atmaya ve kanını dökme pahasına kutsallaşmaya çabaladığından, pek çok kilise Rab'bin lütfuyla ruhta ve bütünüyle ruhta olmaya doğru gelişir. Tanrı, kendilerini Rab'bin gelinleri olarak bu şekilde hazırlayanların, Büyük Tapınakta Rab'bin gelişine tanık olmalarını sağlayacak şekilde her şeyi planlamıştır.

Tanrı, bizlerle olduğunu ve Büyük Tapınağı inşa edeceğimizi göstermek için bizlere dairesel gökkuşaklarını işaret olarak göstermektedir. Çok sıklıkla kilisemizin üzerinde ve dünyada ki Manmin misyonerlik alanlarında gökkuşaklarını görürüz.

Tanrı, Büyük Tapınağın inşası için Dubai ve diğer Ortadoğu ülkelerini ziyaret etmemi çoktan sağladı. Oraların önde gelen işadamlarıyla dostluklar kurmama izin verdi. Ayrıca dünya da 8000'den fazla kilise, şu ana kadar yapmakta olduğumuz dünya misyonunun bir meyvesi olarak Manmin'in rahiplik hizmetlerinde iştirak etmektedirler.

Müjdeyi dünyanın her bir ucuna duyurana, Tanrı'nın derin takdiri ilahisini içeren Büyük Tapınağı inşa edene ve tekrar gelecek olan Rab İsa'yı karşılayana dek, dualarım ve hizmetlerim hiç durmadan sürmeye devam edecektir.

Sonsöz

Tıpkı kökleri toprağın derinliklerde olan,

Ve göğe bakan bir ağaç gibi,

Sadece günışığında değil,

Ama ayrıca fırtınada, rüzgârda ve soğuk çiy altında bile.

Yirmi altı senem yüzüm göğe çevrili,

Ve dizlerimin üzerine çökmüş geçti.

Tanrı'nın sevgisi beni alıp,

Ruhun derin dünyasına yönlendirdi.

Yepyeni bir boyutun ruhani dünyasının

Kapılarını açtı.

Zamanın sonunun takdiri ilahisi sürmeye devam etti.

Her zaman orada olan,

Ve kendinde hiç gölge barındırmayan

Tanrı'nın gerçek sevgisiyle

İlerleyebildim.

Tanrı'nın işlerini yanlış anlayan

Veya onları kıskanan

Ve hatta yalan beyanlarda bulunan

İnsanlar olsa da,

Sadece tek başıma Tanrı'ya yakarırım

Çünkü tarihte gerçek hep su yüzüne çıkmıştır.

Daha önce hiç konuşamadığım şeyleri

Yüreğimden saldım.

Bu kitabın her bir cümlesi

Gerçeğin ta kendisidir

Ve hiç birinden tek bir utanç duymuyorum.

Kişisel ve Kilise
Geçmişi

1943. 04.	3 erkek ve 3 kız sahibi bir ailenin son çocuğu olarak baba Chabeom Lee ve anne Gamjang Cho'dan doğdu (Shinkil Ri, Heje Myeon, Muan Goon, Cheonnam eyaleti)
1956. 02.	Cheonnam Eyaleti Boonhyang İlkokulundan Mezun oldu
1959. 02.	Cheonnam Eyaleti Songjung Ortaokulundan mezun oldu
1962. 02.	Seul Dan-guk Endüstri Lisesinden mezun oldu
1964. 09.	Hanyang Üniversitesi Mühendislik Fakültesinden ayrıldı
1967. 04.	Askerlik hizmetini tamamladı
1968. 01.	Eşi Boknim Lee ile evlendi ve yeni bir eve taşınma kutlaması esnasında çok fazla içki tükettiği için hastalandı
1970. 11.	İlk kızı Miyoung Lee doğdu. İşitme kaybı yüzünden gazete şirketinden ayrıldı.
1972. 10.	İkinci kızı Mikyung Lee doğdu.
1974. 04.	Hyun Shinae'nin altarında Yaşayan Tanrı'ya şahit oldu ve Rab'be iman etti
1974. 11.	Oksu Dong'da ki Sungdong kilisesinde ki Diriliş Toplantısına katıldı ve gerçek bir Hristiyan yaşamı sürdürmeye başladı
1975. 08.	Üçüncü kızı ve son çocuğu Soojin Lee doğdu
1979. 03.	Holiness Theological Seminary Kolejine Kabul edildi
1982. 07.	Manmin Kilisesinin açtı.
1983. 02.	Holiness Theological Seminary Kolejinden mezun oldu
1986. 05.	Peder olarak atandı
1987. 06.	Tanıklığı sahneye uyarlandı ve CBS tarafından yayınlandı.
1990.	Vaazları düzenli olarak FEBC, Asya Yayın kuruluşu ve Washington Hristiyan Radyo sistemi tarafından yayınlanmaya başladı
1990. 05.	Yeongam Bölge Misyonerliği tarafından düzenlenen Kutsal Ruh Seferinde konuşmacı oldu
1991. 03.	Daegu Evangelizm Kutsama Seferinde konuşmacı oldu

1991. 07. Kore'nin İsa Birleşik Kutsallık Kilisesi Vakfı

1992. 03. Konuşmacı Peder Hyeonkyoon Shin ile Nissi Orkestrasının kuruluş hizmeti.

İşit, gör ve yürekle anla başlığı altında tüm kilise üyeleri için 'Boyutlar' üzerine Konferans Köşe yazıları Hankook Ilbo Daily'de yayınlanmaktadır (Kore ve Amerika Birleşik devletleri)

1992. 05. Ulusal Dua Kahvaltısına katıldı.

1992. 08. 92 Dünya Kutsal Ruh Evangelizasyon Seferinin Yardımcı Başkanı

1993. 02. Manmin Merkez Kilisesi ABD 'Hristiyan Dünyası' tarafından dünyanın önde gelen 50 kiliseden biri seçildi.

1993. 05. Rahip Jaerock Lee ile İlk 2-Haftalık Özel Diriliş Toplantısı

1993. 08. Washington Evangelizasyon Seferinde konuşmacı

1993. 09. Los Angeles Evangelizasyon Seferinde konuşmacı
Los Angeles Kore Mahallesi 20. Kore Günü Kutlamalarının Onursal Yönetim Kurulu Başkanı
Los Angeles Belediye Meclisinde Takdis Duası

1993. 10. Vaazların Hristiyan Gazetesinde Yayınlanması

1994. 02. Kore Ordusu 6. bölük cesaret verme konuşması, Siloam Kilise açılış töreni hizmeti

1994. 05. Washington ve Baltimore Birleşik Seferinde Konuşmacı
Washington Hristiyan Radyo Sistemi Başkanı olarak törenle göreve getirilmesi

1994. 06. Tanzanya Kilise Liderleri Konferansında ve Pentakost Kilisesi ayininde konuşma

1994. 07. 94 Seul Kutsal Ruh Evangelizasyon Seferi için Takdis Duası
Uluslararası İncil Tedarik Etme Misyonu Derneğinin Başkan Yardımcılığına atandı

1994. 09.   Otomatik Telefon Yanıt Sistemiyle hastalar için Dua
hizmetine başlanması

1994. 11.   Japonya Ida Birleşik seferinde Konuşmacı

1994. 12.   Ulusal Evangelizasyon Hareketine bağlı bir kuruluş olan
Dirilişçiler Eğitim Merkezinde özel konuşma

1994. 12.   CBS'in 40. yıldönümü özel programı 'Yenile bizi'nin
Manmin Merkez Kilisesinde kaydedilmesi

1995. 02.   Koreli Pederler Dua Grubu tarafından gerçekleştirilen
149. Tüm Kore Pederleri Konferansına ev sahipliği
yapması

1995. 03.   Ulusal Evagelizasyon Hareketi tarafından gerçekleştirilen
Seul Bölgesi Birleşik Seferine ev sahipliği yapması
Vaazlar her hafta CBS tarafından yayınlanmaktadır.

1995. 04.   Dünya Evangelizasyon Derneği tarafından gerçekleştirilen
95 Los Angeles Dünya Misyonu Kongresinde konuşmacı

1995. 05.   Vaazları CBS Chooncheon tarafından yayınlanır

1995. 07.   Ulusun yeniden Birleşmesi Evangelizasyon Hareketi
tarafından gerçekleştirilen 'Ulus için özel Dua Seferi'nde
daimi başkan olarak özel bir dua yaptı

1995. 8.   Kore'nin 50. yıl bağımsızlık yıldönümünü kutlayan
Barışçıl Yeniden Birleşme Jübile Konvansiyonunun İdari
bir üyesi olarak Chungwadae Cumhurbaşkanlığı Sarayına
ziyaret
Kore'nin 50. yıl bağımsızlık yıldönümünü kutlayan
Barışçıl Yeniden Birleşme Töreni Konvansiyonunun idari
başkanı olarak ilerleme raporu hazırladı
Vaazları ABD, New York Şehri'nde ki Kore radyosunda
yayınlandı.

1995. 09.   Onursal başkan olarak Los Angeles Kore Mahallesinin 22.
Kore Günü kutlamalarına katıldı.

1995. 10. Vaazlarının Daejeon FEBC'de yayınlanması
Afrika Manmin Misyonerlik Merkezinin kurulması
'Sevgi Hareketini Uygula' tarafından gerçekleştirilen kan
bağışı hareketine Manmin Merkez Kilisesinin katılımı

1995. 11. Tövbe ve Sevginin uygulanması için Mizpah Uyanış Seferi
Düzenli köşe yazılarının 'Hrıstiyan Herald' ve ABD'de ki
haftalık bir Hrıstiyan dergisinde yayınlanması

1995. 12. FEBC'nin 'Güzel Kilisemiz' adlı programı, Manmin
Merkez Kilisesinde kaydedildi.

1996. 02. '96 Hawai'de ki Kore Kiliseleri İttifak Seferi ve Pederler
Konferansında konuşmacı

1996. 03. Evangelizasyon Konseyi Yasal Temsilcileri Yardımcı
Başkanlığına atandı.

1996. 04. Vaazlarının Daegu CBS'te yayınlanması
Dünya Kupası Misyonu Başkan Yardımcılığına atanması

1996. 06. Manmin Sosyal yardım Merkezinin açılması

1996. 07. Arjantin'de Kore Kutsama Seferi ve Yerel Pederler
Konferansı
14. Pederler Konferansı
Joong-ang Daily gazetesi tarafından 'Kore'yi Harekete
Geçiren İnsanlar'dan biri seçilmesi

1996. 08. Guro Dong Tapınağının törenle açılması
Vaazlarının Vancouver, Kanada'daki Hrıstiyan Yayın
kuruluşu tarafından yayınlanması
2002 Dünya Kupası Misyonu Ekibi tarafından
gerçekleştirilen Kore-Japon İttifak Dua Seferine katılması

1996. 09. Shinshu, Japonya'da Birleşik Sefer

1996. 11. Ulusal Evangelizasyon Hareketi Merkezi tarafından Ev
Geçindiren Çocuklar için gerçekleştirilen 2. İlahi Konseri

1996. 12. Kore'de ki tüm şube kiliselerinde eş zamanlı ayinin hizmete başlaması

Vaazlarının her hafta ABD'nin Philadelphia şehrinde Hristiyan yayın kuruluşu tarafından yayınlanması

1997. 03. Vaazlarının New York, Kore Yayın kuruluşu tarafından yayınlanması

Vaazlarının her hafta Auckland, Yeni Zelanda Kore Yayın kuruluşu tarafından yayınlanması

1997. 07. '98 Ulusal Evangelizasyon Birleşik Seferinin Daimi başkanlığına atandı

1997. 08. ABD'nin Parkway Hristiyan Akademisinden Peder Dan Marino, diriliş örnek olay incelemesi için kilisemizi ziyaret etti

1997. 09. Washington Hristiyan Radyo İstasyonu tarafından gerçekleştirilen Büyük Evangelizasyon Seferi ve Pederler Konferansı

Maryland Kilise Derneği tarafından gerçekleştirilen Kore-Amerika İttifak Seferinde konuşmacı

1997. 10. Arjantin Sevgi Misyonu tarafından gerçekleştirilen 2. Arjantin Pederler Konferansı

1998. 01. CBS'in Yeni Yıl Özel Programı 'Yenile Bizi' Tanıklık Seferi

1998. 02. Hastalar için Özel Diriliş Toplantısı

Dünya Hristiyan Misyon Cemiyeti tarafından gerçekleştirilen 'Ulusu Kurtarmak için Kutsal Ruh Seferi'nde konuşmacı

Ulusal Evangalizasyon Birleşik Seferi Operasyon Başkanlığına atanma

1998. 03. Evangelizasyon Konseyi Yasal Temsilcilerine İdari başkan olarak atanma

Tokyo Uluslararası Misyon Seferi için Kore Hazırlık

Seferinde Konuşmacı

1998. 05. Ulusun evangelizasyonu ve bu misyonun gelişimine olan katkıları için Hosanna Misyonundan Takdir Plaketinin verilmesi

Evangelizasyon Yasal Temsilciler Derneği tarafından gerçekleştirilen 'Okullarda Şiddete Hayır Kampanyası' için Dua

1998. 06. Onesimus Misyonu tarafından gerçekleştirilen 'Evangelist tutuklular için 6. bağış konseri'

Dünya Evangelizasyon Derneği tarafından gerçekleştirilen 'Ülkeyi Kurtarmak için Dua seferi'

1998. 10. Koreli Avukatlar Misyon Derneği için törenle göreve] başlama hizmeti ve Ulus için Dua Toplantısı

1998. 12. 'Ulus için Uygulamalı Sevgi Derneği' tarafından engelliler için gerçekleştirilen Bağış Konseri

CBS'in 44. yıldönümünü Kutlayan CBS Vision 21 Hareketi

1999. 04. Masan MBC Konser Salonunda Ev geçindiren Çocuklar için ilahi konser

Seul Bölge Savcılığı Ofisi tarafından 'Okullarda Şiddete Hayır' kampanyası

1999. 07. Dünya Hrıstiyan Diriliş Misyonu Derneği Daimi başkanlığına atanma

2000. 02. Vladivostok'ta vaazlarının 'Uluslararası İncil Radyo İstasyonunda (AM 1503) yayınlanması

2000. 06. Manila Filipinlerde İngilizce vaazlarının Mabuhai Radyo İstasyonunda (AM 1350) yayınlanması

2000. 07. '2000 Uganda Pederler Konferansı ve Birleşik Sefer'de Konuşmacı

Uganda'da ortaya konan güçlü işlerin CNN'de

yayınlanması

2000. 09. 'Nagoya, Japonya İttifak Seferinde' konuşmacı

2000. 10. 'Pakistan Pederler Konferansı ve Birleşik Sefer'de konuşmacı

S.K Tressler (Pakistan Azınlıklar Bakanlığı), Kültür, Spor, gençlik ve Turizm bakanlığının Manmin Merkez Kilisesinin Cuma gece boyu ayin servisine katılımı

2001. 01. Manmin TV'nin kuruluşu

2001. 06. Filipinler RPN televizyonunda Tanrı'nın gücünün işlerinin yayınlanması 'Kenya Pederler Konferansı ve Birleşik Sefer' için konuşmacı

2001. 09. 'Filipinler Pederler Konferansı ve Birleşik Sefer'de konuşmacı

2002. 07. 'Honduras Pederler Konferansı ve Birleşik Sefer'de konuşmacı

2002. 10. 'Hindistan Pederler' Konferansı ve Mucizevî Şifa festivalinde konuşmacı

2003. 02. Kore ve Amerikan kiliseleri arasında ki işbirliğini geliştirme ve evangelist işlerine kendini adaması için Los Angeles Kiliseler Derneği ve Güney Kaliforniya Ekümenik Cemiyeti tarafında takdir plaketinin verilmesi

2003. 11. 'Rus Pederleri' Konferansı ve Mucizevî Şifa festivalinde konuşmacı

2004. 05. 12. 2-Haftalık Diriliş Toplantısında konuşmacı

2004. 10. Almanya Mucizevî Şifa Festivalinde konuşmacı

2004. 12. Peru Şifa Seferi'nde konuşmacı Peru Cumhurbaşkanı Toledo tarafından Cumhurbaşkanlığı sarayına davet edilmesi

2005. 05. Peru Başbakan Yardımcısı Dr. David Waisman ile Peru eski Başbakanı Maximo San Roman'ın Manmin Merkez Kilisesine ziyareti

2005. 09.   Global Hrıstiyan Network (GCN-Global Christian Network) yayına başlaması

2005. 10.   Kilisenin 23. yıldönümü ve GCN'nin göreve başlama töreni

2006. 02.   'Demokratik Kongo Cumhuriyeti Şifa Festival'inde konuşmacı
Cumhurbaşkanı Joseph Kabila ile tanışma

2006. 05.   Slav New York Seferi teşkilandırma Yönetim Kurulu Başkanı Dr. Mikhail Morgulis ile İdari işlerden sorumlu Peder Mark Bazalev'in Manmin Merkez Kilisesine ziyareti

2006. 06.   Filipinlerde gerçekleştirilen 3. WCDD (Dünya Hrıstiyan Doktorları Ağı) Uluslararası Hrıstiyan Tıp Konferansı

2006. 07.   '2006 New York Seferi'nde konuşmacı
Bu sefer naklen yayınlanmış ve 200'den fazla ülkede de tekrarı verilmiştir.
New York Eyaleti Senato ve kongresi ile New York Şehri Konseyinden Takdir Plaketi verilmesi

2006. 10.   Kilisenin 24. Yıldönümü ve Global Hrıstiyan Network) GCN) 1. Yıldönümü

2007. 02.   64. NRB Konvansiyon ve Tefsire katılım

2007. 04.   Güney Amerika'da MIS (Manmin Uluslararası İlahiyat Okulu) Pederler Konferansı

2007. 07.   Amerika Birleşik Devletleri, Miami'de 4. Uluslararası Hrıstiyan Tıp Konferansı

2007. 09.   ABD Gıda ve İlaç İdaresi tarafından Muan Tatlı Suyunun güvenliği ve mükemmeliğinin Onayı

2007. 10.   Kilisenin 25. yıldönümü ve GCN'nin 2. yıldönümü

2007. 11.   WCDN tarafından gerçekleştirilen Güney Asya Tıp

Doktorları Konferansı'nın Cakarta, Endonezya'da gerçekleşmesi

2008. 03.   65. NRB Kongre ve Fuarına, 9. FICAP Kongre ve Sergisine katılımı

2008. 04.   Urim Kitaplarının 14. Seul Uluslararası Kitap Fuarına katılımı

2008. 05.   Norveç'in Trondheim kentinde düzenlenen 5.WCDN Uluslararası Hristiyan Tıp Konferansı

2008. 10.   Kilisenin 26. yıldönümü ve GCN'nin 3. yıldönümü

2008. 11.   Papaz Mikyung Lee tarafından Hindistan Madras'da düzenlenen Papazlar Semineri ve Peşkirle Şifa Seferi

2009. 01.   Kuzey Kore Mülteci Misyonunun 4. yıldönümü

2009. 02.   66. NRB Kongre ve Fuarına katılım
Papaz Mikyung Lee tarafından Filipinlerde düzenlenen Papazlar Semineri ve Peşkirle Şifa seferi

2009. 03.   10. FICAP Kongre ve Sergisine katılımı

2009. 04.   Papaz Taesik Gil tarafından Pakistan'da düzenlenen Papazlar Semineri ve Peşkirle Şifa Toplantısı

2009. 06.   Papaz Rainbow Lee tarafından Vietnam'da düzenlenen Papazlar Semineri ve Peşkirle Şifa Seferi

2009. 07.   Muan Tatlı Su Plajı ve Havuz Adanma Servisi

2009. 09.   2009 İsrail Birleşik Seferinde "Tanrı Yücedir" konulu vaazı

2009. 10.   Kilisenin 27. yıldönümü ve GCN'nin 4. yıldönümü

2009. 11.   Ukrayna'nın Kiev kentinde düzenlenen 6. WCDNUluslararası Hristiyan Tıp Konferansı

2010. 02.   67. NRB Kongre ve Fuarına katılımı
In Victory dergisi ve www.christiantelegraph.com tarafından 2009 yılının en etkili 10 Hristiyan liderinden biri olarak adlandırılması

2010. 03.   11. FICAP Kongre ve Sergisine katılımı

2010. 05.   İtalya'nın Roma Kentinde düzenlenen 7. WCDN
           Uluslararası Hrıstiyan Tıp Konferansı
2010. 07.   4. "Çarmıhın Mesajı" kampının Finlandiya'da
           düzenlenmesi
2010. 09.   2009 İsrail Birleşik Seferi anısına Piskopos Dr. Myongho
           Cheong'la birlikte "Mucize için senin günün" konferansı
2010. 10.   2010 Estonya Mucizevî Şifa Seferinde Konuşmacı
2011. 01.   In Victory dergisi ve www.christiantelegraph.com
           tarafından 2010 yılının en etkili 10 Hrıstiyan liderinden
           biri olarak adlandırılması
2011. 02.   68. NRB Kongre ve Fuarına katılımı
2011. 02.   25.Kudüs Uluslararası Kitap Fuar'ında çok-dilli kitapları
           aracılığıyla kutsal müjdeyi yayması
2011. 06.   Avustralya'nın Brisbane Kentinde düzenlenen 8. WCDN
           Uluslararası Hrıstiyan Tıp Konferansı
2011. 06.   Manmin Merkez Kilisesinde özel üç dönemlik İlahi Şifa
           Toplantısı yürütmesi ve binden fazla insanın görme
           sorunlarının düzelmesine ve iyileşmesine tanıklık etmeleri
2011. 10.   Konuk konuşmacı Dr. Morris Cerullo'nun katılımıyla Dr.
           Jaerock Lee'nin 2009 İsrail Birleşik Seferinin ikinci anma
           konferansı

YAZAR
Dr. Jaerock Lee

Dr. Jaerock Lee, 1943 yılında Kore Cumhuriyeti'nin Jeonnam eyaletine bağlı Muan'da doğdu. Yirmili yaşlarında yedi yıl süren ve tedavisi mümkün olmayan birçok hastalıktan dolayı ıstırap çekti ve iyileşme umudu olmadan ölümü bekledi. Fakat 1974 yılının bir bahar gününde, kız kardeşi tarafından bir kiliseye götürüldü ve orada dizlerinin üzerine dua etmek için çöktüğü anda, Yaşayan Tanrı O'nu tüm hastalıklarından bir anda iyileştirdi.

Dr. Lee, bu olağanüstü tecrübenin akabinde karşılaştığı Yaşayan Tanrı'yı o andan itibaren tüm kalbi ve samimiyetiyle sevdi ve 1978 yılında Tanrı'ya hizmet için göreve çağrıldı. Tanrı'nın isteğini tüm berraklığıyla anlayabilmek, bir bütün olarak üstesinden gelmek için kendini adayarak dua etti ve Tanrı'nın Sözüne itaat etti. 1982 senesinde Seul, Kore'de Manmin kilisesini kurdu ve bu kilisede mucizevî şifa ve kerametler gibi Tanrı'nın sayısız eserleri meydana gelmektedir.

Dr. Lee, 1986 yılında Kore İsa'nın Sungkyul kilisesinin senelik toplantısında papazlığa atandı ve 1990 yılında vaazları Avustralya, ABD, Rusya, Filipinler ve daha pek çok yerde Uzakdoğu Radyo Yayın Şirketi, Asya Radyo İstasyonu ve Washington Hristiyan Radyo Sistem yayıncılık şirketleri tarafından yayınlanmaya başlandı.

1993 yılında Manmin Kilisesi Hristiyan Dünya dergisi (ABD) tarafından "Dünyanın birinci sınıf 50 Kilisesi"nde biri seçildi ve Dr. Lee, Florida, ABD'de bulunan Christian Faith Üniversitesi İlahiyat fakültesinden fahri doktora derecesini aldı. 1996 yılında ise Iowa, ABD Kingsway Theological Seminary'de papazlık üzerine doktorasını yaptı.

1993 yılından beri Dr. Lee, Tanzanya, Arjantin, Uganda, Japonya, Pakistan, Kenya, Filipinler, Honduras, Hindistan, Rusya, Almanya, Peru, Kongo Demokratik Cumhuriyeti ve Amerika'nın New York eyaleti olmak üzere pek çok uluslararası misyonerlik faaliyetlerinde bulunmuş ve dünyanın uluslararası misyonerlik çalışmalarında öncüsü durumuna gelmiştir. Bu sebeple 2002 yılında Kore'de bulunan birçok Hrıstiyan gazetesi kendisini "Dünya Çapında Papaz" ilan etmiştir.

2013 Temmuz tarihi itibarıyla, Manmin Merkez Kilisesi, 120.000'den fazla üyesi olan, dünya çapında 10.000 yerel ve uluslararası şube kiliseleri bulunan ve ABD, Rusya, Almanya, Kanada, Japonya, Çin, Fransa, Hindistan, Kenya gibi 23 ülkeye 138'den fazla rahip atayan bir cemaattir.

Bu güne kadar Dr. Lee en çok satan kitaplar listesine giren *'Ölümden Önce Sonsuz Yaşamı Tatma', 'Hayatım ve İmanım I & II', 'Çarmıhın Mesajı', 'İmanın Ölçüsü', 'Göksel Egemenlik I & II', 'Cehennem'* ve *'Tanrı'nın Gücü'* eserleriyle birlikte 87 kitap yazmış ve bu kitapları 76'den fazla farklı dile çevrilmiştir.

Dini makaleleri *The Hankook Ilbo, The JoongAng Daily, The Chosun Ilbo, The Dong-A Ilbo, The Munhwa Ilbo, The Seoul Shinmun, The Kyunghyang Shinmun, The Korea Economic Daily, The Korea Herald, The Shisa News,* ve *The Christian Pres* dergi ve gazetelerinde yayınlanmaktadır.

Dr. Lee şu anda birçok misyonerlik kuruluşunun ve derneğinin kurucusu ve başkanıdır. Bunlardan bazıları şunlardır: Kore Birleşmiş Kutsallık Kilisesi Yöneticisi (The United Holiness Church of Kore), Manmin Dünya Misyon Başkanı (Manmin World Mission), Global Hrıstiyan Network (GCB-Global Christian Network) Kurucusu ve Yönetim Kurulu Başkanı, Dünya Hrıstiyan Doktorları (WCDN-The World Christan Doctors Network) Kurucusu ve Yönetim Kurulu Başkanı, Manmin Uluslararası Seminer (MIS-Manmin International Seminary) Kurucusu ve Yönetim Kurulu Başkanı.

Göksel Egemenlik I ve II

Göksel yurttaşların tadına vardığı harikulade yaşama ortamının detaylı bir taslağı ve göksel egemenliğin farklı katlarının güzel bir anlatımı.

Çarmıhın Mesajı

Ruhani uykuda olan tüm insanların uyanmasını sağlayan güçlü bir mesaj! Bu kitapta İsa'nın niçin tek Kurtarıcı olduğunu ve Tanrı'nın gerçek sevgisini keşfedeceksiniz.

Cehennem

Tek bir canın bile cehennemin derinliklerine düşmesini arzu etmeyen Tanrı'dan tüm insanlığa içten bir mesaj! Aşağı ölüler diyarı ve cehennemin daha önce hiç açıklanmamış acımasız gerçeğini keşfedeceksiniz.

Hayatım ve İmanım (I)

Karanlık dalgaların, buz gibi esaretin ve en derin çaresizliklerin ortasında Tanrı için eşsiz bir sevgiyle filizlenen yaşamdan çekip çıkarılan en güzel kokulu ruhani bir aroma.

İmanın Ölçüsü

Sizin için gökler nasıl bir yer, ne tip bir taç ve ödül hazırlandı? Bu kitap sizlere imanınızı ölçebilmeniz ve en iyi ve en olgun imana sahip olabilmeniz için bilgi ve rehberlik sağlar.

www.ingramcontent.com/pod-product-compliance
Lightning Source LLC
Chambersburg PA
CBHW061555120626
46550CB00004B/1498